冯汉骥全集 ❸

考古学和历史学卷

冯汉骥 著　张勋燎 白 彬 主编

巴蜀书社

论盘舞①

山东沂南县石室墓内石刻画像中有盘舞一种，王仲殊同志据之作"沂南石刻画像中的七盘舞"一文②，考证至为详确。1956年2月，四川彭县汉墓中发现画像砖一方，其上亦有槃舞（见图一）。王同志的论文对于盘舞的发展所论尚有未尽，兹再为申论之。

这块画像砖是在彭县四区太平乡白祥村旁一座东汉（大约时代）砖室墓中出土的，除此砖以外尚有其他画像砖五块，报导见《文物参考资料》1956年8期78页。因为这座墓未曾经过清理，画像砖都是由农民所取出，所以它们的出土情况不明了，亦无其他伴出物可资参证。

---

① 盘，又作槃、柈。槃乃本字，柈为后起的简体，见《玉篇》。《通考》写作"鎜"。按鎜之义为革大带，或系借用。盘舞中所用的盘，或者多用木胎的漆盘，故可以足蹑之不致破裂，当然亦可用坚实的陶盘。
② 见《考古通讯》1955年第2期12—16页。

图一　画像砖（四川博物馆藏）

此画像砖长48厘米，宽28厘米。画像上所刻绘者，左为掷倒案伎，叠十二案而一女伎掷倒其上。其叠案之法，大概亦如现代作杂技者然，由女伎倒立后，一一平衡重叠而加上的。此于宝成铁路沿线出土的一块杂伎画像砖上即可见之。该砖上的掷倒案伎已叠六案，其旁有另一女伎代为递案[①]。每一案以高约10厘米计，十二案相叠其高当约1.2米。

砖右为跳丸伎，手跳三丸。1953年宝成铁路沿线出土的一方杂伎画像砖，其上亦有跳丸伎，所跳的丸则为七枚[②]。

此砖的中央为槃舞伎，地上置盘六枚，盘双置，分三组，以两鼓间隔之。一舞伎双手各曳长巾，正从一鼓向另一鼓舞跃。其舞姿之

---

① 见《全国基本建设工程中出土文物展览图录》图版第二四〇,三,中国古典艺术出版社，1955年。
② 见《全国基本建设工程中出土文物展览图录》图版第二三五,三,中国古典艺术出版社，1955年。

妙曼，实有"体如游龙""裙若飞燕"之概。

此画像砖上所刻绘的槃舞，与沂南画像石上所雕刻者有所不同。沂南画像石上者为七槃一鼓（是否是鼓，后当再论，此处暂称之为鼓），此砖上者则为六槃二鼓。两者的盘及鼓在地上的排列亦各不同。以此砖上的排列法而论，自以六盘二鼓为最合理，若再加一槃，任置于何处均觉不甚当。按汉代的槃舞，从汉、晋间诗赋中所保留下来的零星材料来看，多言为七盘，但亦有不言盘数的，如张衡《西京赋》（见《文选》）中有说"振朱屣于盘樽"，而《观舞赋》[①]中亦只说"盘鼓焕而骈罗"。或者盘舞中的盘的数目以"七盘"为最普通，或为最高数目，诗赋中只不过举其最普通或最高数目而言，实际上盘的数目，可随舞者的技术及舞的方式而增减之。如跳丸的数目，一般均言"跳七丸"，而实际上跳三丸、五丸、七丸而甚至十丸者均有之。

盘舞中兼踏鼓以为节[②]，这在汉魏时期的赋中言到盘舞者多曾言及。沂南画像石上只有一鼓摆在一侧，此砖上所蹑的鼓有二，且与盘"骈罗"。盘舞中的鼓有若干面，已往均未曾明言，观此砖，亦可有两面，舞者时时凌驾其上用双足并击之以为节奏。

盘舞自东汉魏晋而历南朝，是一种很盛行的乐舞，但在舞蹈的方式上亦有变迁。《通考》（卷145）说：

---

① 《张河间集》（卷二），汉魏六朝百三家集本。
② 武氏祠左石室第二石上所刻者，乃系"蹋鼓"之戏，不可与槃舞相混。《三国志·魏书·杨阜传》："洪（曹洪）置酒大会，令女倡著罗縠之衣蹋鼓，一坐皆笑。"在汉魏之时自有专踏鼓以舞者。

鞶舞，汉曲，至晋加以杯，谓之世宁舞也。张衡《舞赋》
云："历七鞶而跋蹑。"王粲《七释》云："七鞶陈于广庭。"颜
延之云："递间开于鞶扇。"鲍照云："七鞶起长袖。"皆以七鞶
为舞也。干宝云："晋武帝太康中，天下为晋世宁舞，矜手以接鞶
反复之。"（至危之象。言晋代之士，苟贪饮食，智不及远。）至
宋改为宋世宁，齐改为齐代昌，唐谓之鞶舞，隶清乐部中。

《通考》言盘舞的演变是很清楚的。它本是汉代的旧曲，至晋
时则加以杯，改名为"晋世宁"舞，亦称杯柈舞。《晋书》（卷23）
乐志（下）说：

杯柈舞。按太康中天下为晋世宁舞，务手以接杯柈反复
之。此则汉世惟有柈舞，而晋加之以杯反复之也。

晋世所加之杯，大概如现在所称为"耳杯"的，因汉晋时所称为杯
者，皆系指此而言①。《宋书》（卷22）乐志（四）载其歌词如下：

晋世宁，四海平，普天安乐永大宁。
四海安，天下欢，乐治兴隆舞杯柈。

① 现在在考古学文献中所称为"耳杯"者，古代通称为杯。案杯，本作桮，或作盃，是
自战国以至魏晋之间盛羹及注酒之器的通名。《孟子·告子》："犹以一杯水"；《史记》
（卷7）项羽本纪记刘邦对项羽说："吾翁即若翁，必欲烹而翁，则幸分我一桮羹。"皆
谓盛羹之器。

舞杯柈，何翩翩，举坐翻复寿万年。

天与日，终与一，左回右顾不相失。

筝笛悲，酒舞疲，心中慷慨可健儿。

樽酒甘，丝竹清，愿令诸君醉复醒。

醉复醒，时合同，四坐欢乐皆言工。

丝竹音，可不听，亦舞此柈左右轻。

自相当，合坐欢乐人命长。

人命长，当结友，千秋万岁皆老寿。

　　我们细玩晋杯柈舞的歌词，它不仅把舞蹈的姿式形容尽致，而且知道它是宴享中的一种颂祝的歌舞，其义与现在宴会中"举杯互祝"略有些相似。汉代盘舞的意义亦大概与此相同，故张衡《观舞赋》中有"于是饮者皆醉，日亦既昃，美人起而将舞……"云云。汉代盘舞的歌诗，早已不传，大概有乐舞则必有歌，晋杯柈舞的歌诗是否是根据汉歌词而来，不得而知，宋则仅改第一解的"晋世宁"为"宋世宁"，齐则改第一解为"齐世昌，四海安乐齐太平"，其余九解均同①。自梁以后，大概又去杯而恢复到以前的盘舞。《隋书》（卷15）音乐志说三朝（谓梁、陈、隋）设乐，"第二十一设舞盘伎"，而不言舞杯柈伎，于此可知。《旧唐书·音乐志》亦只言盘舞，而不及杯柈舞。

　　《通典》列盘舞于散乐类（卷146），《旧唐书·音乐志》亦说它在散乐部中，《通考》则于乐舞类（卷145）及散乐类（卷147）两列之。

---

① 　见《南齐书》（卷十一）乐志。

可知盘舞在唐代已非"部伍之声",不过是"散乐百戏"之一而已。

盘舞这一种优美的舞蹈之亡于唐时,主要的大概是因为它是清乐系统中的乐舞①。唐人不重清乐,所以关于清乐中的许多重要乐舞,如在隋代清乐中的鞞、铎、巾、拂四大乐舞,皆亡于唐初。《旧唐书》(卷29)音乐志说:"自长安以后,朝廷不重古曲,工伎转缺……"此处所谓"古曲"即系指南朝的清乐诸曲而言。

彭县画像砖中未发现有乐队,因为此墓非经过清理,是否尚有遗失的画像砖,则不得而知,但舞一定是有音乐的。沂南画像石中则刻有盛大的乐队。王仲殊、曾昭燏等同志对之曾作有很详尽的考证,

---

① 所谓"清乐",是汉魏以来所创的新声。清乐直接的前身则为汉代的"相和曲"。《晋书》(卷23)乐志所谓"丝竹更相和,执节者歌"的。魏晋之时名曰"清商"即指清商三调(瑟调、清调、平调,皆周房中曲之遗声,汉世谓之三调)而言。在南北朝时,这种音乐盛行于南朝,又加入了当时的"江南吴歌,荆楚西声",它一直是南朝人民所最喜爱的一种音乐。及隋平际得到这种音乐,文帝(杨坚)善其节奏说:"此华夏正声也。"因于太常置清商署以领之,谓之为"清乐"。开皇初的七部乐,大业中的九部乐,清商伎均为其中的之一。以声律及乐器而论,清乐最接近于儒家所谓"先王之乐"的"雅乐",故杜佑称它"从容雅缓,犹有古士君子之遗风"(《通典》卷一四六)。纯粹的清乐曾亡于唐初,但清乐却胡乐化(主要的为龟兹乐与天竺乐)而变为唐代的"法曲"与"道调"。天宝中诏道调法曲与胡部新声合奏之后,中国音乐与外来音乐才完全混合了。但当时一般"士大夫"犹以法曲为"华夏正声",可参看白居易及元稹的"法曲歌"。

南北朝时人据中原外族不能欣赏中国的音乐,他们所喜爱的音乐,是经西凉转变而来的龟兹乐,当时称为西凉伎或秦汉伎,周齐之时称之为"国伎"。而纯粹的龟兹乐,或稍为改变的龟兹乐亦盛于时(如所谓西国龟兹、齐朝龟兹、土龟兹等)。这种音乐以琵琶(所谓苏只婆四均二十八调,此乃胡琵琶,其形制与中国的琵琶、所谓秦汉子或秦琵琶不同)为主,而众乐随之,主要的佐以觱篥及各种的鼓,故其声音宏壮嘹亮,它是深合于时北方人民的性格的,也是唐人所喜爱的一种音乐。唐代历朝所造的各种乐舞,都是杂用龟兹乐或西凉乐。《旧唐书》(卷29)音乐志说:"自破陈舞以下,皆雷大鼓,杂以龟兹之乐,声振百里,动荡山谷,大定舞乐加金钲,惟庆善舞独用西凉乐,最为闲雅。"此处所谓西凉乐,不过是"凉人所传中国旧乐而杂以羌胡之声(主要是龟兹乐)的胡乐化了的中国乐,其乐器中有钟磬,在唐人看来,已经是"最为闲雅"了。唐人所好之音乐如此,清乐之亡就可知了。

不过我对于这一乐队尚有些不同的看法，不妨写在后面，以备参考。

　　按第一列的五人，均是女伎。左起第一人右手执一短杖，应是节，左手抚一乐器。第二人左手抚一乐器，第三人张两手作拍击状[1]，第四人右手抚乐器，第五人面前置一乐器，但袖手而坐。这四人面前的乐器大体上都是相同的。沂南古画像石墓发掘报告中及王仲殊同志等均以为是"鼓"，不过从所刻的乐器的形制看，略为似瓜，特别像唾壶，而与前代的鼓不大相似。又若是鼓，像画像石上那样的置于地上，拍之其声亦不会响亮。再者在胡鼓（特别是细腰鼓）未入中国以前，中国的鼓一般都是杖鼓[2]，这在稍一检查古代关于鼓的文献即可知之。又该画像石最后面亦刻有三件同样的乐器，其后各立一人，右手皆伸出，左手执长杖着于肩上，报告中说："揣测这三人是有节奏地踏鼓，并用长桯击它。"[3]

　　不过以如此长大的"桯"，打那样小的鼓，实为不类。这与鼓车上击鼓者所执的杖及乐队中击建鼓者所用的杖的比例一为相较，即可明了了。我以为自这里所刻的各器的形制及其奏法观之，似应为"拊"，或"搏拊"。《周礼·春官·大师》："令奏节拊。"注："拊形如

[1]　见南京博物馆、山东省文物管理处合编，文化部文物管理局出版《沂南古画像石墓发掘报告》18页："中间一人（即第三人）右手伸着，似乎要敲其右一人的鼓，左手亦略伸。"此种描写，与雕刻上的实际情况不甚相合。按此女伎分明是张两手作拍击状，即古人所谓"拊"。《吕氏春秋·古乐》："帝喾乃令人拊"，《文选》、嵇康《琴赋》"拊舞踊溢"，皆谓拊手。同墓画像其他乐人中亦有拍手的，见图版九九中间一人。
[2]　杖亦作枹，《礼·礼运》"枹枹而土鼓"。字亦作桴。《左传》成王二年"左援枹而鼓"。皆谓鼓槌。
[3]　见南京博物馆、山东省文物管理处合编，文化部文物管理局出版《沂南古画像石墓发掘报告》20页。

鼓，以韦为之，著之以糠。"《礼·明堂位》："拊搏玉磬揩击大琴大瑟中琴小瑟四代之乐器也。"注谓："拊搏，以韦为之，充之以糠，形如小鼓。"按搏拊为节乐之器，后来称为抚拍。《旧唐书》（卷29）音乐志说："抚拍、以韦为之，实之以糠，抚之节乐也。"宋陈旸的《乐书》（卷116）论拊说："拊之为器，韦表而糠里，状则类鼓，声则和柔，倡而不和，非特铿锵而已。"拊之制甚明①。它是用手抚，而不用杖击。不过在这里的主要的问题，是这五个女伎在乐队中的作用，我认为她们主要地是歌者，她们按"拊"以节乐，还是附带的。所以她们其中四人面前虽各置有"拊"，并不需要同时皆奏，观其情形即可知之了。

若是我们认为女伎所奏的乐器是"拊"而不是鼓，那末，现在的问题就牵连到七盘舞者前面所置的乐器是否是鼓了，因为它与女伎前面所置者大体是相似的。当然"拊"亦是革属，从前的乐器分类，是把它分在鼓一类中的②。"拊"是节乐的乐器，当然亦可蹑之以节舞。不过诗赋中言盘舞者，多"盘""鼓"并举，似乎以蹈鼓者为正，而彭县画像砖上舞者所蹈的，似鼓的成分实较为多。不过鼓既可踏，而拊更可以踏了。

第二列五人、第三列四人，均系男子，由他们所戴的巾（类似后来幞头的东西）及面貌上即可知之。每人的腮上似乎还刻有短短的髭须。

---

① 拊在乐队中的作用，即所谓"弦匏笙簧，合守拊鼓"。《史记》正义说："言弦匏笙簧，皆待拊为节，故言会守附鼓。"
② 《礼记》正义说："郑直云击鼓乃作者，拊即鼓之类，言击鼓必击拊也。"

第二列左起第一人所奏的乐器，报告中正名为铙，这是对的[1]。

四川汉画像砖中的骑吹所奏的铙及所用以击铙的小槌，正与此相同。汉鼓吹曲中有铙歌，虽系军乐，但这种乐器亦可在其他音乐中用之。

第三列左起第一人所奏者，均以为系琴，但其形制特大，不甚类琴，似乎为瑟或是筝。其他奏箫、埙及笙者，均甚清楚。惟第三列左起第三人袖手危坐，未奏乐器，其义未晓，或者亦系歌者。

关于这一乐队的性质，王仲殊同志以为它的对象主要的"是在于七盘舞的舞者"，即是说，它是一种伴奏的乐队。在初，我也有同样的看法，即以为它相当于隋唐时的"散乐"，但稍为仔细研究一下，这种看法是不正确的[2]。

我们看古代的音乐，不能把乐与歌和舞割裂开来看。在唐以前，音乐绝少与歌舞分离的，大抵有乐则必有歌和舞，这观于乐府诗集所载者即可知。《礼记·乐记》说：

> 金石丝竹乐之器也，诗言其志也，歌咏其声也，舞动容也，三者本于心然后乐器从之。

唐段安节《乐府杂录》亦说"歌者乐之声"，而"舞者乐之容"。所以

---

[1]　在王仲殊同志的文中及山东沂南汉画像石墓（《文物参考资料》1954年8期）报导中，均言是小鼓，是不对的。

[2]　见拙著：《前蜀王建墓内石刻伎乐考），《四川大学学报》1957年1期（总4期）。

乐、歌、舞在古代音乐中本来就是一个整体，而不必强行分割。所以我们不能说乐队主要的是在为舞伴奏，因为舞本来就是乐队中的一个构成部分。

在发掘报告中将盘舞者与"玩杂技"者列在一组而与奏乐者分开，亦是不大合适的。据我个人的看法，杂技与这一乐队的关连不大。大概因为雕刻时布局的关系，这里有空隙，就将飞剑跳丸、戴竿者刻在这里，但是基本上它们与后面的走绳、马戏、鱼龙曼衍等——即后来所称为"百戏"的——是一组，而且有它们自己的伴奏的音乐。

在发掘报告中又这一乐队分为上下两组，以鼓、钟、磬三者为"上组"，称之为"雅乐"。这种看法，我认为也是不合实际的。按"雅乐"一语，自春秋战国以后，有它一定的涵义；在复古的儒家看来，所谓"先王之乐"的雅乐，系指西周时的音乐而言，也是对新兴的音乐——所谓俗乐，或郑卫之乐——而言。实际上，雅乐到秦汉以后已成了死的音乐，不只民间不流行，并且也不能领会这种音乐了[①]。当时新兴的俗乐乐器中并不是没有钟磬的，这观于后来的清乐乐器的组成即可知[②]。所以鼓、钟、磬不能将其分开来而称之为"雅乐"，它们是这一乐队中整个组成部分之一。那么，这一乐队是属于一种什么性质的乐队呢？以我的看法，它应该是属于东汉四品乐中的

---

① 《通典》说："秦始皇平天下，六代庙乐，惟韶武存焉"（卷141）。至汉初，以世世在太乐官的制氏，"但能纪其铿锵鼓舞，而不能言其义"了。至河间献王献雅乐，亦不过"常存肄之，岁时以备数"而已。这样的雅乐，纵奏之亦无人懂，故《汉书·礼乐志》说："公卿大夫观听者，但闻铿锵，不晓其意"。雅乐在西汉时即已成为一种完全死的音乐，于此即可知了。

② 《通典》及《旧唐书·音乐志》均言清乐中有"钟一架""磬一架"及其他乐器。

第三品的黄门鼓吹这一类①。黄门鼓吹是汉时封建天子"所以宴乐群臣"的，它是"俗乐"，蔡邕所称为"诗所谓坎坎鼓我，蹲蹲舞我者也"。在东汉时它属于少府的承华令。如唐《六典》（卷10）说：

> 后汉少府属官有承华令，典黄门鼓吹百三十五人，百戏师二十七人。

黄门鼓吹的乐人与百戏师同属于承华令，其乐的性质亦大概是可以推知的。

黄门鼓吹是奏那样一类的乐章呢？这在以前记载中少有提及，近来王远熙同志以为它的主要内容是相和歌和杂舞曲，并举出了相当的证据②。我认为他这一说法是正确的。所谓相和歌，是自周秦以来所发展的一种新乐（俗乐），《晋书·音乐志》所称为"丝竹更相和，执节者歌"的。调则为"清调平调瑟调"，《旧唐书·音乐志》说："平调清调瑟调，皆周房中曲之遗声，汉世谓之三调"。在魏晋之时称为清商乐，隋唐之时称为清乐。以奏的形式言则为"相和"，以调的情质言则为"清商"。这与这一乐队的情况是相合的。第一排五女伎是执节者，亦是歌者。此观于盘舞益可征之。按盘舞系汉以来的

① 刘昭《续汉书·礼仪志》注引蔡邕《礼乐志》说："汉乐四品，一曰大予乐，典郊庙、上陵、殿中诸食举之乐……；二曰周颂雅乐，典辟雍、飨射、六宗、社稷之乐……；三曰黄门鼓吹，天子所以宴乐群臣，诗所谓坎坎鼓我、蹲蹲舞我者也。其短箫铙歌，军乐也。"自其文义推之，头二品应是雅乐，三品则为俗乐，所谓"黄门倡乐"者。四品则为军乐，亦是俗乐。

② 王远熙：《说黄门鼓吹》，《文学遗产选集》一辑，98—104页。

杂舞曲之一，郭茂倩《乐府诗集》即列杯盘舞于杂舞类之中。

所以这一乐队是相当于相和歌及杂舞曲之类的乐队，在封建天子则称为"黄门鼓吹"，它是宴享时所用的一种音乐，亦为一种"俗乐"，乐队中计有：建鼓一，钟一架，磬一堵，瑟（或筝）一，箫四，埙二，铙（与箫合奏）一，拊（？）四，歌六（持节抚拊者计算在内），盘舞者一。

这一乐队，是发现的汉画中最复杂及最完备的一种，是研究汉代音乐制度最好的材料，而值得进一步研究的。再者，对古代乐器制度——虽在画像中有若干地方不明显——亦是极珍贵的资料。例如：建鼓上的鸟，在发掘报告中未明言其为何种鸟？及为何饰鼓以鸟？以意测之，似应为鹭，或朱鹭。古代以鹭饰鼓，汉鼓吹曲铙歌第一曲曰朱鹭，而解释之者有各种说法，宋郭茂倩《乐府诗集》（卷16）论"朱鹭"说：

《仪礼·大射仪》曰："建鼓在阼阶西南鼓。"《传》云："建犹树也，以木贯而载之，树之跗也。"《隋书·乐志》曰："建鼓，殷所作。又栖翔鹭于其上，不知何代所加。或曰：鹄也，取其声扬而远闻。或曰：鹭，鼓精也。或曰：皆非也。《诗》云：'振振鹭，鹭于飞，鼓咽咽，醉言归。'言古之君子，悲周道之衰，声之息，饰鼓以鹭，存其风流。未知孰是？"孔颖达曰："楚威王时有宋鹭合沓飞翔而来舞，旧鼓吹《朱鹭曲》是也。"然则汉曲盖因饰鼓以鹭而名曲焉。宋何承天《朱鹭篇》曰："朱鹭扬和鸾，翠盖曜金华。"但盛称路车之美，与汉曲异矣。

今沂南画像建鼓的竿首栖一鸟，其形正似鹭。古代以鹭饰鼓之制，得此实物的证验，更为明确而不必加以猜测了。

由于盘舞，对于沂南画像石墓年代的推断，亦可以提供一个旁证。关于该墓的年代，安志敏同志与曾昭燏同志有着不同的看法。安同志说："……可推断沂南石墓的年代应该是在魏晋时期。早到汉末的可能性不大，晚到北魏的可能性更大。"[1]曾昭燏同志说："我们推定这墓造于东汉晚年，公元193年以前，只是相对的、一般的说法，而不是绝对的、肯定的断语。"[2]我们若是从画像石中的七盘舞情况来看，其时代大概不会晚到晋武帝太康（280—289年）年间，因为是时槃舞中已盛行加杯，而称为杯盘舞了。杯槃舞在当时之普遍地流行，致使晋书（卷27）五行志视之为舞"妖"，其盛行的程度，即可想而知了。所以，若是沂南石刻制作的年代晚到西晋太康年间，或者槃舞中须加杯而变为杯柈舞，实际上沂南画像石上所刻的杯甚多，但均未加入舞以内，所以它还是槃舞，而不是杯柈舞。这当然只是一种旁证，因论槃舞而并及之。

（原载《文物参考资料》1957年8期）

---

① 　安志敏：《论沂南画像石墓的年代问题》，《考古通讯》1955年2期。
② 　南京博物院等：《沂南古画像石墓发掘报告》，文化部文物管理局，1956年，67页。

成都万佛寺石刻造像

1953年成都西郊万佛寺旧址修建房屋时发现石刻造像百余件，其中有年号的四五件，年代自梁至唐都有。造像虽多残缺不全，但皆雕刻精美，颇能表现出四川雕刻艺术的一定特色。

万佛寺废址在成都西郊外不及一公里，占地约数十亩。此地展出石刻造像，据王廉生著的《天壤阁笔记》所载，清光绪末年，乡人在此地掘土，"出残石佛像大者如屋，小者卷石，皆无首或有首无身，无一完者……凡百余……乃拣得有字残像三：一元嘉，极大；一开皇；一无纪元。"自此以后，陆续时有出土，但都被帝国主义分子掠夺以去，其中有净土变相石刻浮雕一方，其精美为川中石刻中所仅见，就被法帝国主义分子盗去。

1937年，当地农民种田时又掘出石造像十二尊，佛头二十六个，均大如人身。为当时的四川大学博物馆收得，现归四川省博物馆收藏。1945—1946年间，前四川理学院在此地建筑校舍，据传说曾出土佛像甚多，但都被砸毁或埋于房基下面。总计此地前后出土的现在尚存于国内及有年号可考者，有下列九种：

1. 梁武帝普通四年（523年）释迦造像一龛（现藏成都文殊院）

2. 梁武帝中大通元年（529年）释迦造像一躯（现藏四川省博物馆）

3. 梁武帝大同三年（537年）菩萨造像残躯（同上）

4. 梁武帝中大同三年（实为太清二年）（548年）观世音造像一龛（同上）

5. 北周武帝保定二年至五年（562—565年）阿育王造像一躯（同上）

6. 北周武帝天和二年（567年）菩萨造像（同上）

7. 唐玄宗开元十六年（728年）造像（同上）

8. 唐玄宗开元二十五年（737年）菩萨造像（同上）

9. 唐宣宗大中元年（847年）残经幢（同上）

根据《天壤阁笔记》所载，造像中有元嘉年号的，就现在所知，这当是四川造像中有年号之最早的。（现在四川省博物馆收藏的佛教造像中年号最早的为茂县出土的南齐永玥九年造像。）万佛寺原名为何？创建自何时？现在还不能确切知道，根据1937年出土的梁中大通元年的释迦造像记，梁时名安浦寺，又根据《四川通志》和1951年出土的唐大中元年尊胜陀罗尼经幢，唐时名净众寺，宋改名净因寺，明时方改名万佛寺，明末毁于兵燹。

万佛寺出土的石刻造像，现在保存着的虽然仅只二百余件，但在表现四川雕刻艺术的发展上是有它极重要的意义的。下面就我个人所见，把四川石刻发展的情况作一简单介绍。

　　四川的佛教石刻造像（道教石刻造像除外）在规模和数量方面都很巨大，最大的如大足的北山，石窟长达五六里，宝顶（大足县北四十华里）则全山皆是。其次如广元的千佛崖（据不完全的统计，除国民党反动统治时期修公路凿毁者外，现在尚余存有三百余龛）。另外还有皇觉寺、绵阳西山观、简阳长松山（石窟连续亦长达五六里），乐山大佛、夹江千佛崖、资中的西崖、安岳的圆觉洞，以至川东北万山重叠的通江、巴中，川西南比较偏僻的蒲江、丹棱等地，亦无不有之。这是略举其规模较大者而言，其他规模较小的，几乎没有一个县无有，以重庆市的罗汉寺说，进门处石壁上就有宋代石刻一、二十龛。以上也只是就摩崖石窟而言，至于散在各庙宇中和埋藏在地下的，更是无法估计。如1947年邛崃县大水冲刷出的唐代石刻造像，仅四川大学博物馆所收集的已达四百余件，散失的尚不知有多少，其未冲刷出的更无法知道了。如此大量的丰富的古代劳动人民的精心创作，是值得我们注意的。

　　四川的石刻，不止是在数量上丰富，而且具有它特殊的风格、地理的条件、悠久和优良的传统。

　　四川的石刻，几完全为红砂岩质，而红砂岩在四川赤色盆地中为最普通的岩石。红砂岩质地细密而轻软，易于施工，最合于个性的表现。这或者是四川石刻艺术发展的较好的条件之一。

　　在造形艺术上，四川也有它的悠久和优良传统，这在汉代石刻画像、陶俑、画像砖等作品上即可以看出。它往往以潇洒飘逸的笔调，表达出生动活泼的情态，且极富于活力。自魏晋以后佛教传到四川，这种艺术遂为宗教服务了，但它仍保持了这一期的作品，以万佛寺出土的北周以前的造像，绵阳平阳府君阙上的造像和夹江千佛崖早期的作品最为代表。在作风上它是与长江下游的作品——特别是南京的栖霞，是一脉相通的，而更富潇洒秀丽（图一—图五）。

北周入蜀，带来了北方的浑厚朴质作风，现存作品中可最为代表的，以简阳大佛寺周文王碑旁边的两龛造像（一释一道）和1937年万佛寺出土的北周阿育王造像为最完整。这时的造像作风虽大体同北方相似，但地方色彩仍是很浓厚的。如第六图天和二年（567年）的菩萨造像残躯，于缨络满身之外，而足上穿着草鞋，这也是别处所少见的（又参看图七、图八）。

隋、唐以后，造形技术上有了新的发展，地方特点与北方作风逐渐融合，而以地方的占主要成份。在造形上，除了佛像须依照规格外，其他的则不必拘守一定的标准，所以作者的个性能尽量发挥。如第九图的菩萨造像，除去各种装饰以外完全就是一个很朴质的完整的人的形像。又如第十四图造像的残头（大概为一罗汉造像），也完全为写实的作风。

这个时期造像的特点，即各部合乎生理的解剖；配合匀称恰当，不像北周的造像那样躯干甚短，下肢甚长（图七、图八）。造像中最难处理的是赤着的双足，一般不是失于肥肿，就失于偏塌，好像另外一双足，放在造像前面，似乎与造像无关的一样。如图八、图九造像，脚与身躯下肢一致，具有非常真实之感。

唐代造像的数量极多，如广元的千佛崖、乐山的大佛、夹江千佛崖的后期作品，是其中之规模较大的。万佛寺出土的后期作品，亦为此时期中的代表作（图九—图十四）。

到了五代和宋初，四川的造像，可以说达到了最高峰，规模亦以此时为最大。在造形技术上，此时的造诣亦达到了成熟，秀丽而不纤弱，不拘守成法，使作者的个性能充分发挥。如最有名的大足宝顶的笑面观音，于低眉微笑之中，表现出极端的秀丽、慈祥和深厚的感觉。在大足造像题材中羼入了密宗的成份，这也是值得注意的。

五代造像，以成都王建墓内石刻和大足北山造像为最精美。宋代则当推宝顶和圆觉洞等处的石刻为其代表作。而特别以宝顶的规模为最大，而保存亦最完整。

至明代时，四川的造形艺术家又转向了别的方面，即铜铁铸像，故石刻衰落了。此类铜铁铸像，现在四川各庙宇中几无不有之，现存者以成都人民公园中的江渎神像和江渎神妃及重庆长安寺的铜佛像为最伟大和最精美。

以上只是把四川造像的发展情况略作介绍，目的是想藉以引起专家们的注意和研究，由于我对艺术完全是门外汉，而且在旅途中缺乏参考材料，只凭记忆所及匆促写出，对内容的了解是不全面的，在看法上也一定存在许多错误，希望得到读者的指正。

　　整理者按：该文发表于1950年代，照片质量不高，模糊不清。2014年，四川博物院、成都文物考古研究所、四川大学博物馆联合对包括万佛寺在内的四川地区出土南朝佛教造像进行系统整理和研究，拍摄照片、绘制线图（四川博物院、成都文物考古研究所、四川大学博物馆编著：《四川出土南朝佛教造像》，中华书局，2014年）。征得该书编者的许可，整理者利用该项目团队提供的高清数码照片，替换了原文的图一、图二、图三、图四、图六、图七、图八、图十二，特此致谢！

（原载《文物参考资料》1954年9期）

图一 梁大同三年（公元五三七年）造像

图二 梁中大同三年观音立像龛

图三 无年号，可能为梁代造像

图四 造像残座无年号

图五　释迦造像　无年号　　　　图六　周天和二年（公元　　　图七　立佛像
五六七年）菩萨造像

图八　立佛像　　　　　图九　观音造像　　　　图十　观音造像首部放大

图十一　金刚力士造像

图十二　菩萨像

图十三　天王像

图十四　和尚造像头

记唐印本陀罗尼经咒的发现

　　1944年4月，四川大学修筑校内自荷花池至锦江（俗称府河）边的道路，于抵达江边五六十米处发现小型墓葬四座，其中三座（相连的）为小型南宋墓，其一即出印本陀罗尼经咒的唐墓。当时我同杨有润同志前往清理，费了一天的功夫将此小型唐墓清理完竣，惟以天色已黑来不及将人骨架取出，俟次日清晨再往取时，已在夜中被人扰乱打碎，墓底砖已被掘起。此墓中的文物虽已全部取出，各种图亦已绘制，但人骨架的被毁，亦是一种损失，因为在四川地区明以前的墓葬中，很少保存有比较完整的骨架的。于此亦可见在反动统治下做考古工作的困难了。

　　清理后曾编有发掘报告，一直没有机会发表。解放后我于1951年调至重庆前西南博物院，遂将全部资料连同照像底片、绘图等移交前川西博物馆。1955年又调回成都四川省博物馆后，即想着手整理此项报告，但除了墓葬图一张和器物照像的底片三张以外，其他均尚未查着。现在我只能根据我自己所保存的当时清理时的日记，作为简短的报导，以备研究者的参考。不过日记中只详于记事和推测，而略于测量及现象的描写，故此文中所举出的各种测量数字，只能以大概视之。

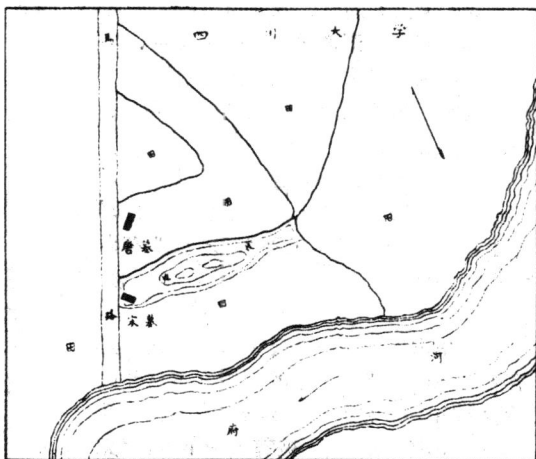

图一　唐墓附近地形图

此墓位于当时新修路基的北边，东南距江边五六十米，西南距相传的唐薛涛墓不及一里，东北距望江楼亦不过二里"（图一、图二）。此地原为水稻田，故墓的上部建筑全毁，只余墓下部的砖墙约高三十厘米。修路掘土填墓时将上面的农耕土取去后，即露出残存的砖墙，未扰及墓的下部。

墓的建筑，以江中卵石筑基，在基上起砖墙。砖墙的铺砌法，为"三平一竖"式，即平铺三层再立砌一层，如此重叠而上（图四、图五）。墓顶早毁，故其建筑形式不可知。墓底平铺砖一层。全墓长

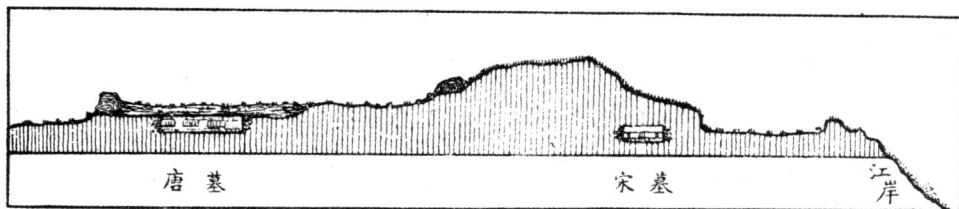

图二　唐墓附近地形剖面图

约两米，宽不及一米。墓的下部完整，未经扰乱。

棺椁已全朽，只余少数铁钉的痕迹。尸体仰卧，西南向。两乳上各复置一碗，口中含开元钱二枚，两手各握珉玉小棒及开元钱二枚（图版2）。右臂上戴银镯一只，印本经咒即装置在银镯里面。头的右部置双耳陶罐及陶盏各一个。左足附近仰置陶碗。从殉葬器物的数量来说，是不丰富的，但其放置的位置，则颇为特别。如双乳上各复置一碗，为四川墓葬中所仅见，直至现在尚未有发现相类似的现象（图三）。

墓中未发现有墓志或地莂[①]，故其确实年代不可知，只能从墓的建筑及随葬物品来加以推测。

此墓建筑的砌砖法，是"三平一竖"式。这种砌砖法在长江中下游南北朝时期即已有之[②]，但在四川至唐代方始盛行，这许多年来我们在四川所清理的中小型唐墓，几无一不是这样砌建的[③]。此种砌砖法到五代时则渐稀少，宋代虽亦有之，但极少，砌法亦有变易。如竖砌的砖，往往为"三横一直"，使壁上形成许多小龛，墓底大半有"腰坑"。今从此墓的建筑形式看，还是四川此种砌砖法的比较早期的形式。

此墓中出有陶器五件，计碗三件，双耳罐一件，盏一件（图版3），

---

① "买地券"在四川起于五代，盛于两宋及明。像这样规模的宋墓中，一般必有"地券"。于此，亦可证其时代系在宋以前。

② 见：武汉市文物管理委员会：《武昌任家湾六朝初期墓葬清理简报》，《文物参考资料》1955年第12期67页插图二；屠思华、李鉴昭：《南京梅家山六朝墓清理记略》，《文物参考资料》1956年4期14页；等等。

③ 可参看四川文管会：《四川官渠埝唐、宋、明墓清理简报》中的唐墓，《考古通讯》1956年第5期。

均为四川所称为琉璃厂的
"厂窑"。按琉璃厂的旧窑
址在成都东门外距中和场不
远的地方，距此墓所在地不
过四五公里。琉璃厂窑所历
的年代，因尚未经过发掘，
还不能确知，不过从现有的
材料看，最早者可到盛唐，
最晚者可至北宋初年，北宋
以后似曾放弃。在明代曾一
度恢复，但明代的"厂器"
与唐五代的"厂窑"则迥然
不同①。据我所知道的厂窑
陶器，属于早期者，多为实
足；属于晚期者多为圈足。
今此墓中所出的陶器均为实
足，所以它们的年代，应在五代以前。

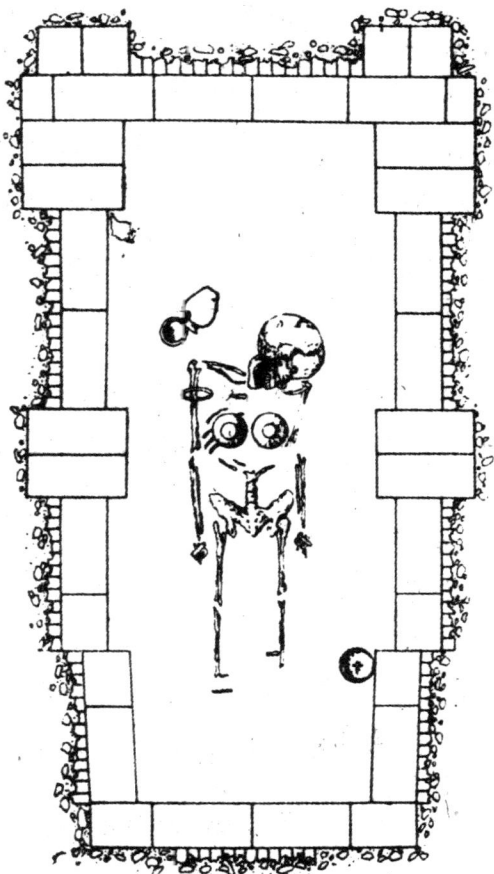

图三　墓葬平面图

　　共同伴出的还有开元通宝六枚，两枚在口中，两手各握二枚。六

① 琉璃厂窑址中发现有若干有年号的陶片，其中最早者为"天宝"，最晚者为后蜀"广政"；但琉璃厂系的陶器，即一种紫胎带粉黄色陶衣（一般称为粉釉）的陶器，在北宋墓中亦有发现，但其形式与早期者略有不同，又在墓中的排列，亦与在唐墓中者迥异。关于琉璃厂的情况可看林坤雪：《四川华阳县琉璃厂调查记》，《文物参考资料》1956年第9期47—48页。

枚同为一式，幕有"益"字，系四川益州监所铸。按武德四年初行开元通宝之时，曾于洛、并、幽、益等州设监铸钱，但不以监名名钱，其以监名名钱，始于武宗会昌（841—846年）中，由此就限定了这一墓葬的时代的上限，不能早过公元850年代以前，至于下限，则不能以此确定，因后来的墓葬可用前代的钱殉葬。不过《新唐书·食货志》曾说：

> ……及武宗废浮屠法，永平监官李郁彦请以铜像钟磬炉铎皆归巡院，州县铜益多矣。盐铁使以工有常力，不足以加铸，许诸道观察使皆得置钱坊。淮南节度使李绅请天下以州名铸钱，京师为京钱。大小径寸如开元通宝，交易禁用旧钱。会宣宗即位，尽黜会昌之政，新钱以字可辨，复铸为像。

因为当新钱流行之时曾有"禁用旧钱"，以及后来有新钱"复铸为像"的记载，"监"钱似曾经大量的毁铸，后来亦曾大量的销毁。今从此墓中的六枚开元通宝尽为益州监钱来说，虽可解释为此墓可能系葬于"监钱"流行之时，但这种现象也可以有另外一种解释，因为有监名的钱大半为佛像所铸，这对于佛教徒来说，当有一种吸引力，故留之以殉葬，故葬时不一定在此种钱流行之时。

在另一方面，以我们在四川发掘墓葬的经验，唐宋墓葬中所出的钱，大半都是当时所流行之品，如"开元"绝少与"五铢"同出，宋钱亦绝不与"开元"同出。虽南宋的墓可出北宋的钱，但亦是当时流行的货币。特别是将钱握于两手之中，这是唐代的特殊葬法，宋、

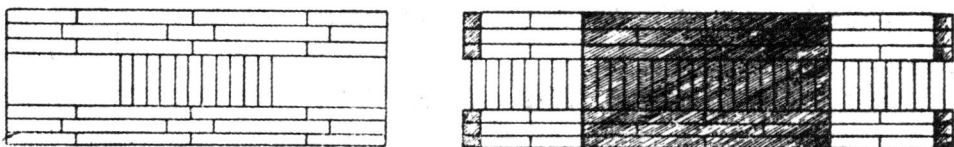

图四　墓壁砌砖法　东北面（左）　西南面（右）

图五　墓壁侧面砖纹

五代的墓葬中绝不如此，当有一种特殊意义[①]。根据这些事实，我们推测这一墓葬不会晚到五代初年，因为当五代初年王建据有蜀土时，铸钱颇多[②]，而此墓中未有发现一品。此一推测，由所发现的经咒印本亦可得到一些旁证。

此经咒印本系装置在骨架臂上的银镯之内（图六）。在初发现时并不知道里面有东西。当取回馆中整理时，因银质已

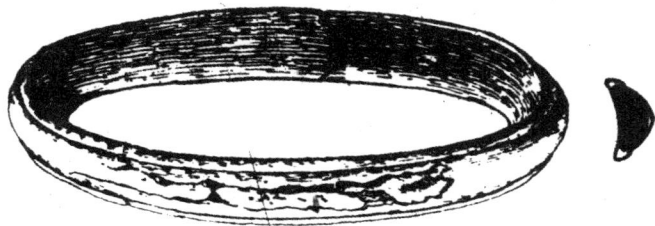

图六　银镯（及剖面）

朽，小处有破损，觉其中装有弹性的物品，有如橡皮。乃将银镯剖

---

① 可参看四川文管会：《四川官渠埝唐、宋、明墓清理简报》中的唐墓，《考古通讯》1956年5期。

② 前蜀王建曾铸"永平""通正""天汉""光天"，王衍曾铸"乾德""咸康"等钱，其中以"永平"为最难得，其他流传均多。

开，乃知是纸，但已固结，不易展开。在将其展开时，曾小有破损。

此印本为31×34厘米（图版1），对角紧紧卷裹，装置于镯中。纸为茧纸，极薄，半透明，但韧力甚强。据见过旧纸极多的装裱工刘绍侯同志说，此为唐代茧纸，为茧、桑皮、麻加檀木浆所制，故在光线下视之，表面有光泽，甚薄而有韧力，虽在潮湿中浸润千余年之久，但仍能将其舒展，若系他种纸张，则早已成纸浆了。其他有许多对中国的旧纸有研究者亦均认为系唐纸，不过我对纸张的鉴别全系外行，此纸亦未经过化验，今只略述对于纸张有研究者的意见如此。

印本中央为一小方栏，栏中刻一菩萨像坐于莲座之上，六臂手中各执法器。栏外围绕刻一种梵文，中国佛教经典中所称为天城体①的经咒十七周。咒文外又雕双栏，其中四角各刻菩萨像一，每边各刻菩萨像三，而间以佛教供品的图像。

印本右边首题汉文一行："國勵囷成都县 □龙池坊 □□□近下□□印卖咒本□□□……"等字。字体圆活秀劲，饶具唐人书法的风格。虽系雕板，不若北宋刻本之方板而显示雕凿的痕迹。从字体及刻法论，亦当系唐代作品。

"成都府"三字已漫灭其半，但以"成都县"三字例之，则是很清楚的。在唐代成都称"府"，始于肃宗至德二年（757年），因为

---

① Deva-nagari，梵语义为"神圣经文体（devine scripture characters）"。斯坦因称此种体为Brahmr，在说明中又称为Corrupt Sonskcit，未知孰是。按此种字体的经咒石刻，据重庆市博物馆邓少琴副馆长告著者，在峨眉山大峨寺及西昌两处均有之，皆为唐刻。不过我个人未见到，亦未见到拓本。邓副馆长对于四川的金石碑版所见甚多，搜罗亦富，其言当必有据。

唐代的惯例，凡是封建天子行幸驻跸之地，例改称为府。天宝十五载（756年）玄宗逃到成都，后一年（757年）回到长安，遂改蜀郡为成都府，长史为尹。五代时成都为前后蜀的都城，故仍称府。宋初历有变动，如太平兴国六年（981年）降为州，端拱元年（988年）又复为府等。龙池坊今不可考，大概在今成都城的东北部。据《唐书·地理志》说，贞观十七年（643年）分成都县置蜀县，在州郭下，与成都分理。乾元元年（758年）二月改为华阳。自是之后，成都县在西北，华阳县在东南，同城而治。龙池坊既在成都县，自当在现成都城的东北部，因为在唐以前成都城内的诸大池多在东北，而以"龙"名者不其一处[①]。唐代街市称坊，但相沿至宋代不改。故由此印本上的地名不能定其时代为唐或为五代。

　　斯坦因在新疆甘肃一带盗窃我国的文物时，在敦煌千佛洞亦发现与此相类似的经咒印本一张[②]，雕板较此本为复杂，并刻有施主及刊刻人的姓名，并刊刻人的"手记"及年月，时为宋"太平兴国五年（980年）六月二十五日"。"手记"首题"大随永陀罗尼"。记中有：

---

① 《华阳国志》及《水经注》均言"城北有龙堤池"，其处今已无可考。唐宋之时，今成都城中心有一大池，名摩诃，王建据蜀称帝时曾改为跃龙池，或龙跃池。《五代史》（卷63）记前蜀世家说："元膺（建之太子）匿跃龙池槛中"，即系指此。王衍时改为宣华池，但一般记载中则仍称摩诃池，孟昶花蕊夫人宫词中屡屡提到龙池，如"龙池九曲远相通""龙池凤苑夹在中""宜使龙池更凿开""乐声飞出跃龙池"等等，不一而足。大概均系指摩诃池而言。摩诃池系在前后蜀的宫禁中，外面的坊市自不能以之为名，除非在王蜀之前，已有龙池之称，但此种可能性甚小。虽《方舆胜览》言摩诃池名称之起有："隋蜀王秀取土筑广子城，因为池。有胡僧见之曰：摩诃宫毗罗。盖梵语呼摩诃为大，宫毗罗为龙。谓此池广大有龙耳。"但又一说以为系萧摩诃所凿，故称摩诃池。按摩诃池之称龙池，大概仅限前后蜀的宫中，外间一般则仍称摩诃，此于当时记载中及宋代宋祁、陆游等所记者均可证，想龙池坊或与此无关。

② 见 Serindia, Vol. IV, P1, C1.

> 若有人持此神咒者，所在得胜。若有能书写带在头者，
> 若在臂者，是人能成一切善事，最胜清净，为诸天龙王之所拥
> 护，又为诸佛菩萨之所忆念……。

可见当时将此种"神咒"带在身边为一种风气，有如现在藏族之带
"告乌"。特别是"若在臂者"与此墓中所发现的情况正为相合。

从雕板及所刻的汉字的字体来看，敦煌的印本应较此墓中所发
现者为晚。敦煌的雕板比较复杂精致，可见雕板技术已达到了很高的
水平，而字体的刻划，已具北宋刻书字体的风格，比较呆板而呈露雕
凿的锋芒，不如此墓中印本上字体的圆润自然。

我们根据这一印本的出土的情况及印本的本身来推断它是唐末
的东西，这从四川当时雕版发展的情况来看，亦可以得到一些旁证。
我们知道四川在唐文宗（李昂）太和九年（835年）前后就有"以
版印历日"之事。历书是农民大众所最需要的一种书籍，能"以版
印"，其数量当不在少数，而雕版技术亦必定有相当的发展。在九世
纪末叶，黄巢起义军占领长安后，随着僖宗（李俨）逃到成都的柳
玭，后来在他的家训序中记载当时成都刻书的情况说：

> 中和三年（883年）癸卯夏，銮舆在蜀之三年也，余为中书舍
> 人，旬休，阅书于重城之东南，其书多阴阳杂记、占梦相宅、九
> 宫五纬之流。又有字书小学，率雕板，印纸浸染，不可尽晓。[1]

---

[1] 《旧五代史》卷43明宗纪注所引。

由此，可见当时蜀中刻板之盛，而宋朱翌直以墨版始于蜀，亦不为无因了[①]。

在九世纪之中，四川刻书之风既如此其盛，佛教徒利用雕版来印刷符录经咒，是极为可能的。而论印刷史者，以为雕版之起，其始多为印刷宗教上的宣传品，证之以所发现的最早的印刷品多为佛教经咒及佛像可验。果其如此，蜀中在九世纪中能刊刻比较大部的"历日""阴阳杂记占梦相宅九宫五纬之流"和"字书小学"之书，比较简短的佛像经咒的刊刻应在其前，亦是自然之势。敦煌所发现的最早的雕板印本，均无刊刻的地名，此印本中详记有雕板及印卖的地方，在研究中国印刷史的掌故上，自是一种很珍贵的资料了。

（原载《文物参考资料》1957年5期）

---

① 《猗觉寮杂记》（卷六）："雕版文字，唐以前无之，唐末益州始有墨版。"

图版1 唐印本陀罗尼经咒 发现后未修整时的照片

图版2 开元通宝及珉玉小棒

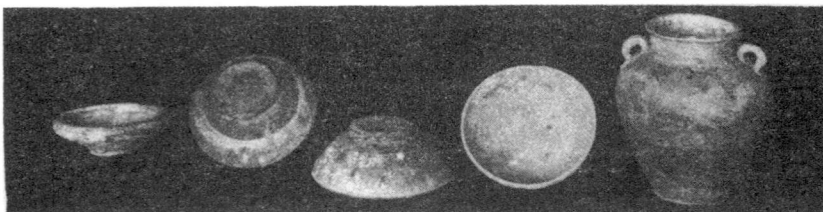

图版3 琉璃厂陶器 左：盖 中：碗 右：双耳罐

相如琴台与王建永陵

汉司马相如琴台，为成都西郭名胜中之最著者，自六朝而后，诗人之题咏、史乘之记载，接踵相望，风流韵事，流传至广。但自1942年—1943年四川博物馆在其处发掘后，证明其为五代前蜀王建之永陵，与相如之琴台无关，然永陵何以误为琴台，其中亦必有由也。因参诸记载，并斟酌实际情形，略为考而出之，亦或可为谈地方掌故者之一助也。

成都琴台之最早见诸记载者，均以为系梁简文帝之登琴台诗，其诗曰：

> 芜阶践昔径，复想鸣琴游；音容万春罢，高名千载留。弱枝生古树，旧石染新流；由来递相叹，逝川终不收[①]。

---

① 最早录此诗以为咏成都之琴台者，为明曹学佺，见《蜀中广记》卷二。

按梁简文帝足迹未至蜀，其所咏是否成都西郭外之琴台，是乃大可注意者。琴台之名，见于记载中稍早者，不一其处①。山东单县东南一里旧城北有子贱之琴台，浙江海盐县东门外有伯牙琴台，相传伯牙曾鼓琴于此，其侧有闻琴村及闻琴桥。湖北汉阳城北二里许亦有伯牙琴台，亦称伯牙台。《湖北通志》（民国十年修本，卷一五）古迹：

> 伯牙台一名琴台，在县（汉阳）北大别山尾，相传钟期听琴于此。

清汪中《述学·外篇》，汉上琴台之铭序（代毕尚书作）：

> 自汉阳北出二里，有邱焉，其广十亩。东对大别，左界汉水，石隄亘其前，月隄周其外，方志以为伯牙鼓琴，钟期听之，盖在此云。居人筑馆其上，名之曰琴台，通径直道，来止近郊，层轩累树，迥出尘表。上多平旷，林木翳然，水至清浅，鱼藻交映。可以栖迟，可以眺望，可以泳游。无寻幽陟远之劳，靡登高临渊之惧，懿彼一邱，实具二美。桃花渌水，秋月春风，都人冶游，曾无旷日……

读汪容甫之序，可知汉阳之琴台，为武汉名胜之冠。不过此琴台起于

---

① 如南充唐时之相如县亦有琴台。《旧唐书》（卷四十一）《地理志》："相如，汉安县地。梁置梓潼郡，周省郡立相如县，以县城南二十里有相如故宅，二相如坪有琴台。"

何时，方志轶于记载，不得而知，想其非起于近代，或者甚古也。按简文帝生于梁天监二年（503年），五年（506年）封晋安王，普通四年（523年）累迁都督雍州刺史，中大通三年（531年）被征入朝。梁时之雍州，侨治襄阳，汉阳为适当往来襄阳道上之要冲，简文所登，或为此琴台乎？又细玩其诗意，颇不类咏相如文君之事者。例如"高名千载留"，自相如至简文，不过七百余岁，亦无"千载"。但自伯牙至简文，则恰合"千载"之数也。又如"逝川终不收"，今王建永陵附近实无大川，而汉阳之琴台，则前临汉水，后背长江，正与此相合。虽诗人之言，不尽实指，但亦终根据事实也。其非指成都之琴台，似甚明显。

《四川通志》卷四八舆地古迹门引《成都记》云："琴台在浣花溪之北，梁萧藻镇蜀，增建楼台，以备游观。桓宣武伐蜀，下营于此，掘得大罂二十余口，盖以响琴也。隋蜀王秀更增五台，并旧台为六焉。"《成都记》成于唐宣宗大中八九年（854—855年）间，其书今佚，其中所言，不知何所据？萧藻镇蜀为天监元年（502年），时为简文帝生前一年，藻在蜀约八年[1]。桓温伐蜀，为晋穆帝永和二年（346年），又更在其前。其所言"掘得大罂二十余口"，久未得其解，因古人无在一处埋如许大罂之理，响琴之说，全为臆测，亦无是理也。近忽悟其所掘得者，或为陶井壁，前人不识，或误为大罂耳。此类井壁，成都附近随处均可掘得，均汉代物。如掘得一稍完整之井，则有十余口[2]。

---

[1] 天监元年至天监九年，见《梁书》（卷二十三）《藻传》。
[2] 井壁之制，可参见蒋大沂《论陶井壁之称谓及其年代》，见《学思》第四卷第二期（民国二十三年二月十五日），1934年。

琴台之说，亦不过为一种附会，相如安用筑一高台以鼓琴？虽其娶卓文君后，得"僮百人，钱百万"，"归成都，买田宅，为富人"，亦无筑一高台以鼓琴之理。大概琴台之说，系起于六朝末年，或因相如宅之琴堂而误。

王褒《益州记》（《蜀中广记》卷二所引）云：

> 司马相如宅在州笮桥北百步许。李膺云："市桥西二百步得相如旧宅。"今海安寺南有琴台古墟。

《益部耆旧传》（《太平寰宇记》卷七二所引）言：

> 宅（相如宅）在少城中笮桥下有百许步是也。又有琴台在焉，今为金花等寺。[①]

《太平寰宇记》卷七二：

> 相如宅在州西四里，《蜀记》云：相如宅在市桥西，即文君当垆涤器处。

---

① 《方舆胜览》言："琴台后为金花寺，城内者非其旧也。金花寺以晋胡僧持金花玉像住此故名，按即今之金家铺矣。"按《耆旧传》言相如"宅在少城中笮桥下"，则非事实，因无论古今城垣之变迁如何，笮桥绝不能在少城中也。

《寰宇通志》卷六一：

> 相如宅在府城西五里，即文君当垆涤器处，旧有琴台，后
> 废为寺。

《四川通志》卷四八：

> 琴台在城外市桥西，汉司马相如宅内①。

此外言相如宅与琴台者颇多，类皆辗转抄袭，无甚新解，且所言之方位，各为不同，亦不能为之确指。《寰宇记》所引之《蜀记》，是否扬雄之《蜀记》，不得而知。不过其言"即文君当垆涤器处"，则有未审。据《史记》及《汉书》，均言在临邛，而不在成都也。况相如文君此举，所以羞卓王孙者。若于成都，则失其意义矣。但综合各家所记，均以相如宅近市桥，或笮桥。而市桥与笮桥，或言其为一桥而二名，或言其为二桥，言者多不能详。按古时成都西南两江七桥，相传为李冰所造，上应七星。《华阳国志·蜀志》曰：

> 州治太城，郡治少城。西南两江有七桥。直西门郫江中冲治

---

① 按《通志》此条殊误，其既录汉司马相如宅，又列琴台，实不能自知其何者为是也。又自其语气观之，似在嘉庆间修志之时，市桥及司马相如宅，犹尚存留者然。由此可见往时修志辗转抄袭之谬。

桥。西南石牛门曰市桥，下石犀所潜渊中也。城南曰江桥，南渡流曰万里桥。西上曰夷里桥，上（当作亦）曰笮桥。桥（当作又）从冲治桥西出（当作北）折曰长升桥。郫江上西有永平桥。长老传言，李冰造七桥，上应七星，故世祖谓吴汉曰：安军宜在七星间。

《国志》之文，讹夺殊甚，《水经注》江水条记成都两江之七桥曰：

西南两江有七桥。直西门郫江上曰冲里桥。西南石牛门曰市桥，吴汉入蜀，自广都令轻骑先往焚之。桥下谓之石犀渊。李冰昔作石犀五头，以厌水精，穿石犀渠于南江，命之曰犀牛里。后转犀牛二头，一头在府市市桥门，一头沉之于渊也。大城南门曰江桥，桥南曰万里桥，西上曰夷星桥，下（当作又）曰笮桥……又从冲治桥北折曰长升桥……

《水经注》之文，亦颇有乖误，不过与《华阳国志》之文合读之，可得其梗概。

在唐以前，成都之北面及东面并无大江绕之，此历代地志书中所言甚明也。郫江自西北来，至现在成都之西隅外之九里堤时，折而东南流，绕成都之西郭，至现在之通惠门（新西门）时，东折与外江并流，经方池街、上莲池、中莲池、下莲池，至郭之东南隅与外江合，历来名胜之合江亭即在其处也。此一串之池，即为郫江之旧河床也，此即《华阳国志》所谓"穿郫江、检江，别支流双过郡下"，扬雄《蜀都赋》中所称"两江珥其前"者也。吾人若明瞭古时江流之情形，其江上桥之情形，则可得而推知之矣。

出南门为江桥，其处约为现南大街之中段○。过江桥即万里桥②，《华阳国志》所谓"南渡流曰万里桥"也。"流"即郫江，江桥所跨也。万里桥跨外江，与江桥相值，其处约当今之南门大桥也。沿江桥西上为市桥，石牛门外之桥也③。其曰市桥者，以汉旧州市而得名，《蜀中名胜记》（卷一）曰："江桥者，大江之所经也。稍西为市桥，曰市桥门，以汉旧州市在此桥南，桥下即犀所潜渊，亦曰石牛门"，是也。渡市桥而南，跨外江者曰夷里桥，亦曰笮桥，以其为竹索笮桥也④。此南面两江之四桥也。

---

①　江桥亦名南江桥，及安乐桥，《太平寰宇记》（卷七二）言"南江桥亦名安乐桥，在城南二十五步，宋孝武以桥对安乐寺，改名安乐桥"。《十六国春秋》李特将起，童谣云："江桥头，阙下里，成都北门十八子"，盖指李特也。江桥即此桥，七星桥之一也。

②　万里桥之名，相传以为始于费祎使吴，诸葛亮祖之于此，曰"万里之行，于兹而始"，故名万里。按万里桥亦名笃泉桥，以其南有笃泉也。《太平寰宇记》（卷七二）："万里桥在州南二里，亦名笃泉桥，桥之南有笃泉也。"今桥南无泉，此无知何所据。

③　石牛门以石犀得名，旧有石牛寺亦名石犀寺。《蜀中名胜记》以为系南门之胜，并言"今正殿阶左有石蹲处，状若犀"。陆放翁《剑南诗稿》（卷八）杂咏之一"石犀庙壖江已回，陵谷一变吁可哀，即今禾黍连云处，当日帆樯隐映来"。因放翁时郫江已阻而北流，石犀寺已不在江边，故只见禾黍而不见帆樯。石牛寺当在文庙西街城公中学附近，旧市桥想离此处不也。刘沅《成都石犀记》（见《槐轩杂著》卷二）言原在将军署内，为清初年中丞所移往者，不知何所据。

④　《太平寰宇记》（卷七二）"益州条"："笮桥去州西四里，名夷里桥，以竹索为之，因名笮桥。"《蜀中名胜记》（卷二）引李膺笮桥赞云："复引一索，飞缒代阁，其名曰笮，人悬半空，度彼绝壑。"又引《益州记》曰："市桥笮桥，今各有铁椎。大十许围，长六七十尺，云初营桥引机，运此椎以击桥柱，本有三，今余二。"是言造铁桥之工具与方法也。《岁华纪丽谱》言"正月十八日俗传为呆寿诞日，出笮桥门即侯祠，奠拜。又四月十九日，太守出笮桥门至梵安寺。"想元费著时，笮桥尚存，故犹有笮桥门之称。曹学佺作《蜀中广记》，亦以笮桥为南门胜景之一，想其时桥犹尚存也。至清时，即无桥，亦无门矣。

出西门曰冲治桥，再西北曰长升桥，再西北曰永平桥，此西面郫江上之三桥也。合南面之四桥为七桥。此七桥中，五桥跨郫江，即江桥、市桥、冲治桥、长升桥、永平桥。二桥跨外江①，万里桥，笮桥是也②。

江桥与万里桥南北相值，市桥与笮桥南北相值，故记载中时有误江桥与万里桥为一桥，或误市桥与笮桥为一者。市桥与窄桥处于成都之西南隅，形势重要，为兵家必争之地，例如《后汉书》（卷四三）《公孙述传》：

> 述乃悉散金帛，募敢死士五千人，以配岑于市桥（注：市桥即七星桥之一桥也。李膺《益州记》曰："冲星桥，旧市桥也。在成都县西南四里"）。

按此注殊误，所引《益州记》之文，必有脱讹也。又《后汉书》（卷四八）《吴汉传》：

> "汉乃进兵攻广都拔之，遣轻骑烧成都市桥。

---

① 外江亦名笮桥水，以其为笮桥所跨也。《太平寰宇记》（卷七二）言："汶江一名笮桥水，一名流江，一曰外江。"

② 七桥之名，明时已不能确指。天启修《成都府志》言："《华阳国志》载：李冰造七桥，上应天星……考七桥西南石牛门曰市桥，下石犀所潜渊也。城南曰江桥，南渡流曰万里桥。西上曰夷里桥，曰笮桥，曰长升。郫江上西有永平桥，城北十里又有升仙桥。不知所谓七桥者，竟何所指。今存者、市桥、笮桥、万里桥、升仙桥，余俱无考矣。"此所言存四桥，实不过存三桥而已。因市桥所跨之河既废，市桥当亦废。此言市桥存者，以金花桥当之也。

《晋书》（卷九八）《桓温传》：

> 自将少卒直指成都……势（李势）于是悉众与温战于市桥。

《晋书》（卷一二一）《李期传》：

> 于是与越及景骞、田褒、姚华谋袭寿等，欲因烧市桥而发兵。

由此可见市桥及笮桥所占地势之形胜，凡有兵事，所为必先争者。但自唐高骈筑罗城，堰糜枣，导郫江绕城北，西南五桥一时俱废，所余者只外江笮桥及万里桥，故《九国志》载：

> 张造长社人……从（王）建讨陈田，引军攻笮桥，为陈敬宣所败，殁于阵。

此处不言市桥，因此时市桥已废 ①，只存笮桥，而西南隅之城门，往时称石牛门或市桥门者，此时亦称笮桥门，以其临笮桥也。王建帝蜀，改笮桥门为神德门是也。市桥与笮桥既为成都西南隅两江上相值之桥，故言相如宅近市桥可，或言其近笮桥亦无不可也。

---

① 明时以城内之金花桥为旧市桥，如明天启修《成都府志》言："金花桥在府城中卫大街，旧有坊，今废，即市桥也。"按明时之金花桥跨金水河，距石牛寺之市桥尚远，不过略当其西南之方位而已。

相如宅或言在少城中，或在其西，或在其西南，而距市桥或笮桥不远。琴台或言在其宅中，或与其宅相连，或不相连，但均言在成都西郭，于方位上则相去甚近也。吾人须知，自汉以迄唐宋，成都西南郊，历为名胜之区，楼台歌馆相望，相如既骤富，其于西郭买宅，想亦意中事。以意度之，相如与文君既皆善琴，其宅中或筑有琴堂，为燕息之所，其后其宅虽废，但后人对于此名士美人之艳迹，不胜向往之思，遂漫指其旧宅附近之高台为琴台。其起，最早亦不过在六朝之间，但自唐卢照邻[1]、杜工部[2]等题咏而后，遂为诗人之凭吊胜地矣。

王建永陵何以误传为琴台？亦为一极可推敲之点。《新五代史》及《蜀梼杌》言王建殁后，葬永陵，但均不言其处，直至放翁游蜀，姑言王建墓在成都西郭外，《剑南诗稿》（卷八）《后陵诗序》云：

> 永庆院在大西门外，不及一里，盖王建墓也。有二石幢，尤当时物。又有太后墓，琢石为人马甚伟。

此乃始确言永陵在成都西门外，当时何以称为后陵，亦未知其故？所谓永庆院，或者为永陵寝庙所改，亦未可知[3]，其所言之太后墓，

---

[1] 卢照邻《幽忧子集》（卷二）相如琴台："闻有雍容地，千年无四邻；园院风烟古，池台松槚春；云疑作赋客，月似听琴人；寂寂啼莺处，空伤游子神。"以诗言，此为咏相如琴台之最早者。

[2] 《杜工部集》（卷十一）琴台："茂陵多病后，尚爱卓文君；酒肆人间世，琴台日暮云；野花留笑靥，蔓草见罗裙，归凤求凰意，寥寥不复闻。"

[3] 同治《成都县志》（卷二）"五代王光图墓"条下引《成都文类》云："武担山循城而西，有前蜀王光图墓，墓前有永宁佛宫，王氏拜扫之所也。"此所称之永宁佛宫，或即永庆院也。

想系王建之顺德周皇后，《十国春秋》（卷二十六）《高祖顺德皇后周氏传》：

> 光天元年高祖晏驾，后哀毁骨立，后数月而殂，合葬永陵。

放翁所言之太后，想系后人指王衍而言，因记载中并未有言王建之母来蜀或葬于蜀之事者。又《十国春秋》所言"合葬永陵"，今永陵中毫无合葬之痕迹，吴氏之出此言，实不知何所据。"合葬"者，或系"附葬"与？但陆氏所称之太后墓，及其石人马，已全无存，其详已不可得知矣。

放翁既有后陵诗，而同时亦有相如琴台诗[①]，似在放翁当时，琴台与永陵尚未相混，不然者，何以一人同时同地而有咏两古迹之诗？是可明知琴台尚存也。自唐以来，诗人之咏琴台者颇众，当不为完全系文人虚构，必有一高台，所共指为琴台者。且高适有《同群公秋登琴台》诗[②]，

---

① 《剑南诗稿》（卷八）咏文君井诗："落魄西州泥酒盃，酒酣几度上琴台，青鞋自笑无羁束，又向文君井畔来。"自注："相如琴台在成都城中、文君井在邛州，相传为卓氏故宅。"按放翁记事，颇为精确，诗既言数登琴台，当不致有误。而《成都县志·艺文类》又录其《长卿琴台诗》："归凤求凰又一时，琴台遗址草离离；彩毫有赋留金马，绿骑多情结翠眉；武帝祠前云影散，浣花溪外酒帘垂；无端封禅留余恨，玉检尘埋此共悲。"此益可证明当放翁时，琴台与永陵尚未混而为一也。此诗不见《剑南诗稿》，但自诗之韵调观之，则确为放翁之诗也。又《成都县志·艺文类》所收放翁咏成都古迹诸诗，多有不在其集中者，或有遗诗与？

② 《高常侍集》（卷四）《同群公秋登琴台》："古迹恒人感，琴台空寂寥；静然顾遗尘，千载如昨朝；临眺自兹始，群贤久相邀；德与形神高，孰知天地遥；四时何倏忽，六月鸣秋蜩；万象归白帝，平川横赤霄；犹是对夏伏，几时有凉飙，燕雀满檐楹，鸿鹄抟扶摇；物性各自得，我心在渔樵；兀然还复醉，尚握樽中瓢。"

想在唐时，亦为游赏胜地。北宋时宋祁[①]、吕公弼[②]等均有琴台诗。宋吕之时，去五代未远，王建葬亦未久，陵庙石人马想亦具存；或不致误王建之永陵为相如琴台也。

是则何时始误王建永陵为相如琴台？以意度之，大概系在清初，因明天启年间修《成都府志》言琴台：

> 琴台，府城西南五里，汉司马相如宅，……嘉庆中学宪陈鎏，建坊于五里铺路傍，题曰琴台。径沿小径，半里许始达琴台遗址，树松柏。

此言建坊于五里铺，按以成都明城垣范围与今城大致相似推之[③]，似当在今老西门外之五里墩（西门外茶店子附近），是离现在发现之王建永陵西去又三四里矣。志又言"半里许始达琴台遗址"，据是则琴台距当时大路尚有半里之遥，但不知在路之南或北也。但按天启府志所推之琴台地位，与其他书所载者，颇为不合。不过天启修志之时，陈鎏所建之坊当尚存留，而自来之言琴台方位者，亦以此为最详。且以当时人记当时昭昭在人目前之物，当不致有所大误。其所指与他书所记不同者，大概因琴台本系附会之说，无一定方位，西郭外四五里

---

① 《景文集》（卷九）《司马相如琴台》："故台千古恨，犹对旧家山；牛夜鸾凤去，它年驷马还；死忧封禅晚，生爱茂陵闲；惟有飘飘气，仍存天地间。"
② 《吕公弼诗》（《蜀中名胜记》卷二所录）："烟树重城侧，琴台千古余；早为梁苑客，晚向茂陵居；赋给尚书笔，归乘使者车；风清觊旧隐，长日耸乡间。"
③ 成都城垣古今之变迁，见拙著《元八思巴蒙文圣旨碑发现记》，四川博物馆单刊之二。

以内，南自浣花溪以北，北自老西门以南，任何土丘，或高出台地，均可以当之也。而陈鎏之建坊，亦不过随便指点，未必能确知其处也。曹学佺《蜀中名胜记》虽言琴台为西门之胜，但均系引据往籍，亦未确言其在于何处。但在明时，王建墓前之石幢及石像生等，或有尚存留者，或不致误为相如琴台也。自张献忠据蜀以后，人民流离，公私建筑尽毁，后又经过三次之修城，周郭以外，已非复往时旧观[1]，其误指永陵为琴台，或在此时乎。

明清之方志及杂记中，亦有言王建墓者，如《明一统志》（卷六七）成都府陵墓：

> 王建墓，在大西门外，有二石幢。又有太后墓，琢石为人马甚伟。

清嘉庆重修《一统志》（卷三八五）成都府二陵墓：

> 蜀王建墓，在成都县西郭，有二石幢。（清嘉庆二十年修《四川通志》所录与此全同）

清雍正《四川通志》（卷二九）：

> 唐王建墓，在成都县西二里。

---

[1]　成都城垣古今之变迁，见拙著《元八思巴蒙文圣旨碑发现记》，四川博物馆单刊之二。

同治《成都县志》（卷二）《陵墓》：

> 王建墓，县西一里，有二石幢。宋陆游有诗，见艺文[①]。

《蜀故》（卷七）：

> 成都西门外有王建墓，石人石马犹存。

此等记载，类皆抄袭陆游之后陵诗序，至为明显。至于王建墓之方位，与其已久误为琴台，则皆茫然无知也。

大概自明末以后，唐宋时所指之琴台，或已夷为平地，永陵之石幢与石人石马，亦不复存。但琴台相传既久，好事者遂指附近永陵为琴台矣。如果系如此，则以一介文人身后之名，可压倒帝王之尊，亦大可为文人扬眉吐气矣。

永陵之误琴台，似尚另有一解，即"冢""琴"之方音是也。《水经注·沘水》：

> 又西北迳六安县故城西，县故皋陶国也，夏禹封其少子奉其祀。今县都陂中有大冢，民传曰公琴者，即皋陶冢也。楚人谓冢为琴矣。

---

① 县志既列王建墓，又据《成都文类》而列五代王光图墓，而不知王建、王光图实乃一人也。旧时修志之辗转抄袭，多类此。

又同书"汝水"：

> 县（鲖阳）有葛陵城，建武十五年，更封安成侯铫丹为侯
> 国。城之东南有楚武王冢，民谓之楚王岑。

《皇览》（《史礼》楚世家集解所引。又刘昭《续汉书·郡国志》补
注汝南郡鲖阳侯国注，亦引此条。《太平御览》（卷五六〇）礼仪部
卷三九，《冢墓四》引此条"鲖"作"鲷"，音纣）：

> 楚武王冢在汝南郡鲖阳县葛陵乡城东北，民谓之楚王岑。

是则琴即冢也，琴台及冢台，再误而为长卿琴台，于理亦可通。不
过楚人谓冢为琴或岑（琴、岑音近），在郦氏时或有此音，今则未
闻也。川中固多楚人，然非楚地，若相比附，于时于地似觉相去过
远也。

（原载《史学论丛》，四川大学历史系编，1956年）

驾头考

宋代大驾卤簿之中，有一重要法物，其名曰驾头。即帝王行幸时，使一老内臣于马上抱一绣裹兀子作先驱，百官道次班迎，则向之致敬。此法物在宋代已少有人知其意义及为何物者，但此实后来帝王宝座之雏形，我国行坐风俗改变之关键，影响于后来之礼俗，而甚至房屋之建筑与布置者颇大，故其为物虽小，且已成历史上之陈迹，但留心我国文化上之变迁者，所不可不知也。

床　榻

欲明瞭驾头之起源，不能不稍说明古代坐具之演变，而床榻实为我国最早之专门坐具也。秦汉以前，均系设席于地，而平坐于其上。床本专为卧具，此在先秦之文籍中言之颇明。但床虽为卧具，自亦可坐于其上，不过均在燕息时为之，绝不以之接见宾客，如史记（卷八）高祖本纪言：

> 郦食其谓监门曰："诸将过此者多，吾视沛公，大人长者。"乃求见说沛公，沛公方踞床使两女洗足，郦生不拜，长揖曰："足下必欲诛无道秦，不宜踞见长者。"于是沛公起，摄衣，谢之。[①]

按坐床上非见客之态，而踞尤非正常之坐法。所谓踞者，乃以尻着床而垂其两足之谓，如后来之所谓踞鞍，据马，踞胡床，皆谓垂足也，非中土之坐法。在此种情形下，故郦生责而说之，而高祖起谢也。又如汉书（卷六十四下）朱买臣传：

> 始买臣与严助俱侍中贵用事，（张）汤尚为小吏，趋走买臣前后，汤以廷尉治准南狱，排陷严助，买臣怨汤。及买臣为长史，汤数行丞相事，知买臣素贵，故凌折之。买臣见，汤坐床上弗为礼，买臣深怨，常欲死之。

张汤于卧具上坐而见贵宾，亦犹现代坐于卧床上而见客，其轻慢之态

[①] 按《汉书》（卷一）高祖本纪及《汉书》（卷四十三）。郦食其传所载与此略同，惟"洗"下无足字，但颜师古注谓："洗，洗足也。"

已甚，此买臣之所以深怨之也。高祖之踞床，张汤之坐床上，皆非接见宾客之地，而可明床非正常之坐具。此于记载中虽未曾明言，只可推而得之，但观乎汉代之石刻画像，则更为明白。如山东孝堂山、河南南阳之汉墓石刻画像、川中之汉墓石刻画像，以及画像砖等，其所描写之人物，如有坐者，皆系坐于地上，而不坐床上或榻上也①。故于此益可明瞭床在汉以前，为卧具而非坐具也。

由以上所言，可知在西汉之际，床之主要用途为卧具，虽亦可坐，想系皆于卧内，绝不以之接见宾客，纵有之，则为故意表示轻忽之意，如张汤之对朱买臣是也。但此已渐开以床作坐具之风。大概至东汉时，接见宾客，始设床为坐具。故《说文》："床，安身之几坐也。"不言其为卧具之专名，而云"安身之几坐"，可知床已转为可卧可坐两用之具，故刘熙《释名》曰："人所坐床曰床"，燕居之时，床上设几，人则凭几而坐。段氏玉裁《释床》有言曰：

床之制，略同几而庳，可坐，故曰安身之几坐。床制同几，故有足有枕。床可坐，故尻下曰，"处也，从尸得几而止"，引《孝经》"仲尼尻"，而释之曰："谓闲居如此。"按得几而止者，谓得床而止也。仲尼尻者，谓坐于床也。上文

---

① 此所引之诸石刻及画像砖，其时代均大约为东汉作品。但当东汉时床榻似已盛行，不应仍坐于地，不过吾人须知，关于冢墓之作品，均为比较保守，又其所描写者，多为往代之故事，其不以当时盛行未久之床榻入画，亦固其宜也。西汉时之犹坐于地，于隽不疑传可以见之，《汉书》（卷七一）：胜之开阁延请，望见不疑，容貌尊严，衣冠甚伟。胜之屣履起迎，登堂坐定，不疑据地曰……隽不疑坐定据地，其为坐于地上甚明。

曰：“凭，依几也。”乃谓手所凭之几。汉管宁常坐一木榻积五十余年未尝箕股，其榻上当膝处皆穿，此皆古人坐于床，而又不似今人垂足而坐之证也。床亦可卧，古人之卧，隐几而已。床前有几，孟子隐几而卧是也。《孟子》曰“舜在床琴”，盖《尚书》佚篇语也。而古坐于床，可见琴必在几，则床前有几亦可见。

段氏释《说文》之床为坐具，固为正确，若谓“床之制略同几而庳”，则不尽然。古之床颇高，须藉登而上（说详榻）。几则甚矮，置于床上以庋物，而非置于床前。床前者乃桯，非几也。《说文》：“桯，床前几。”又“桱，桯也，东方谓之荡”。《方言》：“榻前几，江沔间曰桯，赵魏之间谓之椸。”床榻上之几，与床榻前之几不同，故其制与名亦异。床上之几方可凭，几若置于床前，不只不可凭，亦不能凭矣。又引《孝经》“仲尼凥”及孟子隐几而卧，谓为坐于床，是为不可能者。因在时代上，孔孟之时，无坐于床上之习故也。“仲尼凥”者，谓孔子坐于席而凭几，燕居之态也。故《说文》：“几，凥几也。”又“凥，处也。从尸几。尸得几而上也”。《孝经》曰：“仲尼凥，凥，谓闲居如此。”许氏引“仲尼凥”，并不言其坐于床上，只谓其“闲居如此”而矣。段氏在当时因未明古代坐卧风俗之改变，故有此小失。

　至唐宋，椅几为坐具已普遍盛行而后，有误古代之几亦为坐具者，如宋程大昌《演繁露》（卷二）言：

几与案自是两物，几者，坐具也。曲木附身，以自捧抱；故《释名》曰："几，庋也，所以庋物者也。"其音轨，其义则阁也。《汉武内传》"帝受王母真经，庋黄金之几"，是以几而阁经文也。《邺中记》曰："石虎坐几，悉雕五色花。"则几者，所以坐者，非案类也。《语林》曰："孙冯翊往见任元褒，门吏凭几见之，孙请任推此吏。吏曰：'得罚体痛，以横木扶持，非凭几也。'孙曰：'直木横施，植其两足，便为凭几。何必狐蹲鹄膝。曲木抱腰。'用此推之，则几之形象可想。大率如今之胡床，顶施横木，而俗以抱身交床名之，是其象矣。第古无绳床，既为坐具，必是施板。《竹林七贤论》论曰：'阮籍在袁孝尼家，醉扶书几板为文。王逸少见门生家几板滑净，因书真草，其父刮去。是皆有板可书也。'孟子隐几而卧，南郭子綦隐几而坐，嗒然若丧其耦，皆其事也。必以几阁其手，故得以寄其逸也。若周礼玉几漆几，用材设饰则有别，若其形制则无二也。"

案与几固为两物，然几则非坐具也。倘几为坐具，岂非垂足而坐，唐宋以前无是坐法也。《演繁露》此段几全为曲解，如其引《邺中记》之石虎坐几一则，《邺中记》所言为"石虎御坐，几"为两事，不能将其混而为一也，几所以置于御坐之上者。又如阮籍之醉书几板为文，王逸少见门生之几滑净而书真草，正明其非坐具。盖是时均坐于床上或榻上，几则置于其上，故可书，若为坐具，又安可书？孙冯翊之请推门吏，正因其凭几，而非坐几。因得罚体痛，藉几以支持。盖古代凭几为燕间时之态，宾客前决不如此，于尊者前尤为非礼，故孙请推之也。汉以前席地而坐，几则置于其前或傍，燕间时以双臂搁于几上，若捧抱者然，是为凭几。尸字为像形之字，正像人身（尸）之凭于几上也。故《说文》曰："尸得几而止也"，倦时则身俯于几上而假昧，若将几隐盖者然，孟子之隐几而卧，南郭子綦隐几而坐者，以此也。程氏不明古代坐法，以宋代之坐机，以拟古代之几，谓其似胡床，为其致误之由也。

东汉时又有榻，为坐具之专名。接待贵宾时，往往专为设榻，如《后汉书》（卷八十三）徐穉传言：

> 时陈蕃为太守，以礼请署功曹，穉不免之，既谒而退。蕃在郡不接宾客，唯穉来特设一榻，去则悬之。

又同书（卷九十六）《陈蕃传》：

> 郡人周璆，高洁之士，前后郡守，招命莫肯至，唯蕃能致焉。字而不名，特为置一榻，去则悬之。

东汉之记事中，往往言榻，可见当应用之普遍。不过榻亦床属也，《释名》于"人所坐卧曰床"之下又曰："长狭而卑曰榻。"《说文》无榻字，想许氏时尚无此字。榻之起想系自床而来。床本为坐卧两用之具，可以横陈，故必甚高大，上下不易，必藉他物以登。《释名》（卷六）释榻登曰："榻登，施之大床前，小榻上，登以上床也。"榻者，因其长狭而卑，或原系设于床前，践以登床，盖床榻有蹋义也（《说文》有蹋字无榻字）。如旧式之床前，犹置蹋板，盖此之遗。因此长狭卑小，便于搬移，易于上下，久则离床而为独立之坐具，但仍具旧名曰榻①。

榻因系长狭，可以数人共坐，不过尊者多独擅一榻，不与他人共，以表示其尊崇，如《释名·释床榻下》又曰："小者曰独坐，主人无二，独所坐也。"《三国志蜀志》（卷八）简雍传：

> 简性傲跌宕，在先主坐席，犹箕踞倾倚，威仪不肃，自纵适。诸葛亮以下，则独擅一榻，枕项卧语，无所为屈。

自其文义推之，先主与诸葛亮，当各独坐一榻，以下皆数人共榻。简雍性傲，则独占一榻。其在榻上箕踞卧语，于礼法上，固为例外，但榻之制，可因以想见。大概榻约起于东汉床为坐具盛行以后，不久即

① 日人藤田丰八撰《榻及氍毹氀毾㲪考》（见其《中国南洋古代交通丛考》）谓榻之制乃自波斯传来，或由印度与佛教而传入中土，而榻字则原于波斯语 takht 或 takhta，义为王位、宝坐、沙发、床，或任何高于地面可坐卧之地，又有马鞍之义。按予不谙波斯语，takht 究系指何种坐具，不得而知。不过藤田丰八之论，实过于穿凿附会，中国记载中，从未有言榻系自外族传来者，其为中土仿床之固有创意，于此可知，不必事事附会为外来也，纵使其为一种刺激传播（stimulus diffusion，即意义传播）亦不必以波斯语或印度语名之。例如椅之制，本自外族传来，但在中国则床为坐具，故仍以床名之，而区别之为胡床，其事甚明。藤田之说，未为确论也。又武梁祠画像，尊者多坐矮具之上，其是否为榻，不得而知，但以时代论，颇有为榻之可能也。

取床之地位而代之，经魏晋六朝以迄隋唐，为最流行之坐具。至椅机兴后，此流行约千年之榻，方始废除，而人则床榻不分，为卧具之别名矣。

胡床、椅

吾人欲明瞭胡床与椅之制，必先明瞭古代之坐法，因此不只为一种坐具之改变，亦为坐法之改变也。我国在唐以前之坐法，均为平坐，而平坐亦大体可分三种。

一种为危坐，即两膝相并，下尻使上下腿平行，反其蹠而坐其上。即《晋书》（卷六十六）陶侃传所谓"敛膝危坐"者。此为最恭敬之坐法，守礼法之人士多如此坐，且有一定之位置。如《后汉书·向栩传》言其坐处"板乃有膝踝足指之处"，《高士传》亦言管宁"其榻当膝处皆穿"是也。若再耸起其上体，而掀其尻，是为跽。《说文》："跽，长跪也。"段注曰：

> 长跪乃古语。长，俗作跧，人安坐则形弛，敬则小跪耸体若加长焉，古曰长跪。

段注极为明瞭，跽为愈敬之貌，故《释名》言"跽，忌也，见所敬忌，不敢自安也"。古人凡欲有所申言，则耸升其体，以示敬意。如

《史记》（卷十九）范雎传描写范雎入见秦王，"秦王跽而请曰：'先生何以幸教寡人？'范雎曰：'唯唯。'秦王复跽而请曰：'先生何以幸教寡人？'范雎曰：'唯唯。'若是者三，秦王跽曰：'先生卒不幸教寡人邪？'"此段所言，极为明晰，秦王与范雎均危坐，至有所请时，则跽而申言之，以表示敬意。亦如近代吾人，在尊长前起立而言，为同一意义也。跪则再引申其体，自膝以上使完全直立。若再引首至手，则为拜矣，故《说文》曰："跪，所以拜也。"跪为拜所必具之姿势也。故危坐、跽、跪与拜，均为同一姿势。仅程度之不同而已①。

另一种坐法，与危坐相似，但不敛膝，即外张其两膝，双足向外或内扭转略成平行，而下其脽。于此可稍下其身，不若危坐之耸起，故稍较舒适。此类坐法，古无名称，但近来川中发现之大量汉代陶俑，其有坐者，多作如此坐。想此类坐法，既非不恭敬之姿势，但亦非无教养之态度，或为最普通之坐法，故反而无专称，亦如近代最普通之倚坐，反无专名，直称之曰"坐"是也。因如此坐可稍觉舒适，此或为古代尊者之坐法。此于武梁祠之画像上可以证之，其坐于尊位者，多如此坐，其坐旁或下者，则无不危坐是也。

又如古代之凭几坐，如何坐法，载籍中未曾明言，不得而知其

① 《诗经》中有"启"字，释为与跽同义。《小雅·四牡》"不遑启处"，又《采薇》"不遑启居"与"不遑启处"，及《出车》"不遑启居"等，《毛传》释为"遑暇，启跪，处居也"。陈奂疏"启跪，释言文郭注云：小跽，启与跽一声之转，处训居，居当作尻，古谓之启处，今谓之跽尻。《广雅》：启，踞也。《说文》注云：踞，俗字，今蹲踞，古作蹲居，今居处，古作尻处。说文：尻，处也，尻得几而止。隐几而坐曰跽尻。"按释启为跪或跽，不见于其他经传，且与此处之文义不合。《广雅》释为踞，略为近之，意为"受命即行，蹲踞亦不暇也"。然终觉未安。

详。以意测之，大概亦为此种张膝而坐，因危坐为恭敬之态，不能凭几亦不便凭几。危坐必去几，此于《汉书》（卷六十五）东方朔传非有先生论中，可以见之，"吴王惧然易容，捐荐去几，危坐而听"是也。凭几为燕闲时之态，故张膝而坐，谓之曰燕闲时之坐法，亦无不可也。

如张膝而坐，再将身歪斜而坐于一足之上，或甚将双足屈于一边，而以尻着席，则屈于前之两股平，其上可以搁物。川中发现之汉代陶俑中之鼓琴者，均作如此坐，琴则横施于两股之上。他类陶俑中，亦间或有如此坐者。此种坐法，古亦无名称，想或被视为普通坐法之一种。如此斜坐，可更较张膝为舒适，因尻着席则身体之重量不在足，而身亦可再下落故也。古代之凭几，亦可能如此坐法。按古代设几，人则设于左，《仪礼·有司彻》"主人逆，尸还几缩之，右手执外帷，北面奠几于筵上，左之"是也。神则设于右，《少牢馈食礼》"祝设几于筵上，右之"是也。天子则左右设几，觐礼："天子设斧依于户牖之间，左右几。"郝氏敬以为"神几尚右，人几尚左，左右兼设，以安至尊，为神人共主也"。注释之者，以为人为阳，故尚左，神为阴，故尚右，但原意是否如此，实不得而知，不过古设几于左，想为事实也。

不过《仪礼》上所言之几，均为庋物置用，不能凭，因其所言者为郑重之仪式，而凭几则为燕闲时之态故也。然古人既有置几于左之习惯，其凭几时，几亦可能置于左，因如此，尻可向左斜而下着席，左足向右曲于膝内，右足略伸于外，以身左侧倚几，左手搁于几上以作支持，而右手可自由活动。因人类之右肢较左肢为灵活，为自灵长类以来之遗传特征也。故以意测之，古人之斜其尻着席而坐，大概为向左，此于身体上及置几之习惯上似均较为适合也。

再者，张膝而坐与倚身斜坐，欲再行危坐时，亦有相当之便利，因稍为耸起其身，敛其膝，即得之矣。古人有"安坐"一词，而不详其坐法，或者为张膝宽驰而坐，但亦可能为倚身斜尻而坐也。

第三种坐法，为蹲踞。《说文》："蹲踞也。"又"踞，蹲也。"二者为互训，义亦同。此种坐法，以双足着地，下其腄，而立其膝。此亦为一种最原始之坐法，现代野蛮民族中无不如此者①。英文所谓Squatting是也。蹲踞，古又曰夷俟，《论语》"原壤夷俟"，孔子"以杖叩其胫"是也。因膝立则胫骨显露，故孔子得而叩之，若危坐则胫骨隐蔽，虽欲叩亦不能得其门矣。此为不敬之坐法，有教养及守礼法之人士绝不为之。若再以尻着席或地，屈其两膝而稍前移其足，但足仍着于地，是为箕踞。《史记》（卷九十七）陆贾列传言南越尉佗之接见陆贾之态，"魋结箕倨"。故陆贾责之，而尉佗乃蹶然起坐，谢陆生曰："居蛮中久，殊失礼仪。"因此固为原始蛮夷之坐法也。但箕踞必抱膝，以作平衡，因如此坐而不抱膝，则身往后仰故也。《后汉书》（卷一百二十三）严光传注引皇甫谧《高士传》言："侯霸使西曹掾侯子道奉书，光不起，于床上箕踞抱膝发书读讫……"是也。《三国志蜀志》（卷五）诸葛亮传注引《魏略》曰："而亮独观其大略，每

_____

① 《后汉书》（卷一二〇）乌桓鲜卑传言乌桓"父子男女相对蹲踞"，鲜卑亦如此，此固为原始习俗也。

晨夜从容常抱膝长啸。"由其抱膝，可知其必箕踞也。每见近人画诸葛亮像，垂足坐于椅上，翘其一足而抱之，是真不明古代之坐法者。再者若以尻着席而直伸其两腿于前，是为箕坐，以其形如箕也。前人于箕踞与箕坐，往往不能辨，如颜师古《汉书》注，释尉佗箕踞曰"箕踞谓伸其两脚而坐。亦曰箕踞，其形似箕"。但箕踞与箕坐，虽为姿势略同，但亦稍异。箕踞乃蹲踞与箕坐之中间形，故曰箕踞。故蹲踞也，箕踞也，箕坐也，亦均为同一姿势，而程度稍为不同而已。

中国古代有无盘足组膝以尻着席而坐之习，因于记载及实物中均无证验，故不得而知。至六朝时之佛教造像中，多有盘足坐者，故此习或系随佛教而入中土，但至唐时，虽非佛教徒，亦多盘足而坐，如前蜀王建永陵中发现之伎乐雕像二十六人，有二十四人则盘足坐也[1]。

细考平坐之法，除上面所言之数种姿势外，实无其他种姿势，因为躯体之构造所限，其变易亦自有其限制故也。但自椅几盛行以后，此三种坐法，除偶尔或于特殊之情形中，行之而外，一时俱废矣。

兹将古代坐法说明之后，可再言胡床与椅，以明坐具之变迁。按胡床之制，日人藤田丰八考之甚详[2]，无须再赘，不过吾人为说明驾头之渊源计，不得不稍为一说明之也。案胡床本为北方游牧民族之坐具，其传入中国，当在东汉，而汪汲撰《事物原会》（卷二十八）

----

[1]　徐中舒教授告予，谓古代无交足坐之法，交足坐乃南方民族之习惯，并举《尧典》称南交及交趾为证。不过南交与交趾之解释，各说颇不一，交趾是否交足而坐，亦不得而知，闻在宥教授告予，法人有论及交趾问题者，今亦无法得其书。但因徐先生之言，予乃将此段重行改写，特于此致谢。又日人池田芦洲有《支那古代坐及其变迁》一文，载日本《国学院杂志》，今亦无法得阅其文，不知内容所言为何也。

[2]　杨錬译《古物研究》，二十五年商务史地小丛书本，九九至一三二面，胡床。

谓："《风俗通》列国赵武灵王作胡床，即交椅，为高坐之始。"今本《风俗通》无此条，佚文中亦未见[1]，汪氏不知何所据，或者赵武灵王为记载中采用胡俗之最早者，故后来凡自胡而来之物，辄依托之耶？不过胡床为外族之坐具，则为所共认也。盖北方游牧民族，日生活于草丛之中，多着长勒之鞾以作保护腿足之用，着鞾则不便平坐，而以垂足坐为宜，垂足坐则必需坐具。又因其逐水草随畜迁徙，坐具自不能过于笨重，如此则当以胡床为最宜。按胡床之制，据藤田丰八之考证，有如罗马之Curule椅[2]，即摺叠式之椅，不过Curule之承坐处为板，而胡床之承坐处或为皮而已。

我国载籍中记胡床之最早者，当为《后汉书》（卷二十三）五行志，言为服妖。《五行志》云：

> 灵帝好胡服、胡床、胡坐、胡饭、胡箜篌、胡笛、胡舞，京都贵戚，皆竞为之，此服妖也。

又如晋干宝《搜神记》（卷七）言：

> 胡床貊槃，翟之器也。羌煮貊炙，翟之食也。自太始以来，中国尚之，贵人富室，必畜其器，吉享嘉宾，皆以为先，

---

[1] 按《太平御览》（卷七○六）胡床下引《风俗通》曰："灵帝好胡床，董卓权胡兵之应也"，汪氏或误灵帝为赵武灵王与？

[2] 按Curule一语，系由拉丁文Currus（即车之义）而来，因此种摺叠式椅轻便，便于车中搬运，故有是名。

戎翟侵中国之前兆也①。

《晋书》（卷二十七）五行志亦言：

> 泰始之后，中国相尚用胡床貊槃，及为羌煮貊炙，贵人富
> 室，必畜其器，吉享嘉宾，皆以为先……自后四夷迭据华土，
> 是服妖之应也。

《宋书》（卷三十）五行志所言与此略同②，于此可知胡床本戎翟之器，其初传入中国当在东汉末年，在初惟上层阶级之"贵人富室"用之，而后渐相习成风。但胡床之用，其始多于行动中用之，在家庭中想甚少用。因家庭中原有床榻，而胡床亦不便平坐，但胡床轻便，行动时可以使人持以自随，如《南齐书》（卷三十九）刘瓛传言：

> 性谦率通美，不以高名自居。游诣故人，唯一门生持胡床
> 随后，主人未通，便坐问答。

于此可见。而于军旅之中，用之尤多，《晋书》（卷一百）苏峻传言峻被杀后，其将逃走之情形：

---

① 按太始为汉武帝年号，与时代不合，自为秦始之误。
② 大概《晋书》之此条，系本《宋书》，而《宋书》则本之《搜神记》也。

（张）健复与马雄、韩晃等轻军俱走，（李）闵率锐兵追之，及于岩山，攻之甚急。健等不敢下山，惟晃独出，带两步毂箭，却据胡床，弯弓射之，伤杀甚众，箭尽，乃斩之。

又如《晋书》（卷八十六）张重华传中叙谢艾破麻秋事言：

艾乘轺车，冠白帽，鸣鼓而行。（麻）秋望而怒曰：艾少年书生，冠服如此，轻我也。命黑稍龙骧三千人驰击之。艾左右大扰，左战帅李伟，劝艾乘马，艾不从。乃下车踞胡床，指麾处分，贼以为伏兵发之，惧不敢追。

此类军旅行动中之胡床，自三国以至隋唐之间，史不绝书。然在军旅仓卒之间，何来胡床？势必先备以自随也。按胡床本自北方之游牧行国而来，其初在中国之用，亦随其俗而于行动之中用之也。

自隋唐而后，又有称胡床为交床者，宋人程大昌《演繁露》（卷十）言：

隋高祖意在忌胡，器物涉胡言者，咸令改之，其胡床曰交床。又：（卷十四）今之交床，制本自虏来，始名胡床，桓尹下马据胡床，取笛三弄是也。隋以谶有胡，改名交床，胡瓜亦改黄瓜。唐柴绍击西戎，据胡床使两女子舞，则唐臣追本语以书也。

交床是否隋高祖时所改，不得而知①。不过宋时多用此名，交床者，取其脚两相交叉而言也。

又有所谓绳床者，大概为胡床传入中土后所演变之一种坐具。胡床之承坐处，原为皮革，此本游牧民族之制，入中土后，有以织绳代革者，故谓之绳床。绳床之起，大概在六朝之间，亦或与佛教有关。佛教禁杀生，而以皮革承坐为忌，故代以织绳。《孟东野诗集》（卷三）教坊歌儿中有"供养绳床禅"之句。《北齐书》（卷三十二）陆法和传言"无疾而告弟子死期，至时烧香礼佛，坐绳床而终"。陆传中虽神话连篇，然一政客和尚也。

至唐末五代时，坐具之中始有椅之名。据《说文》，椅本木名，其借用为坐具之名，大概系由倚坐而来。倚椅同音，因其为木制，故以椅称之。按倚坐即垂足而坐，古谓之踞或据，踞据古通，故可通假。古人言胡床，从不言坐，只言踞，如踞胡床。又推之，凡垂足者，古人均不称之为坐，皆称为踞。如汉高之踞床，他如据马，据鞍等皆是。因垂足坐之姿势，与蹲踞之姿势，大致相似，而只程度不同。垂足坐不过稍升其脽，而以物承之而已。自平坐之汉人观之，实与蹲踞相去不远，故谓之为踞胡床，而不称之曰坐也。

椅之在记载中最早见者，通常以为系《新五代史》（卷二十九）之景延广传：

　　　　天福八年（943年）秋，出帝幸大齐庄还，置酒延广第。延

① 隋文忌胡或迁有胡之说，似未见他书，《隋书·五行志》不载。

　　广所进器服鞍马茶床椅榻，皆裹金银，饰以龙凤。

　　说者以为此系椅字之始见。椅之起原，王鸣盛《十七史商榷》（卷二十四）言之颇详，不过其中有言，"椅非胡床，张端义误也"。（因《贵耳录》中有言今之交椅，古之胡床也云云）似亦未深考①。自严格方面言之，椅与胡床，自为有别，胡床为交脚式之可折叠坐具，椅则为直足着地之不能折叠坐具，二者各稍为不同，不过自大体上言之，则为同类也。而倚坐系自踞胡床之习而来，则为不可否认者也。

　　在中国方面，是否先由踞胡床而成高坐之习后，再由胡床而制直足固定之椅。换言之，椅即系由胡床逐渐演变而来。不过此一问题，现在颇不易探索，然亦有其可能。因胡床本为仿胡俗在行动上所用，但高坐之习养成以后，于中国固定式之家庭中，自为不必需，遂因之而制固定式之椅，亦为极自然之趋势。但椅亦可能自另一方面传来，如斯坦因在新疆发现有直足之椅，其时代虽不能十分确定，大概为唐或唐以前之物。唐与西域之接触密切，由之而入中土，或仿其意制之，亦为极可能之事也。

　　宋代之记载中，多有言交椅者。交椅之制，今已不可得而详，以意度之，可能为承坐处用板，交脚式而不能折叠之椅。因其全用木制而不能折叠，故不称交床，而称交椅。若果系如此，则可为自胡床

---

① 《十七史商榷》（卷二十四）"箕踞"条。王氏之此论断，实有未审，大概以其误胡床为床榻之类所致。按胡床初入中土时，无椅之名，而床为坐具，故谓之为胡床，实则胡床与床相去甚远也。

而至椅之过渡型也。

此处吾人欲申明者，我国自汉后平坐习惯之逐渐改变，系受胡俗之影响，但并非为一孤立现象，其他方面，亦有同样之变革，特在服装上尤为明显，亦影响坐法。前曾言灵帝好胡服，然中国服装，自汉而后，大抵皆胡服，特别以武装之袴褶为然。宋沈括《梦溪笔谈》（卷一）言："中国衣冠，自北齐以来，乃全用胡服，窄袖绯绿短衣，长靴，有鞢韄带，皆胡服也。"而王国维《胡服考》言之尤详。特别为着长勒之靴，则必需垂足坐，故史以侯景垂足坐与着靴并举也。

胡床自东汉间传入中土后，几经千年之时间，至宋时始将固有之平坐习惯完全革除。但椅卓在北宋，犹产生吾人所谓文化上不协调之现象，如宋岳珂《愧郯录》（卷九）论礼殿坐像言：

> 苏文忠轼集私试策问曰："古者坐于席，故笾豆之长短，簠簋之高下，适于人均。今土木之像，既已巍然于上，而置器于地，使鬼神不享，则不可知，若其享之，则是俯伏匍匐而就也。"

是知北宋时礼殿塑像，已皆高坐于椅几之上，而礼器仍列于地，是为不协调之现象，故有苏文忠"俯伏匍匐"之讥。又如陆游《老学庵笔记》言：

> 徐敦立言往时士大夫家，妇女坐椅子、几子，则人皆讥其无法度。

故在宋时虽椅几已盛行，而守礼法之家，犹以妇女用之为无法度，故放翁记之以为异也①。

御坐或御床

由前面所言，可知秦汉以前，均设席于地而平坐其上。至汉后，接见宾客，始设床榻，然亦平坐。至唐末五代椅几盛行，始完全倚坐，而床榻始废。此乃为一般情形，至于天子在庙堂之上如何坐法，亦有略可得言者。

西汉以前，天子诸侯，在庙堂之上系如何坐法，因文献无征，不可得而详。但想均系席地平坐，无所谓后来之御坐或御床也。此于《史记》荆轲刺秦王一段中所言颇为明瞭。《史记》（卷八十六）荆轲列传：

> 秦王闻之大喜，乃朝服设九宾，见燕使者咸阳宫。荆轲奉樊于期头函，而秦舞阳奉地图柙，以次进至陛。秦舞阳色变振

---

① 北宋之时，守礼法之士，犹多危坐，如《宋史》（卷二百八十二）李沆传言其"公退终日危坐。未尝跛倚"，所谓跛倚，大概指倚椅而坐也。

恐，群臣怪之，荆轲顾笑舞阳前谢曰："北蕃蛮夷之鄙人，未尝见天子，故振慑，愿大王少假借之，使得毕使于前。"秦王谓轲曰："取舞阳所持地图。"轲既取图，奏之，秦王发图，图穷而匕首见。因左手把秦王之袖，而右手持匕首揕之，未至身而秦王惊，自引而起，袖绝。拔剑，剑长操其室，时惶急，剑坚故不可立拔。荆轲逐秦王，秦王环柱而走，群臣皆愕，卒起不意，尽失其度。而秦法群臣侍殿上者，不得持尺寸之兵，诸郎中执兵，皆陈殿下，非有诏召不得上。方急时，不及召下兵，以故荆轲乃逐秦王，而卒惶无以击轲，而以手共搏之。

太史公此一段描写，极为生动，亦可知秦王必不坐于如后来之御床之上。不然者，秦王须自床上跃而下，不必环柱而走，可以环床而走，以作捍卫。因其坐于地上，故"自引而起""环柱而走"以为闪避也。

西汉之时，大概亦袭秦之旧，天子席地而坐于殿上。如《汉书》（卷四十二）叔孙通传，言其所定朝仪之礼颇详，高祖甚至乃曰"吾乃今日知为皇帝之贵也"，并不言坐于御床之事，想系沿秦制而略加变通而已。至东汉时床榻为坐具之俗已盛行，天子接见群臣，始于殿上设床为御坐，或称御床，如《后汉书·礼仪志》言天子崩，太子于柩前即位曰：

　　太尉升自阼阶，当柩，御坐，北面稽首读策。

《后汉书》（卷一〇六）循吏传言光武：

数引公卿郎将列于禁坐（注：禁坐犹御坐也）。

《后汉书》（卷九十五）张奂传：

明年（建宁二年）夏，青蛇见于御坐轩前。

又如《宋书》（卷十八）礼志言：

天子坐漆床居朱屋……漆床，亦当是汉代旧仪，而汉志不载。

此类之御坐或御床之形制如何，令虽不得而知，然均为平坐，绝不垂足而坐其上，故侯景篡梁，床上驾胡床，着靴垂足坐其上，史特书之以为笑。其后魏晋六朝之间，均同此制，《晋书》（卷三十六）卫瓘传：

惠帝之为太子也，朝臣咸谓纯质，不能亲政事，瓘每欲陈启废之，而未敢发。后会宴凌云台，瓘托醉因跪帝床前曰："臣欲有所启。"帝曰："公所言何耶？"瓘欲言而止者三，因以手抚床曰："此座可惜。"帝意乃悟。

又同书（卷三八）《齐献王攸传》：

初攸特为文帝所宠爱，每见攸，辄抚床呼其小字曰："此桃符座也。"几为太子者数矣。

《北堂书钞》（卷一三三）引升御床条下引晋《中兴书》：

中宗既登尊号，百官陪列，诏王导升御床共坐。导辞曰："太阳下同万物，苍生何以仰照。"上乃止。

《晋书》（卷九九）殷仲文传言桓玄篡位入宫，而床忽陷：

初玄篡位入宫，其床忽陷，群下失色。仲文曰："将由圣德深厚，地不能载。玄大说。"

他如《邺中记》言石虎"御床辟方三丈，其余床皆局脚，高下六尺"。又"石虎御坐、几，悉漆雕为五色花也"。由上面所引，是知两晋六朝之间，天子接见群臣，均设御床而平坐其上。此制至唐犹然，史称唐高祖践天子位后，常引贵臣共榻。又累引突厥使者升御床以宠之①。而《旧唐书·刘洎传》载太宗一事，颇具风趣：

太宗工王羲之书，尤善飞白，尝宴三品以上于元武门，帝操笔作飞白字赐群臣，或乘酒争取于帝手，洎登御床引得之，

---

① 见《唐书·突厥传》。

皆奏曰："洎登御床，罪当死，请付法。"帝笑而言曰："昔
闻婕妤辞辇，今见御史登床。"

由此可见自东汉床榻盛行为坐具以后，天子接见群臣，亦设床为御
坐，群臣或坐或立于其前，直至唐时犹沿而弗改。此御床为后来帝
王宝座之前身，群臣不敢攀登。此座想亦漆饰甚精，如《宋书·礼
志》言"天子坐漆床"，《邺中记》言石虎御坐几"悉漆雕五色花"
是也。但至唐末坐法与坐具改变之后，正衙之御坐亦随之改变矣。

驾 头

驾头一物之在北宋，不拘为大驾卤簿之中，或宫中之日常导从
中，均为不可少之法物。《宋史》（卷一百四十四）仪卫志言：

仁宗康定元年，参知政事宋庠上言，车驾行幸，非郊庙大
礼，具陈卤簿外，其日常导从，惟前有驾头，后拥缴扇而已，殊
无典礼。

此乃言日常导从中，其他仪仗，均可不用，而驾头缴扇，则为不可
或无者。而大驾仪仗之中，驾头亦为重要之法物，《宋会要辑稿·舆
服一》：

驾前诸班直驾头鸣鞭诞马烛罩三百三十人……

又如：

殿前指挥使，引驾骨朵子直四十人，分左右夹门旗外驾头，驾头下天武官二十二人……

又如：

驾头扇筤下各天武官三十二人……

由此可知驾头北宋时大驾导从中之重要性，不特生时如此也，殁后之明器中，亦需驾头。如《宋会要辑稿·礼二九》，历代大行丧礼，真宗：

少府监言，检会（此处似有脱文）永熙陵法物，比永昌陵函仗又增辟恶车，重车，象生辇，逍遥子各一……从物白藤檐子驾头扇筤各一……

驾头在宋时虽系重要法物，大概平时均不用以作坐具，只于车驾行幸中，拥之作先驱而已，故在宋时即似已少有人知，如《江邻几杂志》言：

韩持国问李端明，驾头何物？曰：诸座之一。原父访王原叔云，此座传四世矣。

《孔氏谈苑》（卷三）：

驾头，祖宗即位时所坐也，相传宝之。

陆游《老学庵笔记》（卷三）：

驾头旧以一老宦者抱绣裹机子于马上，高庙时亦然，今乃代以阁门官，不知何年始也。

《爱日斋蘘抄》（卷五）：

旧制驾头，未详所始，相传更一朝即加覆黄帽一重。

观上面诸家所记载，对于驾头，或不审为何物，或不详所始，或表现奇异，故均特为记之。以"好古嗜学"之韩维（《宋史》本传语），亦不知驾头为何物。然驾头何物也？简言之，帝王行幸时自带之坐几而已。然帝王行幸，又何必自带坐几？此乃古代坐法与坐具改变时，一种不协调现象，一种过渡型而已。至椅几盛行后，随处可得坐具，又何需自带耶。

当胡床初传入中土之时，想一般人均感觉其对于起坐上之便利。然在家庭之中自有荐席及床榻可坐，但外出之时，则不能以笨重之床榻自随，故当时之达官贵人，行动之时，多有专人持胡床以随，以便临时应用。帝王外出，想亦不能例外，如《三国志魏志》（卷十六）苏则传言：

> 后则从行猎，槎桩拔失鹿，帝大怒，踞胡床拔刀悉收督吏将斩之[①]。

但野外行猎之中，何遽来胡床？必先有人持以侍候也。又《宋会要辑稿》仪制四之十二言：

> 宫中导从，唐以前无闻焉。五代汉乾祐中始置主辇十六人，捧足一人，掌扇四人，持踏床一人……

《会要稿》所言之踏床，不知何物。而一人持之，想亦几凳类之小坐具，亦可能为后来之驾头之前身也。

大概在初倚坐虽为一般人所乐用，但室内尚专用床榻平坐，外出时则带椅几。帝王想亦系如此，椅几只于行动中使人持之以侍，但久之遂成定制，行幸时使人持几作先驱，预为布置坐位。以后，凡帝王坐几所到之处，为其将至之信号，谓之曰驾头，百官预向之致敬。

---

① 此据商务印书馆百衲本，今本《三国志》"床"上脱"胡"字。

如《爱日斋藂抄》（卷五）言：

> 参诸记载，疑渡江后，几子已非法物，乘舆所至，百官道
> 次班迎，惟望驾头致敬而已。

据此，南渡后几子似已不复用作正衙中之坐具，故"已非法物"，而
专用之为代表帝王之象征[1]。大概因《爱日斋藂抄》作于南宋末年，
是时床榻已废，椅几已盛行，行幸之时，不必自带坐几，而卤簿中尚
有之，不过为一种仪式而已。此自文化学上言之，系一种遗留。

　　上面所言者，不过就驾头之起源而言，谓其系起于行动中之坐
具。但自垂足坐变普遍后，朝堂之上，帝王亦垂足而坐，往时之被认
为例外者，今则变为正常矣。记载中言驾头最详者，莫若《梦溪笔
谈》与《宋史·仪卫志》。沈括《梦溪笔谈》卷一：

> 正衙法坐，香木为之，加金饰，四足，堕角，其前小偃，
> 织藤冒之。每车驾出幸，则使老内臣马上抱之，谓之驾头。

《宋史》（卷一百四十八）仪卫志六，卤簿仪服：

> 驾头，一名宝床，正衙法坐也。香木为之，四足，瑑山以

---

[1] 宋渡江后，椅卓已普遍盛行，故正衙之上，已不用随时可搬动之驾头，而置固定之椅
为宝座，故"已非法物"。

龙卷之，坐面用藤织云龙，四面错采绘走龙。形微曲，上加绯罗绣褥，裹以绯罗绣帕。每车驾出幸，则使老内臣马上拥之为前驱焉。不设，则以朱匣韬之。

沈存中娴于掌故，其所言当不致误，而《宋史・仪卫志》所言尤详。驾头之在宋代，并不只为出幸时之行动坐几，而亦为朝堂上正衙之法座也。据孔氏《谈苑》，宋代每帝即位，即坐于其上。而《爱日斋薤抄》则谓每更一朝，则加黄帽一重，其隆重与珍惜可知。正衙见群臣时，则坐于其上，行幸时拥之作先驱，原为一两用之具也。

北宋之帝王于朝堂之上则坐驾头，然宋以前殿上原有御床，为帝王之坐具。此时去御床只用驾头乎？或置驾头于御床之上而高坐其上，有如侯景之故事乎？文献中阙于记载，不得而知其详。但以意度之，在初大概为置于御床上而高坐，如此可以俯瞰群臣，愈增其威严。此亦于数方面可以征之。

《资治通鉴》（卷二百四十二）唐纪穆宗言："长庆二年（821年）十二月辛卯，上见群臣于紫震殿，御大绳床。"程大昌《演繁露》（卷十四）以为绳床即胡床之别名，此亦可信（说见前绳床条下）。是则穆宗垂足坐于正衙之上也。不过此绳床是否置于原有御榻之上，史未明言，不得而知。但成都西郊发现之前蜀王建永陵中之情形，有可与此相印证者。永陵中共分三室，前为陛阶，中室即其玄阙，后室置王建雕像。像为坐像，垂足坐于几上。此几之形制，有如宋代之驾头，像则置于高约二尺余之石床之上，床上像前置其法物如玉册玺绶之类。以此情形推之，王建固床上驾床而坐也。王建葬于公元918年，去穆宗显庆二年不及百年。王建帝蜀，多仿唐制，此或亦唐俗也。

《东京梦华录》（卷五）载一事，亦颇可与此相印证：

> 凡娶媳妇……众客就筵，三盃之后，婿具公裳，花胜簇面，于中堂升一榻，上置椅子，谓之高坐。

此固为齐民风俗，但必亦本之官府，而往时之婚丧礼节中，本于官府者为尤夥。升榻高坐椅上，或亦系摹仿官府之行为也。由以上之事类之，唐末五代以至北宋时帝王正衙所御之驾头，或系如侯景之床上驾胡床，此为文化接触礼俗演变中之可能有之现象，吾人固不必以之为异也。

（原载《史学论丛》，四川大学历史系编，1956年）

前蜀王建墓内石刻伎乐考

王建墓中室内置棺椁的石座东南西三面（见图版壹、贰、叁）雕刻有伎乐二十四人，计舞者二人，奏乐器者二十二人。此一群雕刻，不只在艺术上表现出极高度的技术水平和现实主义的作风，而且是一部极完整的、乐器最多的音声队，为考见唐五代音乐和乐队组织的极重要的资料。

国内石刻中刻伎乐的，亦往往有之，如云冈、龙门、麦积等石窟内佛座及头光上所雕的伎乐天即是一例。敦煌壁画中亦多有之。不过此类材料，到现在尚未经过学者们的整理，且多剥蚀不全，整理亦不易。又云冈等处石刻中和敦煌壁画中的伎乐天，在服装上及乐器上尚保持纯粹胡乐的风格，而王建墓内的伎乐，则完全是中国的音乐，是中国古代艺人精心的创造，所以它在研究民族音乐的发展上，更是珍贵的材料。

为了说明王建墓内伎乐的性质，先将唐代音乐的大概情况予以简略的叙述，我想是有一些帮助的。

隋唐结束了自东晋以后当时南北对峙的情况，造成了政治上的统一局面，因之，社会、文化各方面都呈现一种新的面貌，音乐亦进入了一新的综合创造时期。在隋及唐初时，音乐上显然有三种流别。一种即一般复古者所称为"先王之乐"的雅乐；再一种为清乐，即自汉魏以来所创造的"新声"；第三种为燕乐，即北朝以来结合外来的音乐所发展的一种新乐。燕乐特为唐人所重，它是中国音乐发展史中的一种承前启后的音乐，故特为重要[1]。所谓清乐、燕乐，对雅乐而言，都是俗乐。此外尚有"胡部"，即胡乐。如唐初承隋之旧于宫廷燕享中奏九部乐，九部乐中除清乐，西凉（即国伎）和礼毕而外[2]，其他如扶南、高丽、龟兹、安国、疏勒、康国等均为胡乐，而太宗（李世民）平高昌后又加入高昌乐为十部。其他如散乐[3]、凯乐[4]，因其非"部伍之正声"，均不在此三种主要流别之内。不过这些音乐，在当时都是互相影响的，如《旧唐书》（卷七十九）《祖孝

---

[1] "雅乐既无多，后遭屏弃，故其乐谱俱不传，所传于宋代者，燕乐一种而已，由是乐律生大变化，盖宋元明诸代之乐，皆燕乐之支流馀裔也。燕乐非古雅乐，而袭用古乐黄钟、太簇诸乐律之名；又颠倒错乱其次序，并参以胡乐声调名目。而后世治乐者，遂梦如乱丝，不易治理矣。凌廷堪谓'今世俗乐，与古雅乐，中隔唐人燕乐一关'。故燕乐者，又研究乐律所必知者也。"见许之衡：《中国音乐小史》，44页。许氏所论不必尽当，且燕乐在中国音乐发展史中之重要性，于此可见。

[2] 礼毕即开皇时七部乐中的文康伎，炀帝（杨广）大业中改为礼毕，因"每奏九部乐终则陈之，故以礼毕为名"，见《隋书》（卷15）《音乐志》。其乐属于清乐系统。

[3] 散乐系杂技中伴奏的音乐，《唐会要》（卷32）说："非部伍之声，俳优歌舞杂奏，总谓之百戏。"

[4] 即军乐，所以备军容。源出于前代的鼓吹或骑吹。《通典》列于杂乐类。

孙传》说："陈梁旧乐（即清乐），杂用吴楚之音；周齐旧乐（即燕乐），多涉胡戎之伎，于是斟酌南北，考以古音，作大唐雅乐。"由此可以知道当时各种音乐互相影响的情况了。

现在我们可将唐代的这三种主要音乐流别略为论列，藉以明其发展及互相影响之迹。

所谓雅乐，即是中国所固有的（或者是最早的）一种原始的音乐，其乐器及音调是极其简单的，其中虽包括了金（钟）、石（磬）、丝（琴、瑟）、竹（箫）、匏（笙、竽）、土（埙、缶）、革（鼓）、木（柷、敔）等八种质料所制成的乐器的"八音"，但限于当时生产技术水平，乐器自然是相当简陋的，这从所出土的殷周的钟磬，历代复古者所制的"乐悬"（即雅乐乐器的总名，天子称宫悬，诸侯轩悬，卿大夫判悬，士特悬），以及史籍中所记载者，即可知之。这种音乐，到了西周时期已经发展到了顶点，这也是历代复古的儒家所向往及所欲恢复的标准。

到了春秋战国时期，由于社会生产力的进步，生活水平的提高，人民当然不能满足于这样一种的原始音乐了，故在当时音乐上就有了新的发展。在当时大概各国都有新兴的音乐，如《礼记·乐记》载魏文侯问乐于子夏，"子夏对曰：郑音好滥淫志，宋音燕女溺志，卫音趋数烦志，齐音敖辟乔志……"当时各国的这些音乐，总谓之为"郑卫之音"或"郑声"。《论语》说"恶郑声之乱雅乐也"，又说"郑声淫"。所谓"淫"，大概系指其悠扬悦耳，易于感人，不若原始的雅乐之单调朴野而言①。如《乐记》载："魏文侯问于子夏曰：吾端冕而听古乐，则唯恐卧，听郑卫之音，则不知倦。敢问古乐之如彼何也？新乐之如此何也？"这当然不难索解，以简单的乐器奏出简单的音调，与当时新兴的音乐相较，听之当然唯恐其卧了。

实际上，雅乐在春秋战国时期已经渐被淘汰，至秦汉时则已成了死的音乐。"秦始皇平天下，六代庙乐，唯韶武存焉"。"二世尤以（郑卫之音）为娱。"②汉初竟以"风起"之什，歌舞于宗庙③，而世世在大乐官、以雅乐世其家的制氏，对于雅乐亦仅"能记其铿锵鼓舞，而不能言其义"了。雅乐的衰亡自可想见。在当时亦有想恢复雅乐的，如《汉书》（卷二十二）《礼乐志》言："是时河间献王有雅材，亦以为治道非雅乐不成，因献所集雅乐。天子下大乐官，常存肄之，岁时以备数，然不常御，常御及郊庙皆非雅声。"④是知在西汉时，虽有雅乐，亦不过用之"以备数"，而"不常御"，所常御及在

---

① 《左传》昭公元年："晋侯求医于秦，秦伯使医和视之"，医和譬以乐说："节之先王之乐，所以节百事也。故有五节。迟速本末以相及，中声以降五降之后不容弹矣。于是有烦手淫声，慆堙心耳，乃忘平和，君子弗听也。"疏谓"烦手淫声，郑卫之曲也"。按"烦手淫声"，正谓其音乐之进步，能动荡心魂。

② 《史记》（卷24）《乐书》："治道亏缺而郑音兴起。封君世辟，名显邻州，争以相高。自仲尼不能与齐优遂容于鲁，虽退正乐以诱世，作五章以刺时，犹莫之化。陵迟以至六国，流沔沈伏，遂往不返，卒于丧身灭宗，并国于秦，秦二世尤以为娱……"司马迁虽在慨叹雅乐的衰亡，但对雅乐没落的情况，写来是很生动的。

③ 《史记》（卷24）《乐书》："高祖过沛诗三侯之章，令小儿歌之，高祖崩，令沛得以四时歌舞宗庙。"按"风起"之诗为楚声，自非雅音。

④ 按河间献王所集的雅乐，在当时亦曾试奏，但"自公卿大夫观听者，但闻铿锵，不晓其意"。故所谓雅乐，在西汉时已是"听者不知其为乐"了。

郊庙所奏的，均非雅声①。封建天子在郊庙中尚如此，其在民间更可想见一斑了。

历来的封建统治者，往往藉复古之名，来维持他们的封建特权，所以在音乐的发展上也不是例外，也表现了这种新旧的斗争。欲恢复古代制度的儒家自孔子起，都反对新兴的音乐，斥之为"郑声"，为"乱世之音"，而尊他们所谓"先王之乐"的古代原始音乐为"雅乐"。自汉至隋，各代皆曾制作雅乐，大抵皆置而少用，所用者皆为"俗乐"。到隋文（杨坚）时始正式把"雅""俗"分开，《新唐书》（卷二二）《礼乐志》说："自周陈以上，雅郑淆杂而无别，隋文帝始分雅俗二部。"唐初亦曾大创其"雅乐"，此时所作的雅乐，亦非完全"先王"的原始音乐了，是"斟酌南北，考以古音"而作的。所以唐代的所谓雅乐之中，实羼杂有胡俗乐的部分。然这绝不能挽救雅乐的死亡，而唐代所恢复的雅乐的性质，可得而知的，如白居易诗自注说："太常选座部伎无性识者退入立部伎，又选立部伎绝无性识者退入雅乐部，则雅乐可知矣。"②总之，雅乐是一种已死的音乐，为一般所抛弃的音乐，人民不只不能欣赏，亦且不需要。所以《宋史》（卷一四二）《乐志》很悲愤地说："世号太常为雅乐，而未尝施于宴享，岂以正声为不美听哉！夫乐者，乐也，其道虽微妙难知，至于奏之而使人悦豫和平，则不待知音而后能也。今太常乐悬钟

---

① 《汉书》（卷22）《礼乐志》说："今汉郊庙诗歌，未有祖宗之事，八音调均，又不协于钟律。而内有掖庭材人，外有上林乐府，皆以郑声施于朝廷。"
② 《白氏长庆集》（卷3），新乐府，立部伎。《元氏和庆集》（卷24），立部伎注与此略同。

磬埙篪搏拊之器，与夫舞缀羽籥干戚之制，类皆仿诸古矣。迨振作之，则听者不知为乐，而观者厌焉，古乐岂真若此哉?!"当然，以"绝无性识"之人，奏极简单原始的乐器，自然是"听者不知为乐，而观者厌焉"了。而唐代的雅乐，亦是"太常雅乐备宫悬，九奏未终百寮惰"（见《元氏长庆集》，卷二四）。反动复古者为了维持他们的封建统治，一贯的想恢复古乐来与新兴的"俗乐"对抗，竟置历史的发展事实于不顾，这在宋代已有人指出。房庶说："上古世质，器与声朴，后世稍变焉。金石、钟磬也，后世易之以方响。丝竹，琴箫也，后世变之为筝笛。匏，笙也，攒之以斗。埙，土地，变而为瓯。革，麻料也，击而为鼓。木，柷敔也，贯之为板。此八音者，于今世甚便，而不达者指庙乐镈钟镈磬宫轩为正声，而概谓夷部卤部为淫声；殊不知大辂起于椎轮；龙艘生于落叶，其变然也。古者以俎豆而食，后世易以杯盂，古者簟席以为安，后世更以榻桉；使圣人复生，不能舍杯盂榻桉，而复俎豆簟席之质也。八音之器，岂异此哉！"[1]房庶此论，是与发展的观点相暗合的，而复古者，欲使历史停滞于原来的地位而不进，亦不过如螳臂之当车而已。

唐代所制的所谓"十二和""雅乐"，大概亦"不常御"，因唐代自太宗而后，历高宗、武后、中宗、玄宗，均曾大制乐舞，其所制的乐舞，皆杂用龟兹乐。如《唐书》（卷二十九）《音乐志》所称为唐初三大乐舞的破阵乐、庆善乐和上元乐，除庆善乐用西凉乐外，其他皆杂用龟兹乐。《旧唐书》（卷二十九）《音乐志》说："自破阵以下，

---

[1] 《宋史》（卷242）《乐志》。

皆雷大鼓，杂以龟兹之乐，声振百里，动荡山谷。大定乐加金钲，惟庆善独用西凉乐，最为闲雅。"这些乐舞在初唐不仅是平常燕享的乐舞，而亦用"以享郊庙"。如《音乐志》又说："破阵、上元、庆善三舞，皆易其衣冠，合之钟磬，以享郊庙。以破阵为武舞，谓之七德，庆善为文舞，谓之九功。"①由此可见唐代所制的"雅乐"，想不过亦以之"备数"而已。

至于清乐，则系自汉以来所创造的新声，其源大概出于春秋战国时期的各国的音乐，至西汉时才加以综合创造。《汉书》（卷二十二）《礼乐志》说："乃（谓武帝刘彻）立乐府，采诗夜诵，有赵、代、秦、楚之讴。"又（卷九十三）《李延年传》说："延年善歌，为新变声。是时上方兴天地诸祠，欲造乐，令司马相如等作诗颂，延年辄承意弦歌所造诗，谓之新声曲。"由此可知西汉时所造的音乐，是根据原有音乐及采当时各地流行的音乐（其中亦或杂有外来音乐）而成的，故《隋书·音乐志》说："汉武帝裁音律之响，定郊丘之祭，颇杂讴谣，非全雅什。"汉代的音乐虽曾留下一些曲名，但因文献不足，不能知其详。最近山东沂南出土的汉魏时期的画像石，其上刻有相当复杂的乐队，但为杂技伴奏的音乐，亦即后来所称为散乐的，似不能由之窥见汉代音乐的全貌②。

自西汉而后以迄魏晋，历代均有制作，但皆因袭汉乐，略变新

---

① 以上的乐舞，在唐代亦称为雅乐，见仪凤二年太常少卿韦万石及刊正乐官等所奏。可参看《通典》（卷147）及《唐会要》。

② 《考古通讯》1955年第2期，图版壹及叁。四川东汉时期的画像砖中，亦有少数乐队的图像，皆为杂技伴奏的音乐和"马上乐"，亦即所谓"骑吹"，不是汉代音乐的主要部分。

声。而清商之名，亦起于魏晋之际，其源则出于汉魏的相和曲。宋代郭茂倩《乐府诗集》（卷二十六）论相和歌辞说："《宋书·乐志》曰：相和，汉旧曲也，丝竹更相和，执节者歌。本一部，魏明帝分为二，更递夜宿，本十七曲，朱生宋识列和等复和之为十三曲。其后晋荀勗又采旧辞施用于世，谓之清商三调歌诗，即沈约所谓因弦管金石造歌以被之也。"《唐书·乐志》曰：平调、清调、瑟调皆周房中曲之遗声，汉世谓之三调。又有楚调、侧调。楚调者、汉房中乐也。高帝乐楚声，故房中乐皆楚声也。侧调者，生于楚调，与前三调总谓之相和调。《晋书·乐志》曰："凡乐章古辞今之存者，并汉世街陌讴谣，江南可采莲、乌生十五子、白头吟之属，其后渐被于弦管，即相和诸曲是也。魏晋之世，相承用之。永嘉之乱，五都沦覆，中朝旧音，散落江左。后魏孝文、宣武用师淮汉，收其所获南音，谓之清商乐，相和诸曲亦皆在焉，所谓清商正声相和五调伎也。"由此可见"相和"与"清商"不过只是命名的不同，以奏法言，即是"相和"，以调的情质言，即是"清商"（以清声概括其他二调），所以二者实是互相包括的。

《魏书》（卷十四）《乐志》说："初，高祖讨淮汉，世祖定寿春，收其声伎，江左所传中原旧曲，明君、圣主、公莫、白鸠之属，及江南吴歌，荆楚西声，总谓之清商。至于殿庭享宴，兼奏之。"《通典》（卷一四六）说："清乐者，其始即清商三调是也。并汉世以来旧曲，乐器形制，并歌章古调，与魏三祖所作者，皆备于史籍。属晋朝迁播，夷羯窃据，其音分散。符永固平张氏于凉州得之。宋武平关中，因而入南；不复存于内地。"《乐府诗集》（卷四十四）论清乐的原委更为详尽："清商乐，亦曰清乐。清乐者，九代之遗声，其始即相和三调是也。并汉魏以来旧曲，其辞皆古调及魏三祖所作。自晋朝播迁，其音分散，苻坚灭凉得之，传于前后二秦。及宋武定关中，因而入南，不复存于内地。自时以后，南朝文物，号为最盛，民谣国俗，亦世有新声。王僧虔论三调歌曰：今之清商，实由铜雀；魏氏三祖，风流可怀；京洛相高，江左弥重；而情变听改，稍复零落，十数年间，亡者将半；所以追余操而长怀，抚遗器而太息者矣！后魏孝文讨淮汉，宣武定寿春，收其声伎，得江左所传中原旧曲明君、圣主、公莫、白鸠之属，及江南吴歌，荆楚西声，总谓之清商乐，至于殿庭飨宴，则兼奏之。遭梁陈亡乱，存者盖寡。及隋平陈得之，文帝善其节奏，曰：此华夏正声也。乃微更损益，去其哀怨，考而补之，以新定律吕，更造乐器。因于太常置清商署以管之，谓之清乐。开皇初，始置七部乐，清商伎其一也。大业中，炀帝乃定清乐、西凉等为九部。"将上面所引各段合而观之，清乐在隋以前的演变，是很明白的。它是中国自秦汉以来一脉相承的旧乐，自东晋以后，主要的流行于南方，而加入了当时南方的音乐，所谓"吴声""楚讴"，是当时南方人民的喜爱的一种音乐。

清乐的乐器，据《通典》（卷一六四）所载有：钟一架、磬一架、琴一、一弦琴一①、瑟一、秦琵琶一、卧箜篌一、筑一、筝一、

---

① 据《旧唐书》（卷29）《音乐志》，"一弦琴一"当为"三弦琴一"，其下当有"击琴一"三字。

节鼓一、笙二、笛二、箫二、篪二、叶一、歌二。以乐器论，钟、磬、琴、瑟、笙、笛、箫、篪等，皆中国原有的乐器，而秦琵琶、卧箜篌、筑和筝，则为汉代所发展的。而秦琵琶（即秦汉子，与燕乐的胡琵琶有别）与箜篌，其始或为受外来乐器的影响所创制的。叶则纯为南方的乐器。清乐的乐队在乐器上，自以笙、笛、箫、篪为主，故其数亦各二。清凌廷堪《燕乐考原》（卷一）说："今之南曲，清乐之遗声也。清乐、梁陈南朝之乐，故相沿为南曲"，亦不为无因了。又自清乐的乐器完全缺乏鼓及其他响亮的乐器来看[①]，其音调自是很缓慢靡弱的，所以杜佑说它："从容雅缓，犹有古士君子之遗风，他乐莫与为比"了。

清乐的乐器最接近于中国的原有的音乐，故在隋唐时亦有称其为雅乐的，其实亦是俗乐，与一般复古者所称为"先王之乐"的雅乐大有区别。不过到了隋唐时期，清乐已届没落的阶段，因其声靡弱，唐人不重，故自长安以后，纯粹的清乐逐渐亡佚。

燕乐系北朝的音乐。当时入据中原的外族不能欣赏中国的音乐，所以他们虽获得了中国的乐器及工伎，亦置而不用。《旧唐书》（卷二十八）《音乐志》说："元魏、宇文，代雄朔漠，地不传于清乐，人各习其旧风，虽得两京工胥，亦置四厢金奏，殊非入耳之玩，空有作乐之名。"他们所喜爱的音乐，是由龟兹乐转变而来的西凉

---

① 清乐乐器中的"节鼓"，并非如胡乐中的鼓，它等于雅乐中的柷敔，胡乐中的拍板，是一种节乐的乐器。《通考》（卷136）说"节鼓不详所造，盖拊与相二器之变也。江左清乐有节鼓，状如弈局，朱髹画其上，中间圆窍适容鼓焉，击之以节乐也。自唐以来雅乐声歌用之。"故节鼓不能与其他的鼓相并而论。

乐，在周魏之时称为"国伎"。《隋书》（卷十五）《音乐志》说："西凉者，起苻氏之末，吕光、沮渠蒙逊等据有凉州，变龟兹声为之，号为秦汉伎。魏太武既平河西得之，谓之西凉伎，至周魏之际遂谓之国伎。"这种音乐及龟兹乐自魏至隋而流行更甚。《音乐志》论龟兹乐又说："龟兹者，起自吕光灭龟兹国，因得其声，吕氏亡，其乐分散。后魏平中原复获之，其声复多变易。至隋有西国龟兹、齐朝龟兹、土龟兹等凡三部。开皇中其器大盛于闾闬，时有曹妙达、王长通、李士衡、郭金乐、安进贵等皆妙弦管，新声奇变，朝改暮易。持其声伎，估炫公王之间，举时争相慕尚。"

西凉乐源出龟兹乐，是经过在凉州而华乐化了的音乐。故《旧唐书·音乐志》言："其乐（西凉乐）具有钟磬，盖凉人所传中国旧乐，而杂羌胡之声也。魏世共隋咸重之。"其乐以琵琶为主而众乐随之。《新唐书》（卷二二）《礼乐志》言其乐器说："丝有琵琶，五弦（亦琵琶之一种），箜篌，筝；竹有觱篥，箫，笛；匏有笙；革有杖鼓，第二鼓，第三鼓，腰鼓，大鼓；土则附革而为鞉；木则拍板，方响以应金石，而备八音。"①以其乐队的组织而言，琵琶为众乐之准，而主要的佐以鼓及觱篥。观其乐队之中，鼓即有五种之多，而觱篥声音嘹亮清越，可想见其声音之洪壮了。这是深合于北方人民的性格的。在隋以前，这种音乐则称为"国伎"，或称西凉伎及秦汉伎。

① 　《新唐书》不过总括言之，《旧唐书·音乐志》记其乐器更详。计有：钟一架、磬一架、弹筝一、搊筝一、卧箜篌一、竖箜篌一、琵琶一、五弦琵琶一、笙一、箫一、觱篥一、小觱篥一、笛一、横笛一、腰鼓一、齐鼓一、担鼓一、铜钹一、贝一。

至唐初张文收又据之以作燕乐,《通典》(卷一四六)说:"贞观中,景云见,河水清,协律郎张文收采古朱雁天马之义,制景云河清歌,名曰燕乐,奏之管弦,为诸乐之首……乐用玉磬一架,大方响一架,笛筝一,筑一,卧箜篌一,大箜篌一,小箜篌一,大琵琶一,小琵琶一,大五弦琵琶一,小五弦琵琶一,吹叶一,大笙一,小笙一,大筚篥一,小筚篥一,大箫一,小箫一,正铜钹一,和铜钹一,长笛一,尺八一,短笛一,揩鼓一,连鼓一,鞀鼓一,桴鼓二,歌二。"唐代燕乐之名,实仿于此①。自张文收所造燕乐的乐器上言,是混合当时南北和中外的乐器而成的,在当时确是一种新的综合及创作。但自其性质上言,仍是北朝的音乐。故凌廷堪《燕乐考原》(卷一)说它:"案:此燕乐也,皆北朝之乐。"

亦有将隋唐时所有在宴享时所奏的音乐称为燕乐者,如日人林谦三说:"燕乐是燕享时所用的音乐,不问是胡是俗,凡隋高祖之七部乐,炀帝之九部乐,唐之九部乐(后为十部乐)及坐立部伎等,皆可称为燕乐。燕乐诸调可大别为清乐(一名清商),胡乐,俗乐的三种,就中除清乐而外,胡俗二调几乎是一体。在唐时可以说并没有区别。"② 这是把燕乐的涵义加以扩大,除雅乐外包括一切宴享时所奏之乐,其中也包括各种纯粹的胡乐。这样的用法,是比较混淆的。我们应以唐宋人所谓"合胡部者为燕乐"为准,亦可谓为华乐化的

---

① 以前所谓燕乐,系谓"房内之乐",《隋书》(卷十五)《音乐志》引:"郑玄曰,燕乐、房内乐声也。所谓阴声金石备矣。"与唐代燕乐的涵义不同。

② 林谦三:《唐代燕乐调研究》,第3页。

胡乐（主要的是龟兹乐），因为它已不完全是胡乐，而是经过中国乐人的融会和创造的，其中包括唐代所自造的大小诸乐舞，故《通典》将自周隋承袭下来的乐舞及唐代自造的乐舞，均列入坐立部伎（即燕乐）①内，而与清乐及四方乐（即纯粹的胡部）② 对立。唐人对于燕乐的性质，于此即可知了。

龟兹乐自周齐以至隋唐间，对中国音乐的影响是很大的，西凉乐（国伎）当然是龟兹乐的变声，而唐人所造的诸乐舞，除极少数外，几乎全本于龟弦乐。《旧唐书》（卷二十九）《音乐志》说："自破阵舞以下……杂以龟兹之乐……惟庆善舞独用西凉乐。"又说："自长寿乐以下，皆用龟兹乐，舞人皆著靴，龙池备用雅乐，而无钟磬，舞人蹑履。"前已言之，西凉乐是华乐化了的龟兹乐，而此处所谓雅乐，亦即是清乐而杂胡乐成分者而言，观其无钟磬可知。林谦三也说："隋唐代的龟兹乐之优越，致其所使用之乐调成为二代俗乐调之基础，而于唐代则俗乐中最为重要的坐立部伎也有龟兹乐参与着。"③不只唐代的燕乐调主要的是龟兹乐调，而乐器亦是如此。

以上是唐代雅乐、清乐及燕乐的一般情况。雅乐早已是一种死的音乐，隋时虽欲加以恢复而未能成功，在唐时虽欲吸收胡俗乐成分而加以恢复，但因其乐器过于原始，音调过于简单，仍回生乏术。清

---

① 唐人对于其自创的诸乐舞，均不自称为燕乐，张文收所造的自称燕乐者除外，故杜佑在《通典》中不立"燕乐"一类，皆隶于"坐立部伎"之下，可参看《通典》卷146。燕乐乃宋以后人的类别。

② 《通典》的"四方乐"内包括隋文帝七部乐、炀帝九部乐及唐初十部乐中的各胡部。参看《通典》卷146。

③ 林谦三：《唐代燕乐调研究》，第145页。

乐是自战国以后源于雅乐而发展的一种新乐，经过汉魏及南朝，它有长足的发展。自隋灭陈清乐再入中原后，因其音调缓慢靡弱，不合乎当时新兴北方人民的活泼口味，故逐渐归于消亡。终唐之世，由龟兹乐转变而来的燕乐，始终占着优越的地位。清乐发展了约一千年之久，到了唐代已达到了垂死的阶段，若要继续存在，则必须吸收新的成分而加以改变，这一变革自清乐重入中原时即已开始，后来发展成为唐人的法曲和道调，而尤以法曲为最重要。法曲即清乐中而羼入了燕乐成分的音乐，但仍是清乐。

《新唐书》（卷二十二）《礼乐志》说："初隋有法曲，其音清而雅，其器有铙、钹、钟、磬、幢箫、琵琶。琵琶圆体修颈而小，号曰秦汉子，盖弦鼗之遗制，出于胡中，传为秦汉所作。其声金石丝竹以次作。隋炀帝厌其声澹，曲终复加解音。玄宗既知音律，又酷爱法曲，选坐部伎子弟三百人教于梨园，声有误者，帝必觉而正之，号皇帝梨园弟子。宫女数百亦为梨园弟子，居宜春北院梨园法部。"《礼乐志》又说："文宗好雅乐，诏太常卿冯定采开元雅乐制《云韶法曲》，及《霓裳羽衣舞曲》。云韶乐有玉磬四虡，琴、瑟、筑、箫、篪、跋膝、笙、竽皆一，登歌四人，分立堂上下。童子五百人绣衣执金莲花以导，舞者三百人。阶下设锦筵，遇内宴乃奏。……乐成，改法曲为仙韶曲。"《唐会要》（卷三十二）说："文宗开成三年改法曲为仙韶曲。按法曲起于唐，谓之法部。其曲之妙者有破陈乐、一戎大定乐、长成乐、赤白桃李花，余曲有堂堂、望瀛、霓裳羽衣、献仙香、献天花之类，总名法曲。"

　　清乐的变革，大概开始于隋代，其后经过唐人的创造遂胡俗乐化而变为法曲。堂堂固属旧清乐曲而改编的，破阵、大定则系用清乐来演奏新声的，而霓裳羽衣、献仙香、献天花等则系唐人新的创作①。从法曲的乐器看，它确是属于清乐系统，这从当时的记载中亦可看出。元稹的新乐府法曲歌有："……明皇度曲多新态，宛转侵淫易沉著；赤白桃李取花名，霓裳羽衣号天落；雅弄虽云已变乱，夷音未得相参错……"②又白居易《新乐府·法曲歌》："法曲法曲歌大定，积德重熙有余庆，永徽之人舞而咏。法曲法曲舞霓裳，政和世理音洋洋，开元之人乐且康。法曲法曲歌堂堂，堂堂之庆垂无疆，中宗肃宗复鸿业，唐祚中兴万万叶。法曲法曲合夷歌，夷声邪乱华声和，以乱干和天宝末，明年胡尘犯宫阙。乃知法曲本华风，苟能审音与政通……"③这里所谓"雅弄"，所谓"华声"或"华风"，都系指法曲是中国的原有音乐而言。当时"士大夫"均以清乐为"华夏正声"，而欲保持其纯粹。但当时清乐已不可复见，所行者惟法曲，故以法曲为"华声"。观乎白居易法曲歌自注说："法由虽似失雅音，盖诸夏之声也，故历朝行焉。"法曲系属清乐系统，更为明白。

　　在唐代有所谓"道调"者，因唐室帝王自以为系老子之后，故崇祀道教。"道调"则系祀老子及道教宗教上所用的音乐，亦隐有与佛教音乐相对抗的意思。《新唐书》（卷二十一）《礼乐志》说："高宗

---

① 　这些乐曲，大概均是胡俗乐曲而清乐化的。例如"霓裳羽衣"即是天竺乐曲（原名婆罗门曲）经过加工改制的。参见《梦溪笔谈校证》，上册235–243页。
② 　《元氏长庆集》卷24，法曲。
③ 　《白氏长庆集》卷三："法曲，美列圣正华声也。"

自以李氏老子之后也，命乐工制道调。"到了玄宗晚年慕神仙之事，又大作道曲。同书（卷二十二）《礼乐志》说："帝（玄宗）方寝喜神仙之事，诏道士司马承桢制玄真道曲，茅山道士李会元制大罗天曲，工部侍郎贺知章制紫清上圣道曲。太清宫成，太常卿韦绍制《景云》、《九真》、《紫极》、《小长寿》、《承天》、《顺天乐》六曲，又制商调《君臣相遇》曲。"

道调的乐器组成，《旧唐书·音乐志》及《新唐书·礼乐志》均不载，《通典》及《通考》亦均不言道调，想道调系一种宗教上的音乐，于一般的音乐影响不大，从《唐会要》所载诸乐曲的关系言之，大概亦系"承清乐之流而终至胡俗乐化者"[①]。

总的来说，隋唐以前中国北朝的音乐，可以说是中国乐化的胡乐，而南朝的音乐，可以称之为胡俗乐化的中国乐。在唐代这两派音乐在进一步的相互影响下，便产生出由北朝乐所发展的"燕乐"，及由清乐发展出来的"法曲"。这两派的音乐在乐器上及奏法上虽有很大的混合，但在声律上尚保持各自的特点。但是这种局面是不能保持长久的，终必须要融合的。

唐代音乐在玄宗时，又进入了一大变革及创造时期。因玄宗本人精于音律，对音乐特为提倡，故当时音乐特盛，且广被于民间。最后在天宝十三载遂有"道调、法曲与胡部新声合作"之诏[②]，这在当时音乐的发展上自属不可避免的趋势，而保守者却加以惋惜。沈

① 林谦三:《隋唐燕乐调研究》，第65页.
② 《新唐书》（卷22）《礼乐志》:"后又诏道调、法曲与胡部新声合作。"

括《梦溪笔谈》卷五说："外国之乐，前世自别为四夷乐。自唐天宝十三载，始诏法曲与胡部合奏，自此乐奏全失古法。以先王之乐为雅乐，前世新声为清乐，合胡部者为宴乐。"凌廷堪更推行之说："唐之俗乐有二：一曰清乐，即魏晋以来之清商三调也。三调者，清调也，平调也，侧调也，龟兹乐未入中国前，梁陈之俗乐如此。姜尧章云：琴七弦加变宫变徵为散声者曰侧弄，是清乐之侧调用二变者也。又云：具宫商角徵羽者为正弄，是清乐之清调平调不用二变者也。荀勖之正声下徵清角，亦只三调也。一曰宴乐，即苏祗婆琵琶之四均二十八调也，龟兹乐入中国以后周齐之俗乐如此。姜尧章所度之曲，遗谱尚存，无不用二变者，是宴乐二十八调皆用二变也。自是而后，清乐之侧调，亦杂入宴乐，而不可复识矣。"实际上这种混合并不开始于天宝之间，而在隋唐之际即已开始，至天宝时始正式完全混合而已。这当然是一种更高级的发展，且为唐以后中国音乐的发展奠定了基础。

现在把唐代音乐的大概情况叙述了以后，关于唐代"立坐部伎"的问题亦须交代一下，因为它与王建墓内的伎乐亦有一些关系。

唐代把乐舞分为立坐二部，不知起于何时。《旧唐书》（卷29）《音乐志》说："高祖（李渊）登极之后，享宴因隋之旧，用九部乐，其后分为立坐二部。"而未言分于何时。《通典》亦只言立坐二部。马端临《文献通考》（卷146）始言："元宗时分乐为二部，堂下立奏谓之立部伎，堂上坐奏谓之坐部伎。"①不过据《通典》（卷147），高宗仪凤二年太常少卿韦万石与刊正乐官等奏内已有立部伎之名②。大概坐立部伎之名，起于高宗或高宗以前，在初不过以其所奏的部位分之，没有等级贵贱之分，至玄宗时始将其正式分开而别为等第。如《新唐书》《旧唐书》及《通典》所载的立部伎八部③、坐部伎六部④，皆系自太宗至玄宗时所造的诸乐舞，于此则自可知了。

玄宗不只把立坐二部正式分开，他又把"俗乐"自太常划分出来，由他亲自教练。他"以太常礼乐之司，不应典倡优杂技，乃更置左右教坊以教俗乐，命骁骑将军范及为之使。又选乐工数百人自教法曲于梨园，谓之皇帝梨园弟子；又教宫女使习之，选伎女置宜春院，给赐其家"⑤。皇帝的梨园弟子也属于坐部伎。这在唐代当然是一种新制度。

立部伎所奏者为一种粗豪的音乐，坐部伎所奏者为一种比较精

① 《新唐书》（卷22）《礼乐志》亦言玄宗"又分乐为二部，堂下立奏者谓之立部伎，堂上坐奏者谓之坐部伎……"
② 《唐会要》（卷33）载："神龙二年八月，敕立部伎舞人，以后并不得改补入诸色役役。"此亦在玄宗之前。
③ 立部伎的八部：（1）安乐，后周武帝平齐的所作，当时谓之城舞；（2）太平乐，一名五方狮子舞，其舞有如现代的舞狮子，大概原出于龟兹，经西凉转变而来的（参见白居易：《新乐府西凉伎》）；（3）破阵乐，太宗所作；（4）庆善乐，太宗所造；（5）大定乐，出自破阵乐，高宗所造；（6）上元乐，高宗所造；（7）圣寿乐，武后所造；（8）光圣乐，玄宗所造。
④ 坐部伎的六部：（1）宴乐，张文收所造。其中又分四部：景云乐、庆善乐、破阵乐、承天乐等；（2）长寿乐，武后所造；（3）天授乐，武后所造；（4）鸟歌万岁乐，武后所造；（5）龙池乐，玄宗所造；（6）破阵乐，玄宗所作。
⑤ 见《通考》卷146。

致复杂的音乐，所以演变到了后来，立部贱而坐部贵；这当然与李隆基亲自所教的梨园弟子也不无关系。白居易的《新乐府诗·立部伎》说："太常部伎有等级，堂上者坐堂下立；堂上坐部笙歌清，堂下立部鼓笛鸣。笙歌一声众侧耳，鼓笛万曲无人听。立部贱，坐部贵，坐部退为立部伎，击鼓吹笙和杂戏。立部又退何所住？始就乐悬操雅音……"白居易的这首乐府，本来系为慨叹雅乐的没落而作的①，但它对当时各种音乐的情况却说得很清楚。在白居易之时，立部伎直等于散乐"击鼓吹笙和杂戏"了。《新唐书》（卷22）《礼乐志》也说："太常阅坐部之不可教者隶立部，又不可教者乃习雅乐。"立坐部之分，亦可看出唐人对音乐欣赏的转变。因立部伎中的乐舞，均为比较粗豪宏壮及胡乐成分较重的乐舞，而坐部伎中的乐舞，则系比较悠扬及华乐化程度较多的乐舞，特别是当时"梨园"所奏的乐舞，这在音乐的欣赏上当然是一种提高，从前"声振百里，动荡山谷"、震耳欲聋的音乐，已不是此时欣赏的对象了。

王建墓内所刻的伎乐，自其演奏的情况看，自系属于坐部伎一类。

王建墓内的伎乐，系刻在中室棺座东、南、西三面。棺座长7.45米，宽3.35米，高0.84米。座作须弥式，上铺白大理石一层。上檐刻龙戏珠，皆着色贴金。檐下刻仰瓣宝莲花。座脚刻覆瓣宝莲花，原亦皆着色。座身雕壶门，东西各十，南面四。伎乐即刻在壶门内，均作深肉雕（见图一，1、3、4）。伎乐头饰及服装，原皆着色贴金，初出土

---

① 《白氏长庆集》卷三："立部伎，刺雅乐之替也。"

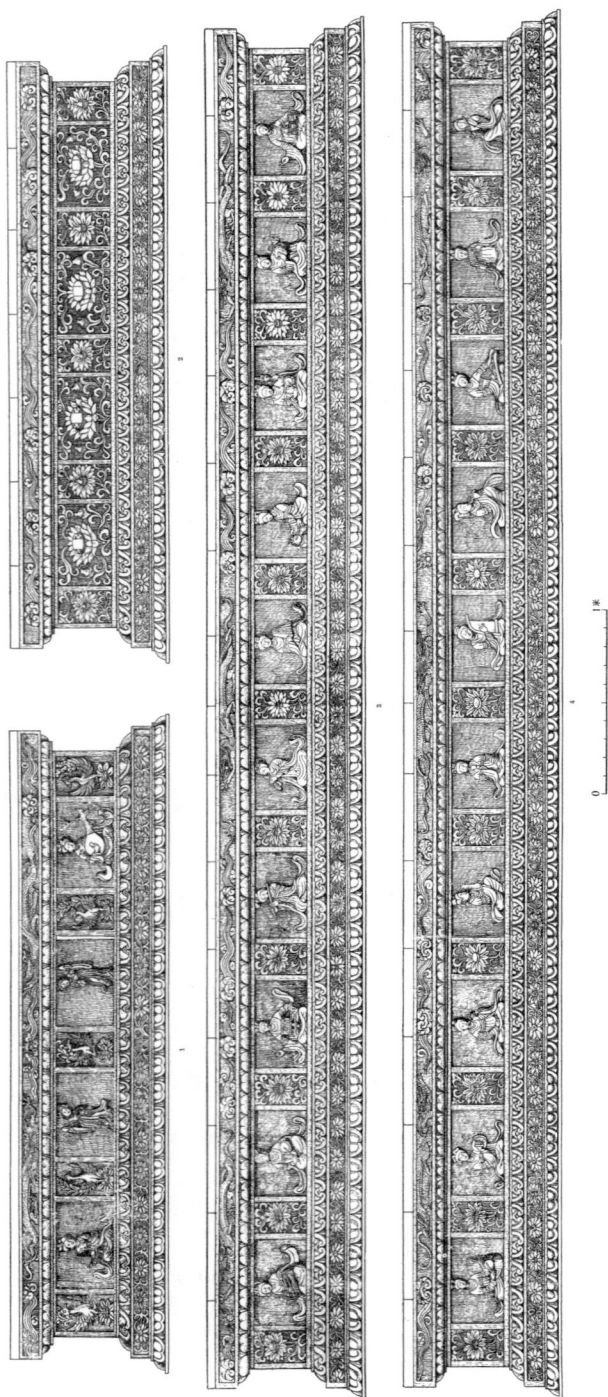

图一　王建棺座浮雕

1. 南面　2. 北面　3. 东面　4. 西面

时尚为十分明显。

南面为正面（见图版壹），正中刻舞伎二人，相对而舞。东首刻奏琵琶伎，西首刻击板伎。此两伎似为乐队的领队，故刻于正面，其衣饰亦略与其他各伎不同。兹将各伎所奏的乐器略作说明于后：

奏琵琶伎刻于棺座正面东首（图二），服装与西首执板伎同，与其他各乐伎异。髻上戴金凤，肩着帔巾，在众伎中显然是一领队。其所奏的琵琶为燕乐的琵琶，亦即胡琵琶，与清乐的琵琶不同。清乐

图二　琵琶——棺座正面东首

的琵琶亦名秦琵琶，或称秦汉子，传为秦汉时所作。其制"圆体修颈而短"，四弦十二柱，所谓"弦鼗之遗制"者。这里所刻的琵琶，体大而椭圆，所谓"充上锐下"者；曲颈、四轸，可知其为四弦。刻柱的地方已脱落，不知其是否是四柱，不过这种琵琶以四弦四柱为最普通的形式。"这种琵琶发祥于西亚细亚地方，是波斯、印度、中央亚细亚诸地方的最主要的乐器之一，隋唐时胡乐中天竺、龟兹、疏勒诸乐没有不使用这种琵琶的。"[①]云冈、龙门、麦积等石窟唐代石刻佛座上所刻的伎乐天，以及敦煌唐代壁画中所画的伎乐天，其所奏的琵

---

① 林谦三：《隋唐燕乐调研究》，第110页。

琶，大都多此种琵琶。

琵琶用手擘，相传起于唐代,《旧唐书》（卷29）《音乐志》说："案旧琵琶皆用木拨弹之，太宗贞观始有手弹之法，今所谓擘琵琶者是也。《风俗通》所谓以手琵琶之，乃非用拨之义，岂上世固有擘之者耶？"杜佑《通典》（卷144）推唐以前已有手擘之法，但未有明证。或者，秦汉子原系以手擘，而不用拨，故《风俗通》有"以手琵琶之，因以为名"之言，而《释名》亦有"推手前曰批，引手却曰把"之说，皆非用拨之意。如麦积山"麦察127号窟"魏石刻佛像头光上之伎乐天，有一伎所奏者为秦汉子，正用手擘而不用拨[①]。此其证。大概中国的秦琵琶原系用手擘，周隋时传入中国的龟兹乐的胡琵琶，原系用拨。入中国后，在唐初有用中国的手擘法以弹胡琵琶的，这在奏法上当然是一种改进。前人不察，不能分别秦琵琶与胡琵琶，所以连它们的弹法也混淆起来了。一方面说手擘起于唐，一方面又说前代已有手擘，而不能自决。

今观此雕刻上仍用拨，其形甚大，可以想见其制度。

竖箜篌（图三）系一种外来乐器，唐代的胡俗乐中无不用之。《旧唐书》（卷二十九）《音乐志》

图三　竖箜篌——西五

---

① 见《麦积山石窟》，文化部社会文化事业管理局编印，1954年，图版一零二。

说:"竖箜篌胡乐也,汉灵帝好之。体曲而长,二十有二弦,竖抱于怀用两手齐奏,俗谓之擘箜篌。"所记正与此合。按此处箜篌的弦并未刻出,想原来系用颜色画上的,但不知是否是二十二弦。

筝(图四)乃清乐的乐器,其制似瑟而小,十有二弦,其始盖在秦汉之际。《通典》(卷一四四)说:"筝,秦声也。傅元《筝赋序》曰:代以为蒙恬所造,今观其器,上崇似天,下平似地,中空准

图四　筝——西三

六合,弦柱排十二月;设之则四象柱,鼓之则五音发,斯乃仁智之器,岂蒙恬亡国之臣能关思哉!"所谓蒙恬所造,大概系受外来乐器的影响而创制的。据《通典》及《旧唐书》,皆言清乐的筝十二弦,他乐皆十三弦。

觱篥是唐代胡俗乐中的主要乐器之一,又名悲篥、笳管。后来有头管、风管等名。其制略似近代的唢呐,但无下部的喇叭头部分。《通典》(卷一四四)说:"筚篥本名悲篥,出于胡中,声悲。或云儒者相传,胡人吹角以惊马,一名笳管,以芦为首,以竹为管。"《通考》(卷一三八)引陈氏《乐书》说:"觱篥一名悲笳,一名笳管,羌胡龟兹之乐也。以竹为管,以芦为首,胡人吹之以惊中国马焉……后世乐家者流,以其旋宫转器,以应律管,因谱音为众器之首,至今鼓吹教坊用之,以

为头管,是进夷狄之音,加之中国之上,不几于以夷乱华乎!降之雅乐之下,作之国门之外可也。宋朝元会乘舆行幸,并进之以冠雅乐,非先王下管之制也。然其大者九窍,以觱名之。小者六窍,以风管名之。六窍者尚不失乎中声,而九窍者其失盖与太平管同矣。"自此雕刻所按指数观之,为六窍者。不过其拇指所按之处,是否还有窍,则不得而知。"东五"所奏者略长,当为大觱篥(图五);"西四"所奏者略短,当为小觱篥(图六)。

笛是清乐中主要乐器之一。此处所刻之笛,与现在所用者无异(图七)。历代论笛者甚多,此处不赘。

图五　觱篥——东五

图六　小觱篥——西四

图七　笛——东四

篪——管上有横出之小嘴，以口衔之而吹（图八）。《旧唐书》（卷二十九）《音乐志》说："篪、吹孔有嘴如酸枣。"《通典》（卷一四四）说："篪以竹为之，长尺四寸，围三寸，一孔上出寸三分，名曰翘，横吹之。"又有所谓义嘴笛者，亦加嘴，大概出于胡吹，故亦称胡篪。此处之篪，乃清乐的篪，不可与胡乐的横笛一概而论。

图八　篪——西一

"西七"女伎所奏的乐器为笙（图九），但乐器与手的部分已经剥落，无由得知其详。但自其存留部分形状及奏者的姿势来看，大概知其为笙而已。笙在唐代的清乐中是主要乐器之一，但在燕乐、胡乐中如龟兹、高昌、高丽乐中亦均有笙。胡乐中的笙与清乐中的笙，是否有所不同，现在尚不得而知。

图九　笙——西七

箫虽为中国原有的器乐，但各种胡乐中均有之。箫的变化甚大，管的数目亦各不同，多者二十余管，少者亦十六管。大概管的多少本无定制，各人得因时制宜，随意增减。据《通考》，燕乐箫二十一管，清乐箫十七管，均与此处所刻的箫不合。惟《通典》（卷一四四）引《世本》说："箫，《世本》曰：舜所造，其形参差象凤翼，十管，长二尺。"而《通考》（卷一三八）言韶箫说："韶箫，舜作十管韶箫，长尺有二寸，其形参差象

图十　箫——西二

图十一　正鼓——东一

凤翼，所以应十二之数，声所由生也。"舜作韶箫，自系依托，但其制亦似与此不同。或晚唐俗乐中的箫，有如此处所刻的十管的亦未可知（图十）。

正鼓与和鼓均系腰鼓，亦为胡鼓。正鼓系一种杖鼓而兼拍鼓，所谓"右击以杖，左拍以手"者，"东一"的正鼓正是如此（图十一）。和鼓则全为拍鼓（图十二）。《通典》（卷一四四）论正鼓和鼓的用途说："正鼓和鼓者，一以正，一以和，皆腰鼓也。"又《通

考》（卷一三六）论腰
鼓说：“唐有正鼓和鼓之
别，后周有三等之制。
右击以杖，左拍以手，
后世谓之杖鼓拍鼓。拍
鼓亦谓之魏鼓。每奏大
曲入破时，与羯鼓大鼓
同震作，其声和壮而有
节也。”

毛员鼓亦为一种腰
鼓，在唐代的胡部乐中惟
龟兹乐中有之。其制“似
都昙鼓而稍大”，而都昙
鼓则“似腰鼓而稍小”。
不过都昙鼓系杖鼓，而
毛员鼓则系拍鼓（图
十三）。

图十二　和鼓——东三

图十三　毛员鼓——东十

这是一种杖鼓，暂定为齐鼓。《通考》（卷一三六）说：“齐鼓状
如漆桶，一头差大，设齐于鼓面如麞脐然，西凉、高丽之器也。”又
说：“大周正乐所传齐鼓，其形状虽不甚相远，其设饰不同。两头贯
以绶带。”《通典》及《旧唐书·音乐志》所言与此略同。齐鼓只高
丽及西凉乐中有之，其在乐队中的用法不甚明瞭（图十四）。

答腊鼓系一种指鼓（图十五），唐南卓《羯鼓录》说："答腊鼓即指鼓也。"其制"广羯鼓而短，以指揩之，其声甚震，俗谓揩鼓。"《通考》（卷一三六）说："答腊鼓，龟兹、疏勒之器也。其制如羯鼓抑又广而短，以手揩之，其声甚震，亦谓之错鼓也。后世教坊奏龟兹曲用焉。"

图十四　齐鼓——东二

图十五　答腊鼓——东九

鞉即是鼗，鞉牢原是龟兹部的乐器，《通考》（卷一三六）说："鞉牢、龟兹部乐器也。形如路鞉，而一柄叠三枚焉。古人尝谓左手播鞉牢。右手击鸡娄鼓是也。"鼗的用法，《通考》引陈氏《乐书》说："鼓以节之，鼗以兆之，作乐之道也。"大概作乐之时先鞉以兆之。鞉牢的每一小鼓上系两耳，还而自击，故鞉牢称播而不称击。鞉牢必与鸡娄鼓由一人同奏。《通考》说："后世教坊奏龟兹曲用鸡娄鼓，左手持鼗牢，腋挟此鼓，右击之以为节焉。其形如甕，腰有环，以绶带系于腋下。"

鸡娄鼓的形制，《通典》（卷一四四）说："鸡楼鼓正圆，而首尾可击之处平可数寸。"《通考》亦说"鸡娄鼓其形正而圆，首尾可击之处平可数寸。龟兹疏勒高昌之器也。"由此雕刻上看，鸡娄鼓亦为一种杖鼓（图十六）。

羯鼓是唐代胡乐部中及燕乐中的重要乐器之一，因其用两杖并击，故又称两杖鼓（图十七、图十八）。唐玄宗尤爱之，以为八音之领袖。《羯鼓录》论羯鼓之制甚详，今录于后，"羯鼓出外夷乐，以戎羯之鼓，故曰羯鼓。其音主太簇一均，龟兹部、高昌部、疏勒部、天竺部皆用之。次在都昙鼓、答腊鼓之下，鸡娄鼓

图十六　鞉牢、鸡娄鼓——东八

图十七　羯鼓——东七

图十八　羯鼓——西十

之上。鼗如漆桶，下有牙状承之，击用两杖；其声焦杀鸣烈，尤宜促曲急破战杖连碎之声，又宜高楼晚景，明月清风，破空透远，特异众乐。杖用黄栌、狗骨、花楸等木，须至乾紧绝湿气而复柔腻。乾取发越响亮，腻取战裹健举。椎用刚铁，铁当精炼，椎当至匀。若不刚、即应缘高下擨捩不停，不匀、即鼓面缓急，若琴徽之玫病矣。"

钹为和乐之器，为胡部乐中重要的金属乐器之一。《通典》（卷一四四）《金类》说："铜钹亦谓铜盘，出西戎及南蛮。其圆数寸隐起如浮沤，贯之以革，相击以和乐也。南蛮国大者圆数尺，或谓齐穆王素所造。"《通考》（卷一三四）金之属胡部说："唐之燕乐清曲有铜钹相和之乐，今浮屠氏清曲用之，盖出于夷音也。"同时又说："唐胡部合诸乐，击小铜钹子和曲，西凉部、天竺部、龟兹部、安国、康国亦用之。"可知钹在唐代诸乐中的普遍应用。但有正和之分，正大而和小。此处所用者，自其形制看，大概为正钹（图十九）。

图十九　铜钹——西九

吹叶是清乐中的乐器，亦是中国南方的一种乐器，唐人的记载中亦时或言之，如白居易《杨柳枝》词有"卷叶吹为玉笛声"之句。杜佑《通典》（卷一四四）以为系八音之外的乐器。"叶，衔叶而啸，其声清震，橘叶尤善。或云卷芦叶为之，形如箫首也。"啸叶之制，唐以后不传，自此女伎所奏之姿势推之，大概系将叶夹于两片小薄板之中，中有缝隙，使气激之能弹动以发声。奏时衔于口中，以右手食指和中指按唇而啸。叶易坏，故左手中尚持有数片（图二十）。

图二十　吹叶——西六

贝亦称蠡，原为天竺的乐器，唐代的胡乐部中多用之，在中国则以为系八音之外的乐器。《通典》（卷一四四）说："贝，大蠡也。可容数

图二十一　贝——西八

升，并吹之以节乐，亦出南蛮。"唐以后中国俗乐部中均不用贝，唯僧道的乐器中尚用之（图二十一）。

我国古代节乐之器，用枹敔而不用拍板，唐代清乐中用节鼓，亦为枹敔之变器，拍板则系胡乐。《通考》（卷一三九）木之属俗部有大拍板、小拍板之分。"拍板长阔如手，重大者九板，小者六板，以韦编之，胡部以为乐节，盖以代抃也。抃击其节也。情发于中，手抃足蹈。抃者因其声以节舞。龟兹部伎人弹指为歌舞之节，亦抃之意

图二十二　拍板——正面西首

图二十三　拍板——东六

也。唐人或用之为乐句。明皇尝令黄幡绰撰谱，幡绰乃画一耳进之，明皇问其故，对曰：'但能聪听，则无失节奏。'可谓善讽谏矣。宋朝教坊所用六板，长寸，上锐薄而下圆厚，以檀若桑木为之，岂亦枞敔之变体软！"今此用六板，亦即小拍板。由此可见唐人拍板与现代的拍板、样式和击法均为不同。

自棺座正面西首击板的伎的装束来看，与东首奏琵琶伎的装束是一样的，她在乐队中亦可能是居主要地位的，所以二人的地位都刻在正面（图二十二、图二十三）。

唐代的乐队，不问其为清乐、燕乐和胡乐，均有舞者，所以表示音乐的形容的，唐段安节《乐府杂录》所谓："舞者，乐之容也。有大垂手、小垂手，或象惊鸿，或如飞燕。婆娑，舞态也；蔓延，舞缀也。古之能者，不可胜记。"此二人相对而舞，一举右手，一举左手，姿态是很生动的（图二十四、图二十五）。

王建墓内的伎乐，共计琵琶一、竖箜篌一、筝一、觱篥一、小觱篥一、笛一、篪一、笙一、箫一、正鼓一、和鼓一、毛员鼓一、齐

图二十四　舞——正面中左

图二十五　舞——正面中右

鼓一、答腊鼓一、鸡娄鼓一、鞉牢一、羯鼓二、铜钹一、吹叶一、贝一、拍板二、舞二。共计乐器二十二种，二十五件。只羯鼓、拍板、觱篥各二。种类中以鼓为最多，计八种，九件（羯鼓二）。

　　从它的乐器的性质看，这一部乐队无疑地是属燕乐系统的，特别是中国化了的龟兹乐系统，但其中羼杂有清乐系统的乐器。乐器中的琵琶、竖箜篌、觱篥、正鼓、和鼓（均为腰鼓的一种）、毛员鼓、齐鼓、答腊鼓、鸡娄鼓、羯鼓、铜钹等，都是和唐代龟兹部的乐器相同的。笛、箫、笙等是与唐代龟兹部和清乐部的乐器相共同的，不过龟兹部的笛、箫、笙是否与清乐中的笛、箫、笙有所不同，现在尚不甚明瞭[①]。筝、簇、叶当然是清乐系统的乐器。以乐器的数量论，龟兹系统的乐器占绝对多数，清乐系统的乐器只占少数。

---

① 林谦三《论唐代龟兹部之乐器》说："乐器的系统有伊兰印度中国的三种。竖箜篌、琵琶、五弦、竿篥无疑地是伊兰系。横笛、都昙鼓、弖员鼓、腰鼓、羯鼓、贝是印度系。笙当然是中国系，但箫于西域亦有之，龟兹部所用箫不知何所属。铜钹是伊兰印度所共有的，由来已久。琵琶、五弦，于天竺部中亦有之。又属于细腰鼓的正鼓、和鼓，伊兰系的康国、安国两乐里面均有，这些应该都是外来的。"

　　以乐伎在雕刻中的排列地位而论，琵琶似为众乐之首，故排在最前面，而奏琵琶伎的装束，亦与其他的伎不同，想其中或有等级。不过这一音声队的其他乐器，与隋唐时的西凉乐和张文收所造的燕乐的乐器，又大为不同，以意度之，或者是玄宗时"道调法曲与胡部新声合作"以后所发展的一种音乐，它不完全是胡部新声（燕乐），也不完全是法曲（清乐），而是二者的混合。但它是属于坐部伎，则是可以确定的。

　　本篇完全系从乐器上立论，这在一方面系受了材料的限制，不得不如此；而另方面，则因作者对于音乐是外行。固然，同样的器乐，可以采用不同的乐律而奏出不同的音乐，但无论如何，音乐多少是受着乐器的限制的。

1956年11月，于四川大学之滨江楼。

（原载《四川大学学报》1957年1期）

图版壹　棺座正面

图版贰　棺座东面

图版叁　棺座西面

王建墓内出土"大带"考

　　王建墓内发现玉大带一条[①]，发现时在中室棺中与银钵、银盒（二个）、银猪等放置在一起。此大带，银盒及银猪等，大概均系棺中殉葬之物，盗墓者收集起来准备携走者。其未带出的原因，不甚明了，或者所取之物过多，一时忘却，或者外面有警，慌忙中未及带走。不过此皆系揣测。

　　大带只余銙七块，铊尾一方，银扣二。鞓（即皮带）已全腐，仅余少数痕迹附着于銙及铊尾之上。但鞓虽已全腐，由其所存的部分，结合出土的情况，尚可推见玉大带的原来的形制，由之亦可推见唐代玉带制度的形状，因为革带自战国以后以迄元明，为男子服装上所不可少之物，亦为封建社会中区别官阶品级的一种重要装饰。

　　铊尾及銙的玉质洁白温润，上均刻龙，工制极精。铊尾（亦称獭

① "大带"系根据铊尾上的自名。

尾）全长19.5、宽6.9厘米。玉銙七方，约7.4×8.2厘米，因系手工所制，故大小不能一律。銙尾背面刻铭文，记制玉带的缘由（图一、二）。

永平五年乙亥，孟冬下旬之七日，荧惑次尾宿。尾主后宫，是夜火作，翌日于烈焰中得所宝玉一团。工人皆曰："此经大火不堪矣。"上曰："天生神物，又安能损乎！"遂命解之，其温润洁白异常，虽良工目所未睹。制成大带，其胯方阔二寸，獭尾六寸有五分。夫火炎崑岗，玉石俱焚，向非圣德所感，则何以臻此焉！谨记。

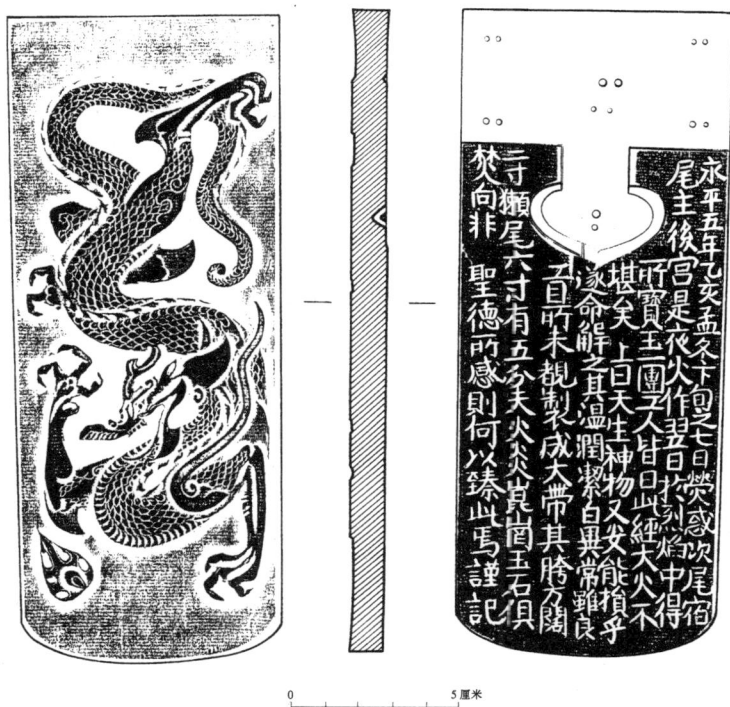

图一　大带铊尾铭文及龙纹拓片

图二　玉銙上的龙纹拓片

　　此铭文是王建墓内谥宝、谥册和哀册外，惟一的文字记录，除记录制带之原委外，记载大火及銙的尺寸。大火之事当详后。至于尺寸，可知当时的尺较现在市尺相去不远。如"獭尾六寸有五分"，合现存的市尺五寸九分。"胯方阔二寸"，合现在的市尺二寸二分以上。或者当时亦仅约略言之而已。

　　铊尾的背面（有铭文的一面）首部钻小孔五，但不钻透，用小银钉将铊尾钉于鞓的尾端。尾端再出如意头约寸许，再用银钉钉上。銙的背面亦各钻小孔四，用银钉钉于鞓上。

　　大带的鞓分两节，有銙饰的一节，两端有银扣各一，亦系用银钉钉上者。有铊尾的一节无扣，只两端打小孔若干。整个大带的形制，复原如图三。

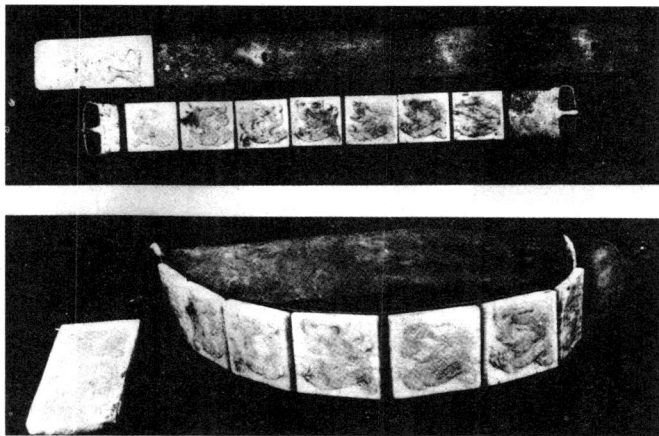

图三　王建墓出土大带复原图

　　按唐、五代及北宋的革带均系如此，仅有銙的质料和数目因品级高下，或因时代的推移，而有所不同。陕西、河南所出土的唐代陶俑，敦煌唐代供养人画像，五代后蜀宋琳墓所出陶俑等，凡是男俑束带者，其带均无不如此。由此可见古玉图谱中所收之所谓唐代“朝带”者，不仅不是唐制，而且亦非宋制。自其铸銙的制作观之，则均系明代之物[①]。

----

① 《古玉图谱》一百卷，题宋龙大渊等奉敕撰。《四库总目提要》根据历代著录，修撰者的时代及衔名，举出可疑之点十二，证明其为后人假乇宋时官本，这是正确的，但未从内容上说明其为何时人所假托。按《图谱》（卷五二）《列朝带六》，其中有五定为唐代，其一未说明时代，或者以为较唐更早。六条玉带的制作均系一致。由现在我们所知道的唐、宋及明代玉带制度来看，此六带均系明代的制作。由此可知此书假托的时代，不出明末或清初，而最可能是明末，因明代造伪之风是极盛的。
　　在另一方面，资产阶级的所谓学者如布希尔（S.W.Bushell）认为此书确为宋代所编，并认为提要的批评为不当，将其序译成英文收入毕西卜所著之《玉的考察及研究》一书中（H.R. Bishop, *Investigations and Studies in Jade*, 1906, Vol.1, p.32）。劳弗尔作《玉器图录》（B.Laufer, Jade, 1912）时多根据此书。其言玉带部分即在图谱中取五带，均认为系唐制（见《玉器图录》286—293页）。由此可见资产阶级的所谓学者所得出之结论，是如何可笑了。

按革带之制，本为胡服，宋沈括《梦溪笔谈》（卷一）说：

> 中国衣冠，自北齐以来，乃全用胡服。窄袖绯绿，短衣，长靿靴，有鞢𮢶带，皆胡服也……带衣所垂蹀躞，盖欲佩带弓剑、帉帨、算囊、刀砺之类。自后虽去蹀躞，而犹存其环，环所以衔蹀躞，如马之鞦根，即今之带銙也。天子必以十三环为节，唐武德贞观时犹尔，开元之后，虽仍旧俗，而稍褒博矣。然带钩尚穿带本为孔，本朝加顺折，茂人文也。

《笔谈》所载甚明，銙者原所以附銙以受环，环则衔蹀躞以悬物，然皆本为马带上之饰，故在前亦名曰校，其后因去其蹀躞而独留环，故称曰环，其后又连环亦去之，只留附鞓之饰，故曰銙。《旧唐书》（卷一二五）《柳浑传》：

> 时上命玉工为带，坠坏一銙，乃私市以补。及献，上指曰：此何不相类？工人伏罪……

由此可知在唐时已通称为銙了。銙之原来用途，在于受环，环则所以悬物，而物均悬在背后，故带銙均在带后，系带而不能自见其銙，此于王旦传言之甚明。《宋史》（卷二八二）《王旦传》：

> 有货玉带者，弟以为佳，呈旦。旦命系之，曰："还见佳

否？"弟曰："系之安得自见！"旦曰："自负重而使观者称好，无乃劳乎！"

系带而不能自见其玉饰，正以铸在背后而不能自见，今观王建造像上之玉带正是如此。在北周、隋之时，天子之带以十三环（后来之铸）为节，《隋书》（卷三十七）《李穆传》：

> 高祖作相……乃奉十三环金带于高祖，盖天子服也。

《旧唐书》（卷四十五）《舆服志》：

> 隋代帝王贵臣，多服黄文绫袍，乌纱帽，九环带，乌皮六合靴。百官常服，同于匹庶，皆著黄袍，出入殿省。天子朝服亦如之，唯带加十三环，以为差异。

按唐时以带铸之多少及质料，为别品级高下的服饰之一，《新唐书》（卷二十四）《车服志》：

> 其后（按指高宗显庆以后）以紫为三品之服，金玉带，铸十三。绯为四品之服，金带，铸十一。浅绯为五品之服，金带，铸十。深绿为六品之服，浅绿为七品之服，皆银带，铸九。深青为八品之服，浅青为九品之服，皆鍮石带，铸八。黄为流外官及

庶人之服，铜铁带，銙七。

今王建墓内大带玉銙之数，仅有七，而无十三之数，或者至晚唐五代之时，銙的形制则增大，数则减少了。如《笔谈》所言，开元后虽仍旧俗，而稍褒博，似在开元以后，颇有变革。倘銙形制增大，数则必须减少，因腰围有限制，不能随銙之增大而加大。墓内王建石造像上所服之带，似亦仅七銙，故可认七銙为自晚唐、五代以后大带上之数。

铊尾（亦写作獭尾）为鞓端之饰，束带时铊尾垂于左方肋下以为饰。《新唐书》（卷二十四）《车服志》说：

腰带者，摺垂头以下，名曰铊，取顺下之义。

铊尾的原来意义，似乎为保护鞓端的一种设施，后来渐变而为装饰，在敦煌的唐末、五代画像中，往往有将铊尾用链悬于带的左方的，这就全为一种装饰品了。王建墓中大带的铊尾，特别博大，不能从银扣中穿过，故亦为一种纯粹装饰。

大带上玉銙和铊尾上的雕刻，仅龙一种。按龙在神话及传说中，为四灵之首，汉以后为封建天子的专用象征，它在历代装饰艺术上是一种极重要的题材，其形状亦随时代的推移而各为不同，可作为考古中决定时代的一种参考。

汉以前的龙，在形态的表现上亦甚多，但多图案化，绝大部分表现在铜器的装饰上，与汉以后在龙的形状上的统一化颇为不同，故暂存而不论。西汉时期的龙的形状，因为发现得尚不多，所以尚不甚清楚。到了东汉时期，龙的形状渐趋于统一，这在当时各种画像石上均可见之。此时期的龙，在形状上大体与当时所绘的虎相类似，所谓"青龙白虎"。而龙与虎的区别，仅在龙首有角及身有麟甲（图四，1）。这种形状一直保存至南北朝时期，但在身躯上和龙首的颚部都逐渐变成细长，愈晚者愈甚。上颚上逐渐具有突出的尖形上唇（图四，2）。但龙身与龙尾尚有清晰的界线——即尾细而身粗大。到了

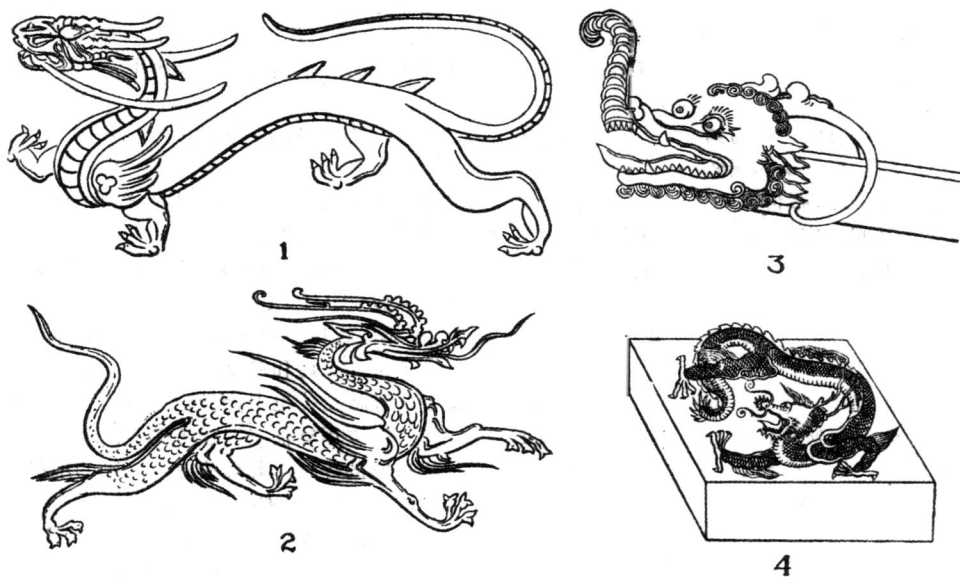

图四　龙纹

1. 四川芦山县出土东汉王晖石棺上所刻之龙，此墓有简单铭文，为建安十六年（211年）。"南阳汉画象汇存"第九图所刻之龙亦与此相类似。　2. 河南邓县彩色画象砖墓中之龙（原书图36），此龙首部之颔不只变长，而上唇亦稍尖突，故其时代较晚，可能为南北朝晚期。3.《营造法式》（卷二九）所绘之螭首，此螭首尚具唐、五代之形式。4.《营造法式》（卷二九）角石上所绘之龙，此龙已略具南宋以后的龙的形式。

唐代，特别是盛唐以后，不只龙的身躯再变细长，而特别是首部的变化大。龙首的颚部变长，特别是上颚的唇突出特别长而尖，有的几与颚长相等，这种龙形可以王建墓的龙为代表。王建墓内刻绘龙的地方一共有五：（一）棺台檐的四周，（二）玉大带，（三）御座檐及正面，（四）宝盏平面团花，（五）玉册标首，一共不下一二十条，虽姿态各异，但形状则是完全一致的。

五代后期及北宋的龙尚是如此（图四，3），北宋以后，龙的形状逐渐向明清时代龙的形状转变（图四，4），即龙身再变细长致身尾不分如蛇体，腿足变短细，而头部上颚突出的尖唇则逐渐消失。此则为龙的形状自东汉至明清演变的大概，而此大带上所刻的龙可认为是唐五代时期的一般龙形。

永平五年大火之事，在当时想系一重大事件，各书中均有记载，且有附会之者。《五代史记·前蜀世家》说：

> （永平）五年，起寿昌殿于龙兴宫，画建像于壁。又起扶天阁，画诸功臣像。十一月大火，焚其宫室。

又如《北梦琐言》说：

> 伪蜀王先主时，有军校黄承真，就粮于广汉绵竹县，遇一叟曰郑山古，谓黄曰："此国于五行中少金气，有剥金之号，曰金炀鬼，此年蜀宫大火，至甲申乙酉则杀人无数。我授汝秘

术，诣朝堂陈之，傥行吾教以禳镇，庶几减于杀伐。救活之功，道家所重，延生试于我而取之。然三陈此术，如不允行，则子亦不免，盖泄于阴机也。子能从我乎？"黄亦好奇，乃曰："苟禀至言，死生以之。"乃赍秘文诣蜀，三上不达，乃呕血而死。其大火，与乙酉亡国杀戮之事果验。

《琐言》所记，自属附会，但亦足证此事传播之广而被重视。《新五代史》言大火为"十一月"，铊尾铭文上则言"孟冬下旬之七日"，所记尤详。按"孟冬下旬之七日"，当为是年"十月二十七日"，虽与"十一月"相去仅四五日，要当以铭文所记者为正确。

（原载《考古》1959年8期）

前蜀王建墓出土的平脱漆器及银铅胎漆器

　　漆器是王建墓内出土的重要器物之一。其中的玉册匣、宝盝等已由杨有润同志在《文物参考资料》1957年第7期中加以介绍，但尚有未尽，特别是其中的银铅胎漆碟，为所发现的此类器物中之最早者；镜匣亦为出土平脱器中之最精美者。现分别介绍于后。

　　按镜匣与铜镜同时出土，部位在棺内靠东北隅地方（棺为正南向），出土时镜置于匣上。银质花纹饰片保存良好（图版一），其下尚带有朱漆纹及朽木痕，故可据之作较准确的复原。

　　镜匣系一银平脱朱漆盒，27.5厘米正方。此系根据完整的银平脱帖白（镶边）转角的长短测定的，故十分准确。其高度因木胎全朽，仅能根据各银镶边的宽度（每道镶边宽1厘米，共四道）和其上平脱银花的宽度（盖上者宽1厘米，盒上者宽2.4厘米），推定为8.5厘米，也可能稍高为9厘米，但过此则不能相称了。木胎的厚度，可能为1厘米，或稍薄。盖、盒的合口用子母口式，因盒上的子口在揭开后显露于外，故其上仍镶"乚"形银扣，一方面可增强其力量，同时亦显得美观。

盖面饰以方形团花，约23厘米见方。团花以丽春花纹为地，中刻双狮戏球（图一）。周郭用四侧的银镶边卷转约3毫米作边。盖的四侧两银镶边之间，嵌条枝花纹一道（图二上）。盒身较高，两道银镶边之间嵌约2.5厘米宽的丽春花纹一条。图案的结构以花、叶为中心，两边各镂瑞雀一（图二下）。

此镜匣是墓内发现的最精美的银平脱漆器之一，其木胎部分虽

图一　镜盒盖面银平脱花纹

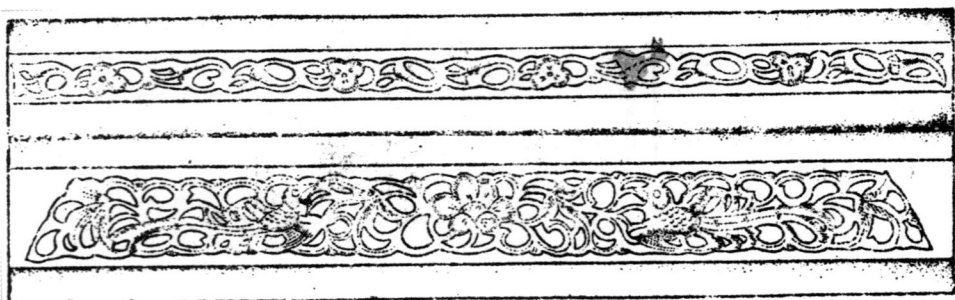

图二　上：镜盒侧面银平脱　下：镜盒侧面帖白

已全腐，但银饰部分尚保存完整，可以由之复原。其设计及雕镂均臻上乘，系一极成功的作品。

按平脱之器，创始于唐，唐和宋初的记载中曾屡言之，唐段成式的《酉阳杂俎》（卷一）说：

安禄山恩宠莫比，锡赍无数，其所赐品目有：……金平脱犀头匙筋，金银平脱隔馄饨盘，平脱着足叠子……银平脱破觚……银瓶平脱掏魁织锦筐……银平脱食台盘……

宋乐史《杨太真外传》（卷上）说：

妃又常遗禄山金平脱装具玉合，金平脱铁面椀。

平脱器在唐代为极贵重之器，故皆特记之，此种情况于《通鉴》所记为尤明显，《通鉴》（卷216）唐纪天宝十载：

上命有司为安禄山治第于亲仁坊。敕令但穷壮丽，不限财
力。既成，具幄帘器皿，充轫其中，有帖白檀床二，皆长丈，
阔六尺；银平脱屏风，帐方丈六尺……虽禁中服被之物，殆不
及也。上每令中使为禄山护役，筑第及造储偫赐物，常戒之
曰："胡眼大，勿令笑我。"

在此种情况下特举出平脱器，其珍贵即可想而知。因平脱在当
时被视为一种淫巧之器，故在费用匮乏时，亦加以禁止，例如《新唐
书》（卷6）《肃宗纪》说：

至德二载……十二月禁珠、玉、宝钿、平脱、金泥、刺
绣……

此处将平脱与珠、玉、宝钿等并举，亦可知当时系视为极奢侈
之品。但此时（至德二载）两京刚复，战争方殷，而有暇及此，亦不
过封建统治阶级欲借以收拾人心的一种骗人的作法，实际上当然不生
如何效果，不过由此可知平脱器的珍贵。

自宋以后，因制漆技术的发展，或者亦因风尚的关系，平脱漆
器几于绝迹，五代以后即少见于记载，即如明黄成的《髹饰录》记造
漆之工极详，但不及平脱，故知在明代已不制造。一般人对平脱之义
亦不甚明白，故方以智《通雅》特释"平脱"说（卷34）：

按古以平而凹起为脱，如土室为瓯脱，如瓯之脱也。高宗时櫂椎碗脱之语，谓如碗所脱之易也。今以木为凹印以饴饼印之，谓之脱，言易成而滑脱也。故手钏曰跳脱，言滑也。此曰平脱，有专言镶托者非，盖自是前人语。

方氏所言虽详，而实不免穿凿之嫌。按"脱"有"出"义，如《管子·霸形篇》说："言脱于口，而令行乎天下"，"言脱于口"即言出于口。故平脱亦即花纹平出之义。在制器之时，将金银纹饰片用胶漆平粘于素胎上，空白处填以漆，再打磨出之，粘上的花纹与漆面平齐，故谓之平脱。

平脱花纹的质料，亦不一定用金银，亦可用玉或他种宝石；胎也不一定用木胎，亦可用金属，如宋陶穀《清异录》（卷下）所载：器具中"玉平脱双蒲萄镜"说：

开运既私宠冯夫人，其事犹秘。今高祖御器有玉平脱双蒲萄镜，乃高祖所爱。帝初即位，举以赐冯，人咸讶之，未久册为皇后。

此乃言五代后晋出帝与冯后之事。所谓玉平脱双蒲萄镜，大概系在铜镜背面用漆平脱出双玉蒲萄，可知当时在铜器上亦可髹漆而在其上平嵌宝石花纹。这类资料保存的虽绝少，但可见当时髹漆工技的发展之广。

金、银胎或其他金属胎的漆器，记载中均以为起于宋，其实在宋以前即已有之，如乐史《杨太真外传》（卷上）中记有"金平脱铁面椀"，此所谓"铁面椀"，是否为铁胎，尚不能确定，不过由王建墓中所发现银铅胎的漆碟观之，至迟在五代初即有此种制作，其起始或者还在以前。

漆碟发现于后室石床前稍偏东的地方，翻转复置于地上。已破为三数片，但尚可复原。碟为五瓣形，圆底，圈足，最大直径19.5厘米，深2厘米，圈足高1厘米。胎分二层，内层为银，外层为铅，共厚约1毫米。外层表面极粗糙，其上髹漆，但漆已脱落，仅余痕迹，碟面不髹漆，故银胎露于外。银胎上用极薄金皮一层，将花纹钻于银胎之上，钻痕直透至铅胎上。空白处将金皮镂空，故银胎与金花相映（图版二）。

碟底刻飞翔的双凤而以卷草纹为地。底边和口缘刻莲瓣，而用分瓣纹将其分为五段，每段之中刻花草纹。空白处则刻极细的圆圈纹（图三）。

这一漆碟，大概系记载中所称的金银胎剔红，明黄成《髹饰录》坤集载有"金银胎

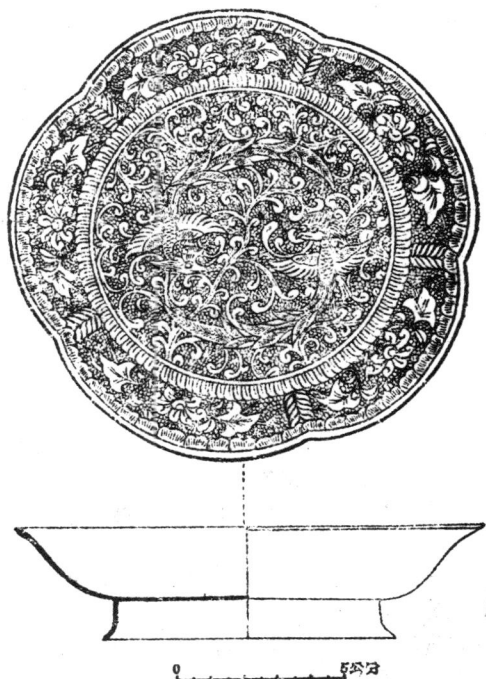

图三 银铅胎漆碟

剔红"说：

> 宋内府中器有金胎、银胎者，近日有鍮胎、锡胎者，即所
> 假效也。
> 金银胎多文间见其胎也，漆地刻锦者不漆器内。又有通漆
> 者，上掌则太重。鍮锡胎者多通漆。又有磁胎者，布漆胎者，共
> 非宋刻。

又明高濂《遵生八笺》（卷十四）《燕闲清赏》"论剔红倭漆雕刻镂嵌
器皿"说：

> 高子曰："宋人雕红器如宫中用盒，多以金银为胎，以朱
> 漆厚堆至数十层，始刻人物楼台花草等像，刀法之工，雕镂之
> 巧，俨若画图。"

明曹昭《格古要论》（卷下）论剔红说：

> 宋朝内府中物，多金银作素者。

而明张应文在其《清秘藏》中也说到：

> 宋人雕红漆器，宫中所用者多以金银为胎，妙在刀法圆

熟，藏锋不露，用朱极鲜，漆极厚而无敲裂，所刻山水楼阁人物鸟兽，皆俨若图画为佳绝耳。

由上面的记载来看，凡是谈刻金银胎者，均为剔红（亦即雕漆），均以为系宋代宫廷中所用，是极为珍贵的用器。我们由王建墓内此一银、铅胎骨看，可以认定它是一件雕红器，所可惜者，漆痕全落，不能推见它雕镂得如何。在初出土时仅以为它是一件铅胎银碟，但见其器内雕镂如此精工，器外似不应如此粗糙，又其外泥土中及铅胎上均粘有漆纹，颇为不解，后来才知道应为一种漆器。《髹饰录》说："金银胎多文间见其胎也。漆地刻锦者，不漆器内。"而此器正是"不漆器内"。今由此器的胎骨看，其不髹漆显露的部分，则用一层薄薄的金皮加于银胎之上。其堆漆的部分，可另附加一层较厚的铅胎，使胎骨坚实，亦可节省贵重金属而不损其美观富丽。此一作法，则为前人所未道及者。再者，倘若要使其"文间见其胎"，则可全用金银。

历来之言金银胎雕红者，均谓始于宋代，而传世者亦极少。按剔红漆器创始于唐代，今由王建墓内此器观之，金、银胎的剔红器也应创始于唐代，而前蜀在五代中为最早，故至迟也当在唐末、五代中即有此类漆器了。

（原载《文物》1961年11期）

图版1　镜盒盖面银平脱花饰

图版2　银铅胎漆碟

论南唐二陵中的玉册

南唐二陵是新中国建立后第一次用科学方法发掘的古代封建帝王的陵墓，在研究华东五代时期各方面的历史上有极重要的价值，现在能够尽早地将发掘报告发表出来，供各方面参考，是我们考古学界的一件盛事。又在报告的编写上，叙述简要，考证精审，也是值得向编写的同志们祝贺的。至于图版的清晰、印刷的精良，则又其余事了。

按二陵中重要的发现，除了陵墓的建筑、彩画、雕塑、陶瓷等能表现当时多数优秀艺术家的成功创作之外，其他则当推陵中出土的玉册。出土玉册虽残缺不全，但其所余留的部分，尚可由之考见陵中此类制度的大概，亦是值得珍视的。按钦陵中应有四副册，一为李昪的谥册及哀册，再为其后宋氏的谥册及哀册。但在报告中将谥册与哀册合而为一，致将文体棍淆，这是值得商榷的。现在我把我个人的意见写在后面，借以就正于曾昭燏和蒋缵初两同志。

一

在报告中作者曾说明谥册文与哀册文在"大丧"的仪注上性质是不同的，但实际上又把两种册文混合起来了。例如报告中说（85页）：

这篇残缺不全的哀册文或谥册文，如果我们把它分段的话，"十"以前可以算是一段，内容多是颂扬李昪的"功业"；"上十二"至"上十四"可以算是第二段，说明李昪的谥法和庙号；"十七"至"上二十"可以算是第三段，主要就是哀悼的文章。

以后接着又说（86页）：

现在我们看李昪的册文，从"上十四"以上是谥册文的格式，以下又有大段的哀辞，是哀册文的格式，我们认为它是将两种册文合而为一的，为省便起见，我们简称为哀册文。

其后论李昪之妻宋氏的谥册文及哀册文又说（87页）：

　　　　宋氏哀册文中似亦纪其谥法，可能与李昪的册文一样，将
哀册文与谥册文合而为一。

李昪陵中所出的玉册虽然很零残，但就其所残存者缀合起来，尚可看
出谥册为谥册，哀册为哀册，似非如报告中所说的是"将两种册文
合而为一的"，因为在封建帝王所谓"大丧"的仪注中这样做是不可
能的。

　　按谥册文是在"祖奠"前一日在南郊请谥号时所读的册文，按
汉儒之说，"谥当由尊者成"，天子至尊无上，故只能"称天而谥"，
有如"天"所授予者然。故谥册文中首称"年、月、日"，次称"哀
子嗣皇帝臣某"，其后则为长篇的"歌功颂德"的虚文，以说明定谥
的理由；再则言遣太尉某某诣南郊上尊谥某某；最后结以"神灵来
格，膺兹典礼"云云。此为一定的公式。在谥册中嗣子例称"臣"，
因为此谥乃系由天所成，嗣子不过作为群之一而上此尊号，其谥号之
如何，则非人子之所能得而私。至母后谥册文，则于祖庙读之，而不
至南郊。

　　哀册文则为遗葬日举行"遣奠"时所读的最后一篇祭文，按唐
制，此时"梓宫"已登"辒辌"待发，嗣皇帝于阶下举行"遣奠"，
册文首称"年、月、日"，接称"神驾将迁座于某陵，礼也"，嗣子
一般则仅称"哀子嗣皇帝某"，而例不称"臣"（但亦有例外），其后
则为大篇孝子如何哀慕之词。哀册文虽有一定的格式，但在文体上则
较谥册文为灵活，故历来为词章家所重。

所以这两种册文，在所谓"大丧"的仪注中，所读的地点不同，所读的时间不同，而读册的人亦不同。谥册为太尉在南郊所读，哀册则为遣奠时中书令（汉制则为太史令）于柩前所读，所以二者绝不能"合而为一"。在南唐二陵中不过只是将两副册文合贮于一个石函之内而已。

据马令《南唐书》，治李昇"山陵"事的为江文蔚，而议礼者则为韩熙载，二人在南唐均号称"博洽知礼"，在当时封建社会中所视为最重要的典礼，想不致将其混合而为一。兹将谥册与哀册的沿革略为说明，再来反观南唐二陵的册文，则将更为明白。

二

在汉儒称封建天子须"称天而谥"之说未兴起以前，无所谓谥册文之制。在汉以前仅有谥及诔；诔也即是累，谓累其行迹而为之谥。故《说文》说"诔，谥也"；又说"谥，行之迹也"；二者实等于互训。诔对于封建天子来说，即是后来的哀册文，所以《文章流别传》说："今之所谓哀册，古诔之义"①。《周礼·春官·太史》："大丧、执法以莅劝防。遣之日，读诔。"此谓诔为遣葬日之所读，亦即后来的哀册之所本。《周礼·春官·大师》虽有"大丧、帅瞽而廞，作匶谥"之说，亦不过"廞"而作谥，更无所谓"南郊请谥"读册之

① 《太平御览》卷五九六哀策条下引《文章流别传》。

说。郑注以为：

> 人之道终于此，累其行而读之，大师又帅瞽廞之而作谥，瞽史知天道，使共其事，言王之诔谥，成于天道。

此乃以汉代的观念，注古代经文，不足为训。

那么，"称天而谥"之说，为何而起呢？以意测之，大概是由秦始皇废除谥法之后的一种反映。《史记》（卷六）始皇本纪：

> 二十六年……制曰：朕闻太古有号无谥，中古有号，死而以行为谥。如此，则子议父，臣议君也，甚无谓，朕弗取焉。自今以来，除谥法，朕为始皇帝，后世以数计，二世三世至于万世，传之无穷。"

始皇对于谥法的攻击，对儒家来说，可谓十分有力，因为以谥法而言，总逃不掉"子议父、臣议君"之嫌。在维持孝道及谥法的儒家，对于这一矛盾现象，自不能不思有以辩护之。

汉儒承秦废谥之后，为了解决此一矛盾，故创为"谥当由尊者成"，"贱不诔贵，幼不诔长，礼也。惟天子称天以诔之"之说[1]，汉

---

[1] 见《礼记·曾子问》。按《礼记》为汉儒所裒集之书，其所采的资料，均莫详其来源。其中虽保存了不少先秦的资料，但杂入的汉儒之说亦不少，如《曾子问》一篇，显系汉儒的依托。

代的公羊家又"以为读诔制谥于南郊,若云受之于天然"①。故《白虎通》说:"天子崩,臣下至南郊谥之者何?以为人臣之义,莫不欲褒大其君,掩恶扬善者也,故之南郊,明不得欺天也。"②但无论其作何种解释,似乎总在避免始皇"子议父、臣议君"的攻击,这是极为明显的。总之,此乃封建统治阶级的一种自欺欺人的鬼把戏,将其戳穿后,是值不得一顾的。

至于汉代"大丧"仪注中南郊请谥读册典礼的实行,大概要至西汉末年方能有之,迟则亦可到东汉初年,因为汉代的郊祀典礼,至成帝建始二年春方始"有事"于南郊,因至此时方用匡衡之议,于长安南郊建郊坛。不过当此以后尚时举时废,直至西汉末年,南郊之典方始固定。关于东汉建武郊祀之仪,均仿自元始,即可推知。在成帝以前,西汉的封建天子祀天有数处,但主要的则为到甘泉郊泰峙。所以南郊请祀之典,可能开始于东汉初年,不过自东汉以后,即成为历代封建天子"大丧"中的通制了。

不过,汉代的谥册是不入陵的,如梁刘昭补《后汉书·礼仪志》说:

……太尉进伏拜受诏,太尉诣南郊,未尽九刻,大鸿胪设九宾随立,群臣入位。太尉行礼。执事皆冠长冠、衣斋衣。

---

① 此语不见《公羊传》,只见"曾子问"郑注,故"正义"说:"按郑之时说公羊者而为此言。"
② 《白虎通》(卷一)论谥。

太祝令跪读谥册，太尉再拜稽首治礼告事毕，太尉奉谥册还诣殿端门，太常上祖奠……引太尉入就位大行车西少南，东面奉策，太史令奉哀策立后，太常跪曰进，皇帝进，太尉读谥策，藏金匮，皇帝次科藏于庙。太史令奉哀册苇篚诣陵，太尉旋复公位，再拜，立……

由此可知汉代的谥册在南郊由太祝令读后，返至柩前由太尉再读，读后藏于金匮，副本（皇帝次科）则藏于庙，均不入陵，而入陵者只是哀册。大概自汉至六朝均是如此。不过唐以前的陵墓到现在尚未有经过科学地发掘者，其实际情况如何，尚不得而知。谥册之入陵，大概始于唐。

按唐制，在荐车马明器时，同时须荐谥宝谥册，《通典》（卷八六）引《元陵仪注》说：

礼官一人引符宝郎一人，主宝二人，以赤黄褥案进，取谥宝。又礼生二人亦以赤黄褥案进，取谥册，礼官授之，并随礼官先诣册车安置。

此时不荐哀册者，因哀册尚未读，至"遣奠"时方读故也。《元陵仪注》在葬仪中言奠谥宝、谥册、哀册及玉币之次第甚详：

……梓宫降自羡道……龙辆既出，礼仪官分赞太尉礼仪史奉宝、册、玉币并降自羡道至元宫，太尉奉宝绶入跪奠于宝帐内神座之西，俯伏兴。礼仪使以谥册跪奠于宝绶之西，又以哀册跪奠于谥册之西。又奉玉币跪奠于神座之东，并退出复位……

由此可知在唐代谥册与哀册都是同入陵的。倘如南唐二陵发掘报告中所言二陵系仿唐制，则陵中一人应有二副册。由钦陵残存之玉册推之，亦实是四副册。

三

钦陵中共出有玉片二十三方（完整者十一片，残缺者十二片，另外缘残块五片未计在内），幸其背面多数刻有号码（此想系刻工惧其紊乱而刻上的），由之能够很容易地将其复原。李昪的册，由其上现在的册文观之，第一处至第十四片为谥册，共四十八简（每片三简相连）。此册比较完整，但报告中在复原时所添上的"月、日"，填上了葬日，是不恰当的。请谥及祖奠，应在遣葬前三四日或五六日不等，视当时的时日是否吉利为定。今所填者为葬日，是不相合的。

又残简"太坛……谥"三字，报告中原排在宋后的册中（87页），这似乎不大相合，因为"太坛"当然是指南郊的"坛"。《礼记》"燔柴于太坛，祭天也。"《陈氏礼书》说："太坛，南郊之坛也。"封建社会中是看不起女子的，女子的事只是"主内"，所以女性的谥号，只读册于祖庙，而不诣南郊。《白虎通》（卷一）说："后夫人谥，臣子共于庙定之"，即是以此①。又如《唐会要》（卷三）载元和十一年三月顺宗皇后王氏崩，初，太常少卿韦绹进谥议，公卿署定，欲告天地宗庙。而礼院驳之说："准礼，贱不得诔贵，子不得爵母，所以必谥于庙者，谥宜受成于宗庙。故天子谥成于郊，皇后谥成于庙。今请准礼。集百官连署谥状讫，读于太庙，然后上谥于两仪殿，既符故事，允合礼经。从之。"此处所言唐代皇后上谥的故事，颇为明白。韩熙载在南唐既号为习于唐代掌故，想不致将宋后的谥册读于"太坛"。又以残存三字来看，"太"字"谥"字均已顶头，若是册文最后上谥号的残字，则谥字上应有"尊"字，如上"尊谥某某"。今"谥"字既顶为，其上自不能有"尊"字，所以不能是最后上谥号中的文字，应是前面议谥中的文字。所以此三残字似应为李昇谥册中的残字。但应排在何处，因其太残，现尚无法排上。

图版一三二（2）有原编号"上八"一片，报告中亦将其编入宋后的谥册中，并为之解释说（87页）：

"禋祀严配"一语，更为明显，"配"是指死者的配偶，"严"表示男性。和李昇合葬的女性，除他的妻子宋氏外，更无他人。如马令陆游的《南唐书》都说宋氏是祔葬于李昇的陵墓中的，所以我们肯定第二函哀册是宋氏的哀册……

① 《后汉书·礼仪志》：太皇太后、皇太后崩，司空以特牲告谥于祖庙……

说袝葬的为宋氏，及宋氏亦有"册"，这是正确的。不过以"上八"为宋氏谥册中的简，及对"禋告严配"一句的解释，则是大有问题的。

按"禋告"、"严配"都是专门的名词。"禋"即是"禋祀"，禋祀是封建天子祭天的专名。《周礼·春官·大宗伯》："以禋祀祀昊天上帝。"《汉书·礼乐志》："恭承禋祀温豫为纷"，都是指祀天而定，"禋告"即是"禋祀告天"之意。"严配"是指以祖配天。在封建社会的观念中，以为"人之行莫大于孝，孝莫大于严父，严父莫大于配天"，①这即是"严配"之义。如《头陀寺碑》："祖武宗功之德，昭升严配②。"《旧唐书·礼仪志》："封禅之际，严配作主"，《宋史》乐章："昊天盖高，祀事为大；严配皇灵，亿福来介"③，皆是此义。"严配"也即是"祖配"。《晋书》（卷十九）礼志："设坛场于南郊，柴燔告类于上帝，是时尚未有祖配。"按"柴燔"亦即是禋祭。又《金史》（卷三九）乐章说："赫赫上帝，临监禋祀，居然来歆，昭答祖配"等皆是。所以，"禋告严配"一语，决不能作报告中的那样解释，也决不能是宋氏册（无论是哀册或谥册）中的简。这一片的全文为"禋告严配，诚动于穹厚，符瑞□出，戎狄屡□……"大意即是"用禋祭告天，以祖宗来配享。诚心感动了天地。所以符瑞也出来了，戎狄也屡来朝贡（或宾服）了……"像这样的话，怎能施之于宋后？

---

① 《孝经·圣治章》。
② 《文选》（卷五九），王简棲：《头陀寺碑》。
③ 《宋史》（卷一三二），《乐志·郊祀》。

　　此一片应该是李昪谥册中的简，因为这与李昪的谥议中所谓李昪中兴唐室，应称"烈祖"的议论是相合的。他如《钓矶立谈》论宋齐丘说："宋子嵩以布衣于烈祖，言听计售，遂开五十三州之业，宗祀严配，不改唐旧，可为南国之宗臣矣。"此处之"宗祀严配"亦同是此意。

　　从残存的谥册的文义上说，也是贯通的。谥册文首言"高祖开基，文皇定业……"。这是叙述李昪"祖德宗功"的开始，高祖自是指李渊，文皇是指李世民。第三片下有"……安既以久，寝盗易兴了奸雄……"，这似乎是言唐祀的中坠。"禋告严配"及第六片（上）之"九庙夷而再立……"是说李昪的中兴唐室。自文义上讲，是首尾相照应的。

　　不过有一问题，即此片原编号为"上八"，而"下八"当存在，两片的文意不能衔接，而"下八"与存在的"上九"文义却能相属，故原"上八"的编号必定有误，此或为报告中致误之由。以文义言，原"上八"应为"上四"或"上五"而以"上五"为最相合，因为文为骈体，再添上六字一句，即可以与下文"九庙夷而再立"相衔接了。但无论如何，报告中对"禋告严配"的解释是不正确的。

　　玉片自第十五起至第二十止为哀册，共十八简。此册十七片之下段，十八片之上段上半，下段上半，十九片之上段，二十简之上段，均残存，所全缺者惟第一片及第二片。又图版第一三一，一、残片，在报告中误排入宋后的哀册中，是不太合式的。此片应为李昪哀册的第二片（原编号当为第十六片）的上段的残片。因其上段所刻之

"……钦陵礼也，钟鸣……"云云，为哀册文中叙年、月、日以后开始的文句，若将排入宋后的哀册文中则不相合，因宋后哀册第二片的下段当完全无缺，因为书册例须"抬头"的关系，与以下的文句不能相接，自不能是第二片的上段的残块。若将其排为哀册第一片的上段，则前又无书"年、月、日"的玉片，所以绝不能是宋后哀册中的残简①。若是将排入李昪哀册的第二片中，则恰恰相合。

宋后的册太残缺，哀册只存第二片的下段，谥册只剩第九片的下段。以册的体例推之，大体上可认为第一片至第六片为哀册，共十八简（六片）。第七片以后为谥册，可能有二十七简（九片），九片下段以后全缺，故确数不得而知。至李璟陵中的册，仅残存十四小片，三十余字，无法推其全，只能说其有哀册及谥册而已。

四

钦陵的玉册，每三简合为一片，刻栏以别之，又分为上下两段。此大概系因合规格之大玉不易求，故为此种办法。不过以其尺寸言，则与唐代的玉册制度不大相符。

按玉册系仿竹册而来，而竹册则古有定制。大者长二尺四寸，短者半之为一尺二寸，再短者三分之为八寸，最小者四分之为六寸。

---

① 按"钟鸣……"云云，自不是用"钟鸣漏尽"的典故，所用者当系"山崩""钟鸣"之事，方合乎封建帝王的身份。此亦非宋后之所能当。

简的宽度于古似无定制，大概以能书一行或两行为率。编册时一长一短相互编连以成册，此乃古代册书的通制。玉册既仿自竹册，亦应大体与之相似。

现在所发现最早及最完整的玉册，当推辉县固围村第一号战国大墓中所出玉册①，其玉简长22厘米，宽1.2厘米左右。以周尺及汉尺度之，大体上约为一尺二寸左右。因玉简不比竹简，绝难有二尺四寸的大玉。册上的文字大概是漆书或朱书，可惜全部剥落，不能知其作何用者。汉代的玉册制度现在当无所知，武帝及光武的登封仪注，均用玉牒玉检，而不用玉册，此后关于玉册的制度更无所闻。至唐代贞观中议封禅的仪注时，有玉牒玉检，而亦有玉册。《唐书·礼志》说：

> "封禅之祭，严配作主，皆奠玉策，肃奉虔诚。今玉策四枚，各长一尺三寸，广寸五分，厚五分。每策五简，俱以金编。"

房玄龄等所议之一尺三寸的玉册，想系仿照玉牒为主，或者是以封禅大典而特别加侈。不过贞观时所议定的仪注，只议而未行，至高宗麟德二年又拟登封时所定之玉册，长为一尺二寸，广为一寸二分，厚三分，并刻玉填金为字，金绳连编。后来玄宗登封时，所制的玉册，亦系依干封之旧。大概自此以后用玉，宋代玉册皆用长一尺二寸，宽一寸二分的玉简，此于《宋史》礼志、舆服志，《宋会要辑稿》及《文献通志》等书所记载的宋代策封及陵中玉册的尺寸可证。

---

① 　见《辉县发掘报告》，80页。

而王建墓中的玉册，亦与此尺度相合（即以本身证本身，宽度为宽长度的十分之一）。今钦陵玉册全长23厘米，宽32厘米，长宽之比约为14：1，与唐制玉册的体制不尽相合。纵然封建天子的丧葬大典虽可加侈，但亦不能超过十三寸之简。大抵偏安局面，其制度往往不合于当时的规格。

报告中说："最前还有两片，刻着某某皇帝哀册或谥册一行字。"若最前倘有此空简的话，按宋制应称为"幖首"，其上画金甲武士或云、龙作捧护之状，不应刻文字。不过唐制不一定有此。以我的看法，钦陵中的玉册不应有"幖首"，其石函中空余的地方，应为置册匣用的。因为册必有厘，石函中应置两个册匣以盛册。报告（82页）中说："它们（指册）大多数散乱在后室东南偏南侧室的砖台上下，并且粘附着添及淤土，其中带有漆皮玉哀册还粘在一件不规则形状的大铁块上。"报告中以为这些漆皮是石函盖漆板的残片，不过我以为石函不应木漆盖，石函实际上也不是石函，只是石盘，其中置盛册的漆册匣，漆皮应为册匣上漆皮残片。

我们须知，陵中用玉册，只始于唐代，自汉至唐以前陵中仅用竹册，此事于汉代记载中虽未载，但于《晋书》（卷五一）《束晳传》可以见之。《束晳传》说：

> 时有人于嵩山下得竹简一枚，上两行科斗书，传以相示，莫有知者。司空张华以问晳，晳曰：此汉明帝显节陵中策也。检验果然，时人优其博识。

由此可知东汉时陵中是用竹策的，大概历魏晋至隋皆系用竹策，《隋书》（卷九）礼仪志（四）说：

> "诸王、三公、仪同、尚书令、五等开国、太妃、妃、公主恭拜册，轴一枚，长二尺，以白练衣之，用竹简十二枚，六枚与轴等，六枚长尺二寸，文出集书，书皆篆字。哀册赠册同。"

此言"哀册赠册同"，是知梁、陈、隋三代陵中之策，尚以竹为之（因《隋书》的各志，所言都是兼梁陈隋三代而言的），其简一长一短，亦尚未变古制。唐代陵中用玉册，史失于记载，不知始于何时，不过《旧五代史》（卷一四三）礼志中有说：

> 广顺三年十月，礼仪使奏，郊庙祝文礼例云：古者文字皆书于册，而有长短之差。魏、晋郊庙祝文书于册，唐初悉用祝版，惟陵用玉册。明皇亲祭郊庙，用玉为策。德宗朝，博士陆淳议，准礼用祝版，祭已燔之，可其议。

此处说"……唐初悉用祝版，惟陵用玉册"，大概陵中开始用玉册，系起于唐初，但亦不知起于唐初何时。《唐会要》（卷二）帝号杂录中载："大历十四年七月，礼仪使吏部尚书颜真卿上言：高祖至肃宗七圣，庙号尊号文字繁多……请自高祖以下，悉取礼谥为定……而兵部侍郎袁傪，官以兵达。不详典故，乃上言陵庙中玉册既刊矣，不可轻改，遂罢之。俭曾不知陵中玉册，实记其礼号，后虽追尊，而册文如故。"此似乎言唐代的历代帝王陵中皆用玉册。总之，自唐以来，陵中无不用玉册者。

陵中的册，均为"歌功颂德"之文，文辞冗繁，故需简甚多，而册甚长，如求能如制度大小及如此多之纯玉，往往不易得，故钦陵中的册，以上下两段为一简，想亦是不得已的办法。不过如此的巨制，在唐宋时多不用纯玉而用珉玉（即较细密的白大理石类），宋时且著为定制。李璟陵中册则系用珉玉，一条为一简，但残毁过甚，不能见其制度。又唐以前陵中之册，均用篆，至唐始用楷书，二陵中的册均为楷书，亦系循唐制。

五

谥宝为封建帝王陵墓中必备的法物，今二陵中未发现有谥宝，想为盗墓者所取出。报告中图版一三五，第一、二号有三残片，一为楷书"号之宝"，一为篆书"元"字残片，一为篆书"后"字残片。报告（90页）中解释之说："第二函哀册有'元''后'两字两片，大小厚薄均相同。字体也一样（都是篆书），我们认为应是有'元宗光穆皇后'一词的哀册的残块。'号之宝'那片哀册也可能与此有关。"即以为是李璟之后钟氏哀册上的残片。但从文字、字体及大小等来看，这是不可能的。自其形状来看，大概是谥宝盝上所粘玉板剩留下来的残块。

"号之宝"，"宝"字明明系指玺印而言。其全文应为"某某皇帝谥号之宝"。按秦以前，玺印为通称，至秦汉以后，始天子独称玺，故汉卫宏《汉旧仪》说："秦以前，民皆佩绶，以金、银、铜、犀象为方寸玺，各服所好。汉以来，天子独称玺，又以玉，群臣莫敢用也。"汉以后玺为封建天子印章的专称，其称宝者，始于唐武后时。《新唐书》（卷二四）车服志说："至武后改诸玺皆为宝。中宗即位，复称玺。开元六年复为宝。天宝初，改玺书为宝书。"自是之后以至清代，封建天子的各玺均称为宝。唐代后雅陵中的谥玺，亦均改称谥宝，如前蜀王建墓中的谥玺，亦刻为"谥宝"，是其证。此"号之宝"残块，当然不是宝的本身，因谥宝例须用篆。自其形状看，很可能是"宝"盝上所嵌的玉片上雕字。

又"元"与"后"两残字，作为钟后谥宝的残片，则太大、太薄，因为"宝"绝不能有如此之大。亦当然不是策中的残块，因唐代陵中的册均用楷书而不用篆，且字体太大，与册制不合。以意测之，亦当为钟后谥宝盝上玉片刻字的残块。

（原载《考古通讯》1958年9期）

自东西文化的交流上看敦煌艺术

　　近世以来，在我国有两种极大的发现，影响中国的学术思想至大，一为殷墟的甲骨，再为敦煌的经卷与绘画。此二者均同一年发现（清光绪廿五年），现在已皆成为专学，它们将来在学术上的影响要达到什么程度，现在尚不能预测，因为此二者（甲骨学与敦煌学）的研究，可以说方才发轫，将来的发展，是未可限量的。

　　敦煌经卷的研究，在我国及世界学术界中已经发生了极大的影响，但兹题甚大，研究者亦多，我们不能在此处讨论。现在我们只能就敦煌的艺术作品在东西文化交流上的价值，稍加说明，就可以明瞭敦煌发现的重要，及其正待国人急起研究。

　　敦煌的写经及画卷，已十九流诸国外，现在促存于敦煌的，惟塑像与壁画。但就壁画一项而言，已足够我们研究了。因其量数之富，保存之多，举世实罕其匹。前匈牙利地学会会长洛克济曾言：

"洞中壁画雕刻之富，冠绝东方。"实非虚语。

我们平常看敦煌的艺术，只觉其富丽瑰玮，为我国佛教艺术史上所放的一种异彩。但是我们若只以艺术的眼光去看敦煌作品，实未明瞭敦煌艺术的真实价值。因为它实代表一千多年中（公元四世纪至十三世纪）东西交通的最忠实记录，举凡此一千年中我国文化中的变革，东西文化交流的盛衰，西方文化对于我国文化影响，莫不可于此中窥其端倪。要说明这一点，我们需明瞭当时东西文化的状况如何。

在古代，葱岭以西的文化，有四大中心。一为两河间的米索波大米文化，亦为世界中最早的文化中心；再为尼罗河流域的埃及文化；三为中亚阿母河与西尔河流域的伊兰文化；四为印度斯河及恒河流域的印度文化，此四大文化中心，自亘古以来，即互相影响，互相竞争，终而互相融合。此四大文化中心，亦与葱岭以东的汉文化相影响，不过在秦汉以前，此种影响，多为间接的。

公元前四世纪之前叶，亚历山大王崛起于马基顿。征服东地中海诸地，于是乃长驱而东，侵入中亚，灭波斯，入巴克特里亚，转而南下印度、葱岭以西诸国，尽入其版图，建立空前未有的大帝国。但自公元前三二三年亚力山大王卒于巴比仑后，其部下大将塞留卡斯即自立为叙利亚王，即中国史书中之条支，君临亚力山大王所征服的亚洲诸地，时为周赧王三年。至塞留卡斯之孙时，巴克特里亚守将狄奥德斯，自立为巴克特里亚王，据有今阿母河流域西岸诸地，时为公元前二五五年也。巴克特里亚亦即史记中所言的大夏。

亚历山大亦与现代的帝国主义侵略者相同，想造成一"大希腊主义"。故凡征服之地，皆遍设城镇，移植希腊人以居住之。所以自爱琴海而东，横贯小亚细亚，叙利亚，两河间，以至大夏，皆密布希腊式的城镇。不过葱岭以西之四大文化，反得藉亚历山大王之力而融贯之，荟萃其精华于大夏。

当此时，居于敦煌祁连间的月氏，为匈奴所逐，其中之一大部分，遂西击大夏而臣之。史称大月氏。其后又征服高附、罽宾，及北印度诸多地，建立后汉书中所称之贵霜王朝。贵霜王朝迦腻色伽一世时，定都于今塔克西拉（即西域记中所言之呾叉始罗城），至迦腻色伽二世时（公元二世纪），宣扬佛法，不下于阿育王，因而举国上下，奉佛若狂。当时的健陀罗（即今之伯绍阿），实为大月氏的政教中心，其寺塔的建筑，佛像的雕刻，为当时之冠，特别其佛像雕刻，即为后来所称的健陀罗艺术。而健陀罗艺术实融合西腊波斯印度的美术于一炉，成为佛教艺术史中所称的"希腊印度"或"希腊佛教"作风，在佛教艺术中开一新纪元。后来传至中国佛教美术，亦深受健陀罗艺术的影响。

在中国方面，汉武帝将匈奴逐出漠北，打通了西域的通道，东西的交通，于是乎大畅。其后佛教因之东来，与其相连之佛教艺术，亦随之以俱来。魏晋南北朝之间，中原云扰，汉族文物，局促江左，然而东西文化的交流，反较前而更盛，如洛阳伽蓝记所载："自葱岭以西，至大秦国，百国千城，莫不欢附，商胡贩客，日奔塞下，所谓尽天地之区，已乐中国土风，因而宅者，不可胜数。"汉人之西出经营者，想亦不下于此。至于佛教方面，远自魏晋间西域的沙门，优婆塞，即以相率来中国宣扬佛法，翻译经典；中国的僧徒，亦多赴西域或印度请求经典，或巡礼圣迹。在此种东西交通频繁上，敦煌的伟大遗迹，于是产生了。（据记载敦煌佛洞开始凿于公元四世纪之中叶，约当三五三年间）

至唐统一中原，国力之盛，远迈前古，西域诸国，尊唐天子为天可汗，使节往来，络绎于道，商业的交通，更为繁盛。而敦煌的艺术作品之盛，亦至此时而达顶点。因敦煌为天山南路东西交通的枢纽，军事上及商业上的要冲，同时亦为东西佛教的连锁。因此，凡是往西域作官者，经商者，或僧侣求经礼佛者，至此则出国门，大都在此许下心愿托佛护佑，如能平安而返，或满载而归，大者凿于大洞，少者凿于小洞，最小者亦写经卷。因之敦煌作品的盛衰，亦实代表当时此路交通的盛衰。例如自宋元而后，东西的海上交通大兴，西北陆路交通，几于废绝，敦煌的作品，亦因之而完全停止了。所以说，敦煌的盛衰，实为自南北朝以至宋元一千余年中东西文化交流上的寒暑表。

敦煌壁画的内容，至为繁富，实觉令人有目迷五色，应接不暇之感，其题材多出于佛传和本生记，及描写极乐净土境界与观世音等，此为代表当时的佛教信仰的趋向，大概是无可疑问的。但此外关于供奉人像，与夫当时风俗的描写，均为研究文化变迁的无上材料。例如伯希和编第一一七号洞中竟画有五台山全图，自太原府城起，以至金山寺塔，伽蓝、灵迹，均一一为之详绘，由此可知道唐宋五台山的情景，这是何等宝贵的历史材料啊！但敦煌壁画所描写者，并不只限于汉族风俗,因为是时的敦煌,处于东西交通的十字大道上,成为东西文化的沟通及"华夷杂处"的重镇,洞中所绘的景物,所谓"梵相胡风"者不一而足,又代表东西文化的混合,例如,斯坦因说:"这些故事画中有很自由的风景画作背景,中国式的建筑,人物大胆的动作同写实的意味,很明显的表现一种中国作风。优美而舒卷自如的云彩,花卉图案,以及其他装饰,作风都是一样。"但是所有主要的神像,以及环绕的菩萨尊者,像貌庄严,构图形式繁复多端,而从中亚传来的印度型式仍很清楚。希腊式佛教美术中所展示的神圣风习,虽在绘画以及着色的技术方面掺入了中国式的味道,仍然保存于佛教菩萨以及尊者的面貌鼻部以及衣褶之中。此种东西艺术混合的作风,岂非研究西域与中国文化交流的重要线索!

敦煌作品在艺术上的价值,早为世人所共知,我们不敢妄加菲薄。不过敦煌的作品,尚有其更大的学术上的价值,其重要性实远非艺术一项之所能比拟。我们若只以一张富丽堂皇的画视之,实是低看了敦煌的作品了。好比说,我们若只以书法眼光看敦煌的写经,是间,其价值又有几何?我们看敦煌画的人,这一点是不可不知道的。

简略的说来,敦煌的作品,实将从六朝历隋唐以迄宋元千余年间的东西文化交融的实况,用绘画的方法,很生动的保在这里,这是何等伟大的宝藏!

(原载四川省美术协会编:《敦煌壁画展览特辑》,
西南印书局,1944年,第16—22页)

敦煌石窟与流沙坠简——边疆问题讲座之三

公元一八九九年（清光绪二十五年）中国学术界同时有两大重要的发现，一为殷墟的甲骨，一即敦煌石窟的经卷及绘画，其裨益于中国古代文化的研究者至巨。

自张掖酒泉出玉门再经安西就到了敦煌。敦煌在秦时称为瓜州。汉武时始设郡。敦煌自古即为东西交通上之要道，实中国西方之门户也。

耶稣纪元前，世界上有五大文化中心：（一）美索不达米亚文化，（二）埃及文化，（三）印度文化，（四）伊朗文化，（五）中国文化。前四者均在葱岭以西，历来即相互联系，相互影响。公元前四世纪之前叶马其顿王亚历山大（Alexander）曾征服了此大文化中心区，创立了当时空前的大帝国，每至一处，并建立希腊式之城镇。公元前三二三年亚历山大卒于巴比伦后，其帝国析而为三：（一）其孙安提哥纳斯（Antigrus）治理马其顿与希腊。（二）公元前三〇七年塞留卡斯（Seleucus）自立为叙利亚王，汉称之为条支。（三）公元前二五五年巴克特里亚守狄奥特司，自立为巴克特里亚王，汉称之为大夏。

汉文景时，大月氏为匈奴所败，乃越葱岭灭大夏而臣之，其后更征服高附罽宾及印度西北等地，即后汉书中之贵霜王朝。至迦腻色迦第一世时，定都于今之大格西拉（即《（大唐）①西域记》中之呾义始逻城）。迦腻色迦二世时，政教中心转移至健陀罗（即今之北杀阿）。迦腻色迦二世崇信佛教，举国从之如狂，佛教艺术于斯时为极盛，其艺术亦可所混合希腊、印度、波斯于一炉而冶之。

东方之中国，自汉武帝逐匈奴于漠北后，东西交通于是乎大畅，佛教亦随之传入。至魏晋南北朝时，虽中原之衣冠南渡，而东西之交通，却并未因之而衰，反而益盛，如《洛阳伽蓝记》所言："自葱岭以西，至大秦国，百国千城，莫不款附，商胡贩客，日奔塞下，所谓天地区，已乐中国土风，因而宅者，不可胜数。"于此可见一般。汉人至西出经营者，想亦不下于此。

至于佛教方面，远自魏晋间，西域的沙门优婆塞，即相率来中国宣扬佛法，而中国之僧侣亦多往西域或印度求经，或巡礼旧迹。唐统一中原征服西域诸国，东西交通，至为频繁，西方各国需用中国之丝与纸张，敦煌即为此时一大交通要地。逮宋元以后，海上交通渐盛，西域不复为东西交通必经之地矣，明后陆上之交通，愈日以

---

① "（大唐）"二字系整理者所加。

衰矣。

在河西走廊的西端，千里沙迹的中间，远古的时候，有过一道洪流，自昆仑高原，经过三危山的南麓直奔向东北，经过若千万年的冲刷，在戈壁中冲成一道又宽又深的河床，河床现在已经干涸了，只剩一溪细流，此即寺后之大河，史牧宕渠者，流着饱含咸汁的苦水，就在这河床一岸，高耸断崖上，就是敦煌石窟了。

所谓千佛洞，距敦煌南约四十里，西接沙鸣麓，东望三□①山，其地初名莫高山，故又有莫高窟之称。窟东向，壁立十余丈，长一里许，林木葱郁，流水间环，此外则石碛黄沙，逆风蔽天，不见茎草，故此地实为沙漠中一沃原也，昔晋司空素靖题壁于此，号为仙岩，幽会之胜，在晋已然矣。

相传前秦建元间有沙门乐传，当杖锡林野，行至此山，忽见金光，状有千佛，因造窟一龛。次有法良禅师，从东至此，又于僧（？）②窟更加营造。莫高窟之造，实滥觞于此二僧人也。

元后，石窟渐废，蔽于风沙，颇多毁坏，少为人知。清光绪末，有道士王圆箓者至此修庙，拟将石窟之壁掘通，无意中发现经卷，将作废纸售出，敦煌县长汪宗瀚尝搜集之，甘肃学台叶昌炽亦购买甚多，旋□③议于藩台衙门，拟将窟中经卷收为官藏，然以需运费五六千两银而作罢。

---

① 原文模糊不清。
② 原文模糊不清，此字系整理者据字形笔画隶定。
③ 原文模糊不清。

光绪三十三年，斯坦因（Stein）至西域考古，闻讯至敦煌，以五百元贿王道士，于□①间往搜集经卷三千余卷，残者六千余卷，装二十余大箱，又佛像及绣品五箱，运回伦敦，藏于伦敦博物馆，世界大震。次年法人伯希和（Pelliot）亦至敦煌盗得（？）②经卷一千五百余卷，携返法国，藏于巴黎国家图书馆。清政府旋下令将敦煌经卷尽藏于敦煌县府。民国三年，斯坦因二次至敦煌，王道士又私售与六百余卷，计五大箱。余存之八千余卷，后乃运（北）平③，现藏于北平图书馆，但精华已为外人盗去矣。

敦煌石窟所藏部门至广，殆不止壁画佛像而已，所藏经卷，计手抄本之佛经、道经、儒家经典、史籍、文学等皆有之。石窟所出之《韵书》，可知唐韵另有系统，由此可推知六朝及秦汉之音理。石窟中之《尚书》，当以《尚书》隶古定本为最重要，他如《论语黄侃疏》、《尚书王肃注》等亦为重要发现。《尚书》自卫包改定今本后，唐以前之本久已不存，宋人偶有能见者，已为凤毛麟角矣。至道经纸张书法之考究，可见唐代之特重道家。从所藏之史籍中，更可考见唐代官制与制度，可补唐书记载之不足。其他更有维文、梵文、藏文等文字，可供史家及语言学者之参考。至于绘画之富丽堂皇，佛像之精巧，均臻上乘。总之，自北魏至宋，中国之文化史、绘画史、中西交通史，均可自敦煌石窟以知其详。陈寅恪先生称之为敦煌学，实深有

---

① 原文摸不不清。
② 原文模糊不清，此字系整理者据字形笔画隶定。
③ “（北）”字系整理者所加。

所见也。

流沙坠简即汉晋之木简，先后有两次发现。第一次为斯坦因所发见，其地有三：（一）敦煌西北之长城，（二）罗布淖耳北之古城，（三）和阗东北之尼雅城及马咱托拉、拔拉滑史德。仍以敦煌发现者为多，计达千余片，法沙畹（Chavannes）曾考释之，罗振玉与王国维亦曾合著《流沙坠简》一书，以考证之。第二次为民国十九年中法合组之西部考察团在居延所发现，计达万余简，劳贞一着有《汉简考释》六册，考证甚详。

汉简之发现，在中国史学中，增加了很多重要的材料，其可考见当时之情形者甚多，罗振玉之《绥远汉简考释》与罗王合著之《流沙坠简》均尝言之，此一新的学问，前途无限量也。

（原载《西方日报》1948 年 5 月 2 日第四版

《中国边疆》副刊第十一期）

元八思巴蒙文圣旨碑发现记

民国二十八及二十九年间（1939—1940年），成都因空袭严重，于是大辟城门，以便城内居民临时疏散，旧有之四门，亦将其拆除扩大，以免疏散时拥挤。在此种拆毁城垣之中，发现古代之残碑甚多，甚有发现蜀石经者。以四川大学博物馆所收集之残碑而言，即已不下数十种，其他之未经收集而毁弃者，尚不知有几许也，因历代修筑城垣，需石甚多，而成都附近，无石矿可供采取，工人为就地取材计，故凡城垣附近之碑版，当时之被视为无用，或无价值者，咸辇之以筑城，此乃此次辟城门时所以发现残碑之多也。

民国三十年（1941年）春，老南门口，尚余有拆除城门未运走之石块数大堆。余一日自其处经过，见一石块涂满白垩，其上隐约似有花纹，稍拨而视之，似有文字，但颇奇特，非藏文亦非回文，因成都近康藏，又多回教徒，碑版中颇多刻此二种文字者，故是时有此种猜想也。当命工人辇回旧皇城本馆中清理。

在另一石堆中，尚有此碑之碑额，其上亦涂满白垩，不过"圣旨"二字尚隐隐可见，为楷书，大约五寸见方。其上所刻之花纹似甚精，因白垩过多，亦不能辨其为何种花纹也。此额约当此残碑之三倍，非普通车辆之所能胜，于是转请南门所驻扎之军警，代为保护，俟数日后人夫（约需十余人方能搬运上车）大车雇齐后，再往搬运。但数日后再至其地时，此碑额已早为人运走矣。此碑额若为收藏家闻而运走，或者尚在天壤间，不然其迨已毁于石工斧凿之下矣。当时曾在各石堆中找寻其他残段，但未有所发现。

在馆中经技工将白垩去尽后，发现其另一面尚有汉文，始知其为元碑。因其字有类藏文，此时意度其或为八思巴所造之蒙文国书也。因非研究此道，此时不过为一种猜测而已。因急拓一本以示韩鸿庵先生，韩君一见大喜，以为此或为天壤间仅存之八思巴蒙文碑也，因托其代为考释。

此碑现在之所存者，为其最上一段，高为六四公分，宽为一二八公分，厚二九公分，上有长方形孔穴二，宽约八公分，长约十公分，所以受碑额者。自此残段之形式观之，此碑原高至少有二公尺以上，故今所存者，不过原碑五之一而已。

碑之另一面为汉文，仅存四十余字，均为每行首三四字，故文义不相联续。韩君据译文以为系青羊宫之碑，实不知汉文中已有"圣朝宠锡青羊宫……制旨谨勒坚珉将以昭……"之语也。又其中有"太上""玉女""老子""西过"等语，似为述老子之事，而非元文之直接译文也。此汉文之字体，与四川博物馆在老西门所发现之成都万户府记碑系出一手，书法挺秀，有类北海，但不知出诸何人之手迹也。

此碑系敕立青羊宫之碑，自无疑问。不过此碑系何时被毁以充老南门之建筑石料，当为待考定之问题也。按成都自秦张仪筑城以后[①]，至于隋唐，历代皆有修葺，但城之范围均甚小，至唐僖宗时，高骈筑罗城堰縻枣，阻锦江绕城东北流，城垣增大为周二十五里，高二丈六尺，外又绕以高堤二十六里，成都城垣之范围，始具现在之规模[②]。至宋程戡[③]、卢法原、王刚中[④]、范成大等亦均有修葺。但唐以前之城垣，均系土城，高骈始稍易以砖甓，《新唐书》（卷二二四下）高骈传：

> 蜀之土恶，成都城岁坏，骈易以砖甓，陴堞完新，负城丘陵悉垦平之，以便农桑。[⑤]

余曾察视现在所辟临时疏散等缺口，往往于版筑土中见有矮小之砖

① 按秦城至南宋时尚有存留者，李石《方舟集·学府十咏》自注："秦城张仪司马错所筑，自秦惠公乙巳岁至宋绍兴壬午一千四百七十八年，虽颓圮所存如崖壁峭立，学舍一奇观也。"又相传明藩邸前之照壁（俗称红照壁今有红照壁街），即秦城之遗。按红照壁距学宫不远。
② 见唐王徽中和四年所作之《创筑罗城记》。
③ 《宋史》（卷二九二）程戡传："守益州者，以嫌多不治城堞，戡独完城浚池自固，不以为嫌也。"
④ 王刚中帅蜀，有惠政，而史不言其修城事。《宋史》（卷三八六）王刚中传言："成都万岁池，广袤十里，溉三乡田，岁久淤淀。刚中集三乡夫共疏之。累土为防，上植榆柳，表以石柱，州人指曰，王公之甘棠也。府学礼殿，东汉兴平中建，后又建新学，遭时多故，日就倾圮，属九县缮完，悉复其旧。葺诸葛武侯祠，张文定公庙……"刚中既能兴建此类不急需之工程，以当时外患之切，其修城，当亦意中事。
⑤ 王徽《创筑罗城记》中亦有"甃壁涂墍，既丽且坚"之语。

墙，此或系唐城也。雍正修《四川通志》（卷四）言"明赵清甓以砖石"，似未深考。

　　元以后，成都城垣之修葺，约可分为两时期，一为明初，再为清初。明初之修葺，据天启间所修《成都府志》中《成都记》所载[1]：

　　　　洪武十一年封第十一子椿为蜀王，国成都，都指挥赵祥砌成都砖城[2]。

其后"宣德三年十月总兵都督陈怀浚修成都隍池"。清康熙二十五年所修《成都府志》所载略同，盖康熙府志所根据者全为明志，不过削其中之《成都记》而已，其他则别无可考。

　　明末张献忠据蜀，其出走时尽夷成都及附近各县之城垣，《明史》（卷三〇九）流寇传：

　　　　献忠尽焚成都宫殿庐舍，夷其城。

又同治《成都县志》言：

　　　　崇祯末，流贼张献忠乱蜀，王祥曾英合兵讨之，贼大惧，

---

[1]　此书现藏美国国会图书馆，刊刻至精。

[2]　按《明史》（卷一一七）蜀王椿传："洪武十一年封，十八年命驻凤阳，二十三年就藩成都。"

决计走保宁，尽夷成都城，隳墙垛。

其他私家记载乱后之成都景象者甚夥，如王沄《蜀游记略》云：

城中茅舍寥寥，询其居民，大都秦人矣。

此康熙十年也。方象瑛于康熙二十二年入蜀，而犹未稍复，其《使蜀日记》云：

蜀周五十里，异时人物繁富，号锦城。张献忠据蜀，已去之秦，尽烧公私庐舍，屠其人凡数十万，自浣溪至新津，尸山积，水为不流。今通衢，瓦屋百十所，余皆诛茅编竹为之（茅屋皆松潘苗人造，每冬月苗人[①]携妻子至各郡县，营工给食，妇女能负重，子女帽覆顶，嵌以蚌壳）。西北隅则颓墉败砾，萧然惨人。其民多江楚陕西流寓，土著仅十之二耳。

由此可见成都受祸之烈，及当时之荒凉景象也，故清初收蜀之后，不得不大事修建也。

清初成都城垣之修建，曾有三次，第一次为康熙初年巡抚张德

---

① 按此处所言之苗人，乃羌人也。羌人届冬入蜀为佣，自汉时已然。《后汉书》（卷一一六）冉駹夷传："夷人冬则避寒入蜀为佣，夏则违暑返其邑。"又《华阳国志》（卷三）汶山郡："夷人冬则避寒入蜀，佣赁自食，夏则避暑返落，岁以为常。"是也。蜀中清初以前无苗人，有之亦不为佣也。

地，布政使郎廷相等之培修，康熙二十五年《成都府志》（卷五）言：

> 成都府城池，即会城，大城创于张仪，少城筑于杨秀，罗城增于高骈……明赵清螯以砖石，陈怀复浚池隍。明末甲申献贼毁坏，大清康熙初，巡抚佟凤彩[①]，张德地，藩司郎廷相，臬司李翀霄，知府冀应熊，共捐赀，俾华阳成都两知县，张行，张暄督筑完固。

据《四川通志》所载，此次所修，墙高三丈，厚一丈八尺，周二十二里三分，东西相距九里三分，南北相距七里三分，此则现在成都之规模也。故成都人往往称"九里三分"之成都，盖以此也。

是后清雍正五年巡抚宪德亦曾增修，乾隆四十八年总督福康安奏请发帑银六十万两彻底重修，成都城垣之有今日之壮观者，盖以最后一次之重修也。

清代之三次修葺，大概均系规模原来之明城，而将城垣加强。如《四川通志·政绩（八）》言知府冀应熊，"赞巡抚张德地，定经制，修举废厥，气象蔚然一新"。冀当系王渔洋《蜀道驿程记》中之冀君，该记言："九月二十五日发成都……巡抚罗中丞祖道万里桥前，成都冀君所修，榜曰万里始此……"冀为河南举人，康熙六年任成都府知府，渔洋入蜀，则为康熙十一年也。

---

① 据《清史稿》（卷二七三）佟凤彩传：（顺治）十七年擢四川巡抚。四川经张献忠乱，城邑残破，劝官吏捐输，修筑成都府城。

按成都城垣之大事修葺，其可考者，虽在清初，但圣旨碑之被毁以筑城，想不致在清初，而当在明初，因明初之毁元代之圣旨碑，亦为势有必然者。明赵清之修城已不可考，据雍正《四川通志》（卷三二）职官类言于洪武中任成都都指挥使，其他不详，《明史》亦无传[1]，修城之事亦无其他记载。如曹学佺《蜀中广记》，于蜀中掌故，搜罗至富，亦无一字及明初修城之事也。

明代成都之城垣如何？现虽无从得知，但以现存之明蜀藩邸推之，亦必甚壮伟。成都蜀王藩邸，踞成都城之中心，面积五百余亩，方形，而南北略长，建筑极为宏伟，俗所呼为皇城者是也。皇城城垣于民国七年（1918年）始行拆去，但至今尚有存者，今皇城坝之城洞是也。其他部分之砖石虽已完全拆去，而版筑尚多有巍然屹立者。如现残存之城洞，高几及十公尺，厚二十二公尺余，其原来城垣建筑之伟大，于此可见也。

明蜀藩邸之城垣，既如此坚实壮伟，其外城之城垣，想亦必相当，其修筑之时，需材亦必多，当时之犯忌讳，或视为无用之碑版，必多辇之以建城[2]，况元蒙之圣旨碑乎？故以意测之，此圣旨碑之被扑，或当在明初也。

（原载《四川博物馆》单刊之二，1948年）

---

① 天启《成都府志》言"赵祥"，余均言"赵清"，未知孰是。

② 明初修城时，即南宋以来视为名贵之蜀石经，亦毁之以填城，清初修城时即有发现。如刘燕庭手批《钱竹汀日记》中自述其为蜀臬时，闻乾隆四十四年制军福康安修成都城，什邡令任思仁得蜀石经数十片于土壤中，字尚完好，任贵州人，罢官后，原石携归黔中。此次辟城门时，于城墙中亦发现有蜀石经，可见明初毁弃碑版之多也。

川康明清土司官印考

1938年夏，由原四川大学西南社会科学究所资助，本人前往松潘、理县、茂汶考察羌民族。1939年夏，又拉任旧教育部组织的川康科学考察团社会组组长，至原西康地区作社会调查。往来川康松理茂之间，留心搜访，遇有明清土司官印，即为铃印，集得若干枚。今择选部分材料，略加考释，以备研究川康民族史之参考。

1. 明永乐九年（1411年）"火把簇千户所印" 此印7.5厘米见方，宽边，印面铸九叠篆"火把簇千户所印"七字，背刻"永乐九年十一月□日礼部造"字样（图一）。

按元、明、清于羌族地区各氏族部落悉加"族"字，亦或作"簇"，如《明史》卷三百三十，西域二[①]，西番诸卫所云之"岷州西宁沟十五族""洮州十八族"及其他文献记载松潘境内之"静

---

① 整理者按：此处原作"地理志"，今据《明史》（中华书局，1974年版）更正。

州二十三族""陇木头二十六
族""岳西蓬二十一族"之类，
是也。《大明一统志》卷七十三
"松潘等处军民指挥使司"谓：
松潘"古氐羌地"，唐"广德初
陷于土蕃，至元时始内附。本朝
洪武十一年，置松潘卫。二十
年，改松潘等处军民指挥使司，
领千户所一，长官司十七，安抚

图一　火把簇千户所印

司四：占藏先结簇长官司、蜡匝簇长官司、白马路簇长官司、山洞簇
长官司、阿昔洞簇长官司、北定簇长官司、麦匝簇长官司、者多簇长
官司、牟力结簇长官司、班班簇长官司、祈命簇长官司、勒都簇长官
司、包藏簇长官司、阿昔簇长官司、思曩儿簇长官司、阿用簇长官
司、潘斡寨簇长官司、八郎安抚司、麻儿匝安抚司、阿角寨安抚司、
芒儿者安抚司"。是为"簇"乃"族"字别写之证。

　　此处"簇"字之义为何？火把簇既不见于上述记载松潘境内诸
簇中，其地究在何处？查在川、青、藏接壤之金沙江、澜沧江与潞江
三大河流之上源部分，草原辽阔，其牧民久已同化于吐蕃。元代为和
硕特蒙古所役属。元代为俺哒汗所征服。清初为顾实汗属民。自元代
已移置一部分蒙古军驻牧于此进行管理。吐蕃语称北方民族为"霍
尔巴"（ཧོར་ཁ། 胡人），包括回纥、吐浑、突厥诸民族。蒙古统治中亚
时期，藏人亦呼蒙古人为霍尔巴，实读如"霍巴"，亦可单称为"霍

尔"。故元明以来，此所谓"川藏诸族"中亦有霍尔巴（川藏族见《明史·阐化王传》）。此辈蒙古人，久已信奉喇嘛教，使用藏文，同化于藏族。至顾实汗时，另委头领管理，旧统治此牧部之成军子孙，遂化为与本地土著同类之一族。《卫藏通志》卷十五载西藏管辖三十九族中，有"夥尔族"，"住牧依绒地方夥尔族"，"夥尔拉赛族"与另一"夥尔族"（与彭他麻族、夥尔拉赛族共住一地），皆元明管理潞江上游牧区与金沙江、澜沧江上游之玉树二十五族地区之旧酋长子孙族党夷为被统治者也。在永乐时此霍尔族酋长应仍为此地牧部之统治者。其时黄教未兴，萨迦已微，此带牧民部落与卫、康诸部落殆全归白教统治。白教大德哈立麻，于永乐七年入京朝贡，受封为大宝法王，六年四月辞归，明帝"令中官护行"（《明史》卷三百三十一《乌斯藏大宝法王传》）。同时，白教大德帕木竹巴亦受封为"灌顶国师阐化王"。永乐十一年，"中官杨三保使乌斯藏还，其王遣从子剳结等随之入贡。明年，复命三保使其地，令与阐教、护教、赞善三王及川卜、川藏等（族）共修驿站，诸未复者尽复之。自是，道路毕通"（《阐化王传》）。杨三保亦见《大乘法王传》，谓永乐十二年，其王辞归，"后数入贡。帝亦先后命中官乔来喜、杨三保赍赐佛像、法器、袈裟、禅衣、绒锦、彩币诸物"。即谓三保十一年甫还，十二年复使其地，赍赐诸法王土酋也。以当时途程、任务，与一般可考之使节记载推之，杨三保盖即永乐四年护送哈立麻回藏之中官也。再考其时驿道创建，全在今康藏之间，故所以倚以成功者为阐教、护教、赞善三王，与川卜、川藏诸族（贡道规定西藏诸法王酋长由川入京，不许经河州）。阐化王住地即今邓柯县之灵葱（《明史》作灵葬。今灵葱土司尚藏有明代所赐朵甘卫都指挥使印诰，住于此地寺内）。而大宝法王哈立麻，本住拉萨北方之热振寺（《卫藏通志》作"呼正寺"），清代白教破灭，乃改黄教，犹保存哈立麻遗物甚多。合此形势观之，《明史》所谓驿站，必然建筑于通过玉树二十五族与黑河三十九族地方（西藏管三十九族地方，置黑河总管，故又曰黑河三十九族）。黑河，今云拉曲卡（藏语黑水渡口），亦即夥尔族分布之地。其时（永乐时）霍尔巴方为诸牧族之统治者，已奉白教，而此大宝、阐化、护教、赞善四法王皆白教法王，其"举元故官"时之当举此牧部之霍巴酋长可知。其能完成驿站，又必得力于此牧部之霍巴酋长受抚可知。由此诸资料，估计当时地理形势与社会情俗，结合此印之铸领年代与藏文对音，可以肯定"火把"即"夥尔"，即藏文ཧོར之旧译无疑。其酋驻牧地，或即是今黑河也。

明代土司官印和其他官印一样，大小形制，文字书体，均有严格的制度。万历年间申时行等编《明会典》卷七十九，礼部三十七载："国初设铸印局，专管铸造内外诸司印信。其后又有铸换辨验……洪武二十六年定，凡开设各处衙印信，札付铸印局官依式铸造给降。其有改铸销毁等项，悉领之。弘治……十四年议准，在外大小衙门印记，年久印面平乏，篆文模糊者，方许申知上司验实具奏，铸换新印。其旧印送上司，付公差人员缴部，仍发铸印局看验。若印记新降未久，捏奏烦扰，虽已铸换，仍将申奏官吏治罪。""通政司……并在外……宣慰司，俱从三品，铜印，方二寸七分。""鸿胪寺……并在外宣抚司，俱从四品，铜印。方二寸五分，厚五分。"翰林院……并在外……各衙千户所，俱正五品。……并在外招讨、司安抚司，俱从五品。铜印，方二寸四分，厚四分五厘。""吏科等六科……宣抚司、经历司，俱从七品，铜印，方二寸一分，厚三分。""户部……""宣抚司经历，以上正、从八品，俱铜印，方二寸，厚二分五厘。""刑部都察院各司……僧纲司、道纪司及各巡按司，以上正、从九品，俱铜印，方一寸九分，厚二分二厘。""以上俱直钮九叠篆文。"明代工部营造尺，一尺约当今32厘米。此火把簇千户所印7.5厘米，合明代之二寸三分强，与上述文献记载正五品千户所印方二寸四分的制度相符。

2. "绰司甲布宣抚司印"三方　第一方8.3厘米见方，边宽0.9厘米，右方之所铸汉字如上印仍占两行，而左方之少数民族文字作三行，字形笔画规整粗细，和通常所见满汉对照之官印相同（图二）。

第二方8.1厘米见方，边宽0.9厘米，印文汉满对照一如上印。惟印体稍小，而字画更为纤秀工整，与上印略有不同（图三）。

此二印虽未著纪年，可以确定为清代土司官印无疑。清《嘉庆四川通志》卷九十六，武备志十五，土司一，松茂道提标辖懋功厅协所属，有"绰司甲布宣抚

图二　绰司甲布宣抚司印

司诺尔布斯丹臻，始祖资立于康熙三十九年投诚，康熙四十一年颁给安抚司印信号纸。乾隆三十七年，出师金川有功，恩赏戴花翎并二品顶戴。四十一年，颁给宣抚司印信号纸，随将旧印呈缴。该土司原系阜和协所管，乾隆五十一年，奉文改隶懋功协管辖，住牧绰司甲，在今金川县

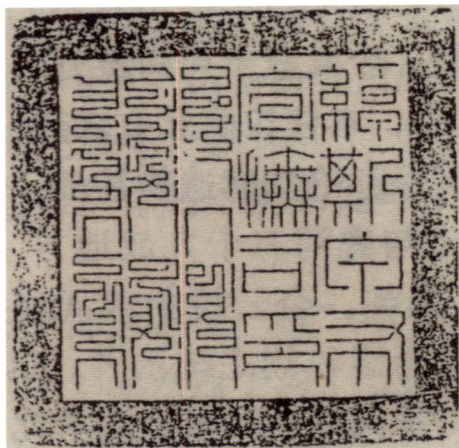

图三　绰司甲布宣抚司印

境。其地东至热六壅滚一百余里，交党坝、松冈土司界。南至一百余里，交恶里，与打箭炉厅属革什咱土司界。西至八百余里，交勒则格尔布，与打箭炉厅属色尔塔头人界。北至七百余里交热尔谷，与樟蜡营属阿木思勒格思土司界。四至共一千七百余里，所管二十九寨番民户口，共一千一百三十户。每三年纳贡马一匹，折征银八两，系由懋功厅衙门征收。并无认纳粮秫"。所管番民主要为嘉戎。辖地靠近西藏，东至丹螟司百里，西至雅州八百里，南至革什咱司百里，北至松潘八百里。民国时属绥靖县，尚管二十六寨，其时土司名纳旺勒耳。此印为宣抚司印，当系乾隆四十一（1777年）始授者。

第三方为5.4厘米见方，边宽达1厘米，印面虽仍铸"绰司甲布宣抚司印"字样，汉文与少数民族文字对照，各占两行，汉字在右方，少数民族文字在左方，与常见清代官印之字形完全不同，整个铸字技术显得比较粗拙，而与上印形制大异其趣（图四），似非一般常见

之清代土司官印。《嘉庆四川通
志》卷一百九十二，西域志二，
前藏上："元宪宗始于河州置土
蕃宣慰司都元帅府，又于四川徼
外置碉门、鱼通、黎雅、长河西
宁等处宣抚司。世祖时复置乌斯
藏郡县其地……明太祖惩唐世吐
蕃之乱，思制御之，惟因甚俗。
"四川西北康藏之地，其民多藏

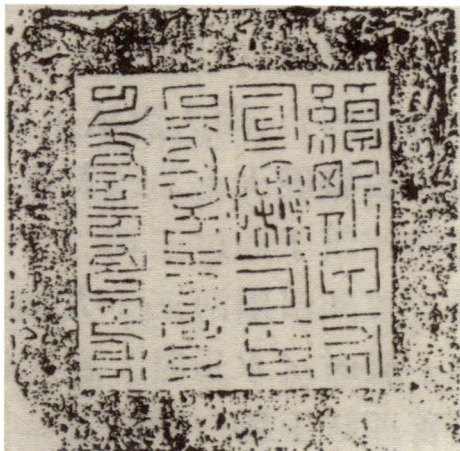

图四 绰司甲布宣抚司印

族，且与西藏相接，土司官印或有使用藏文或其他少数民族文字者。
如同上书卷一百一十一，西域志一云：类伍齐，"在察木多西北，系
由草地进藏径道，原隶西藏。自康熙五十八年大兵进取西藏，该地僧
俗人民，投诚归顺，颁给胡土克图印信。其印系协理黄教那门汗之
印，清字、蒙古字、夷字三样篆文"。知清代部分少数民族官印亦有
使用蒙古文、藏文或其他当地民族文字者。绰斯甲之嘉戎民族实为藏
族。此印所铸少数民族文字与蒙古八思巴文颇相似，待考。

以上三印，印文内容相同而不同器，形制亦有不同程度的差
异，其铸颁年代自有先后之别。至其孰先孰后，则一时尚难判定。以
下诸印之有类此者，情形亦应相同，不另作说明。

3. 清乾隆十八年"陇木长官司印" 印7厘米见方，宽边，印面铸
"陇木长官司印"字样，满汉对照，汉右满左，篆体字形方正（图
五）。印背刻有乾隆十八年纪年。

陇木之称始于宋代，陇木长官司明代称为"陇木头"。《蜀中广记》卷三十二，边防，茂州："陇木头长官司，茂之陇木里也，国初以酋长归附，授承直郎，世袭长官，岁常贡马二匹，所属玉亭、神溪十二寨，有保长统之。"入清之后，清《嘉庆四川通志》卷九十六，武备志十五，

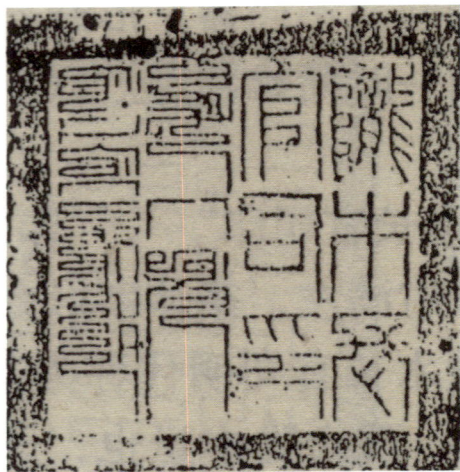

图五　陇木长官司印

土司一，茂州营属，有"陇木长官司何裳之，其先何文贵，于宋时剿罗打鼓生番有功，授职颁给印信。国朝顺治九年（1652年）投诚，颁给印信号纸，住牧陇木寨。其地东至四十里，交石泉县界。南至二十里，交州属马桑湾界。西至四十里，交静州土司界。北至三十里，交州属神溪堡界。四至共一百三十里，所管番民户口共二百六十七户，每年折充兵米，司库兑扣兵饷，认纳黄豆三十六石五斗，黄蜡三十斤，赴营上纳"。道光十一年修《茂州志》卷三，土司："陇木长官司何棠之，其先杨文贵于宋时随剿罗打鼓有功授职。明洪武四年，颁给印信。嘉靖间，土司杨翱随总兵何卿征白草生番，著有劳绩，命改何姓。国朝顺治九年投诚，康熙二十四年（1685年）颁给印信号纸，住陇木东。"所记四至，与上录《嘉庆四川通志》大抵相同，惟言清代给印之始年与《通志》不同，当以州志所载为准。长官司辖地，东至石泉（今北川）三十里，西至静州土司三十里，南至茂县二十里，北

至松潘三十里，在今茂县境，所管土民主要为羌族。由上《茂县志》记载可知，此印当为康熙二十四年（1685年）所铸颁者。该土司至清代末年尚管一百一十七户，至民国时则完全式微，其土司何九皋已沦为背夫，1938年8月间曾于茂县遇之，身带此印不离。当时曾出重价购之，不肯售，尚冀将来土司有恢复之日，此则为其把凭。

4. 清"卓克基长官司印"二方　一印7厘米见方，边宽0.6厘米，印面铸"卓克基长官司印"字样，汉满对照，汉右满左（图六）。另一方6.7厘米见方，边宽0.5厘米，与前一印相较，印文内容完全相同，惟形制略小，边亦稍窄，印文书法，笔画方折，与上印之往往作圆转者不完全一样，整个铸工亦更加精细（图七）。

图六　卓克基长官司印

清《嘉庆四川通志》卷九十六，武备志十五，土司一，杂谷厅维州辖右营属，载云："卓克基长官司索朗郎木耳吉，其祖良尔吉系杂谷土舍，乾隆十三年随征剿大金川有功，十五年颁给

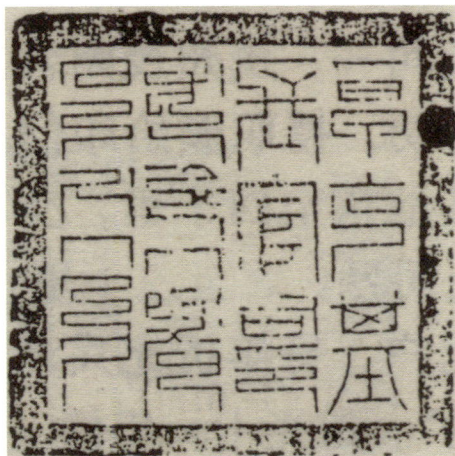

图七　卓克基长官司印

长官司印信号纸。住牧卓克基。其地东至梭磨六十里，交麻迷桥界，至维州右营五百里，至维州协五百六十里，至松潘镇一千零八十里。南至新疆二百一十里，交攒拉界。西至松冈五十里，交八耳康界。又至党坝一百三十里，交纳角沟界。北至郭洛克二百六十里，交草地界。四至共八百一十里，所管番寨十寨，番户共一千五百余户。每三年轮班朝觐，派土舍头人代往。贡物鸟枪、腰刀、藏香、哈达、鹿茸、金佛、银佛、氆氇等类。番民每年与土司纳粮，并未认纳贡赋。"卓克基一名卓克采，辖地在理番县境马尔康之东。此印当为乾隆十五年（1750年）后所铸颁。

5. 清乾隆十八年（1753年）"松冈长官司印" 印7厘米见方，宽边，印面铸"松冈长官司印"字样，满汉对照，汉右满左（图八）。印背刻楷书汉字"乾隆十八年五月囗日礼部造"字样。

清《嘉庆四川通志》卷九十六，武备志十五，土司一，

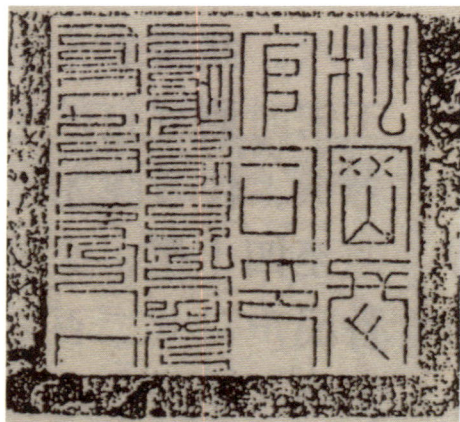

图八 松冈长官司印

杂谷厅维州辖右营属，有"松冈长官司女土司索朗谷色尔满。其祖系杂谷土目，自唐时安设，并无印信号纸。国朝康熙二十三年（1684年），颁给安抚司印信号纸。乾隆十七年（1752年），土司苍旺不法伏诛，拣委梭磨土司勒尔悟之胞弟根濯司甲承袭土司。嘉庆五年（1800年），土司纳木耳病故，无子，报请以伊妻索朗谷色尔

满颁给号纸，住牧松冈。其地东至卓克基五十里，交八耳康界。由松冈至维州右营五百五十里，至维州协。六百一十里，至松潘镇。一千一百三十里，南至党坝。一百三十里，交纳角沟界。西至绰司甲百九十里，交也耳日界。北至阿树郭洛克九百二十里，交草地界。四至共一千九百二十里，所管番寨二十一寨，番户一千余户。每三年轮班朝觐，派土舍头人代往。所进贡物，鸟枪、腰刀、藏香、哈达、鹿茸、金佛、银佛、氆氇等类。番民每年与土司纳粮，并未认纳贡赋。"松冈长官司，辖地在靖化县境内马尔康之西，民国时尚管三十六沟。据印背所刻纪年文字可知，此印当系乾隆十七年（1752年）土司苍旺伏诛后，由梭磨土司勒尔悟之胞弟根濯司甲承袭土司时另铸颁给者。

6. 清"党坝长官司印"　6.8厘米见方，印面铸叠篆"党坝长官司印"字样，汉满对照，汉右满左（图九）。

《嘉庆四川通志》（简称《通志》）卷九十六，武备志十五，土司一，杂谷厅维州辖右营属，有"党坝长官司。土司更噶斯丹增姜初，其曾祖阿丕，系

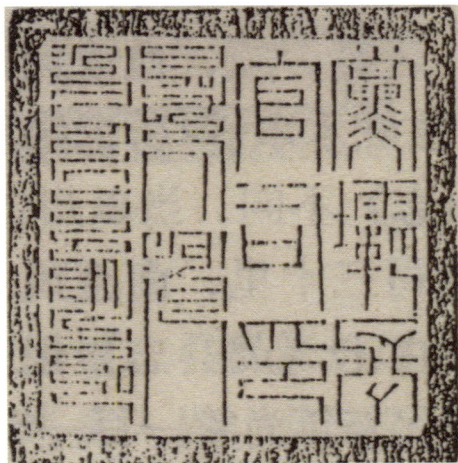

图九　党坝长官司印

杂谷土舍。乾隆十三年（1748年），土舍泽旺随征剿大金川有功，颁给长官司印信号纸。嘉庆元年（1796年），土司更噶斯丹增姜初随征

'苗匪'有功，赏戴花翎，住牧党坝。其地东至卓克基一百三十里，交纳角沟界。由党坝至维州右营六百三十里，至维州协六百九十里。至松潘镇一千二百一十里。南至新疆三十里，交日旁山界。西至绰斯甲三十里，交格江河界。北至松冈一百三十里，交八凹山界。四至共八百二十里，所管番寨十四寨，番户共二百九十余户。每三年轮班朝觐，派土舍头人代往。所进贡物，鸟枪、腰刀、藏香、哈达、鹿茸、金佛、银佛、氆氇等类。番民每年与土司纳粮，并未认纳贡赋"。辖地在懋功县境松冈之南稍西，距马尔康不远，民国时尚管五沟，土司名泽郎海。此印当为乾隆十三年所颁铸者。

《嘉庆四川通志》记载，党坝、松冈二长官司与瓦寺、梭磨二宣慰使司，皆同为杂谷厅维州辖右营属，"以上土司四员，所管番民性情风俗，与瓦寺土司所管番民同"。是皆羌族土司也。

7. 清 "四川铁布上撒路木路恶寨土百户之印" 印6.5厘米见方，印面铸 "四川铁布上撒路木路恶寨土百户之印" 字样，汉满文对照各三行，汉右满左（图十）。

《嘉庆四川通志》卷九十六，武备志十五，土司一，松茂道松潘厅漳蜡营所属，载云：

图十 四川铁布上撒路木路恶寨土百户之印

"上撒路木路恶寨土百户阿夏，系西番种类。其先学赖，于雍正二年

归诚授职，颁给号纸印信，住牧上撒路木路恶寨。其地东至五里，交中撒路界。南至二百里，交合坝寨界。西至二百里，交热当寨界。北至荒山，无里数。四至共四百零五里，所管八寨番民共七十七户，向无认纳税银。每年纳青稞七石七斗，交松潘镇漳蜡营征收，折充兵米。"其地在理番县境。此印当系雍正二年（1724年）铸颁者。

8. 清"下撒路土百户之印"

6.5厘米见方，宽边，铸汉满对照之"下撒路土百户之印"字样，汉右满左（图十一）。

下撒路土司，清雍正二年（1729年）年归附后所置。地属松潘所辖。《嘉庆四川通志》卷九十六，武备志十五，土司一，松茂道松潘厅漳蜡营所属，有

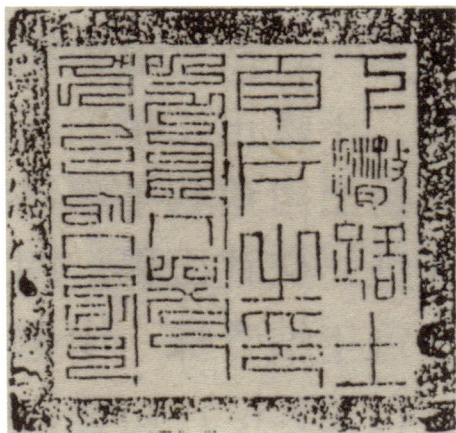

图十一　下撒路土百户之印

"下撒路竹弄土百户一旦，系西番种类。其先迫带，于雍正二年归诚授职，颁给号纸印信，住竹弄寨。其地东至一百二十里，交洮州所属杨土司角利羊疆界。南至三百里，交杂谷尔坝寨界。西至十里，交中撒路界。北至十五里，交荒山界。四至共四百五十里，所管十四寨番民共一百七十四户。向无认纳税银，每年纳青稞一十七石四斗，交松潘镇漳蜡营征收，折充兵米。《清通考》作雍正四年（1727年）初置，与此稍有出入。其地在今理番县境。印文无"竹弄寨"三字，与《嘉庆四川通志》所载不同，盖竹弄寨乃土司所住寨名，非土司官名也。

9. 清"四川穆坪董卜韩胡宣慰司印" 印8.6厘米见方，印面铸汉满对照之"四川穆坪董卜韩胡宣慰司印"字样，汉右满左，字各三行，字画极细而头尾曲屈，与前述"四川长河西鱼通宁远军民宣慰使司印"完全一样（图十二）。

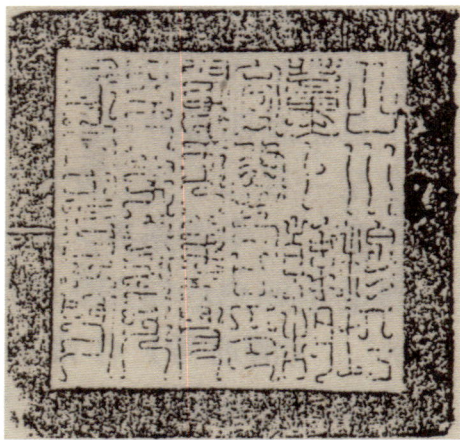

图十二 四川穆坪董卜韩胡宣慰司印

董卜韩胡为元明时四川徼外三十六番之一。《明史》卷三百十一，四川土司传，天全六番招讨司云："三十六番者，皆西南诸部落。洪武初，先后至京，授职赐印。立都指挥使二。曰乌斯藏，曰朵甘。为宣慰司者三，曰朵甘，曰董卜韩胡，曰长河西鱼通宁远。为招讨司者六，为万户府者四，为千户所者十七，是为三十六种。或三年，或五年一朝贡，其道皆由雅州入，详《西番传》。"同书卷三百三十一，西域传三，有《董卜韩胡宣慰司》之专章，云："董卜韩胡宣慰司，在四川威州之西，其南与天全六番接。永乐九年，酋长南葛遣使奉表入朝，贡方物。……降敕慰谕，使比年一贡，赐金印、冠带。"前引《大明一统志》卷八十九，"西蕃"记载明代于归顺吐蕃各族所置三十三指挥司、宣慰使、招讨司、万户府、千户所中，与"长河西鱼通宁远宣慰使司"并列者即有"董卜韩胡宣慰使司"。《蜀中广记》卷三十二，边防记第二，川西二，保县引《保（县）志》云："西北生番有孟董十八寨，三国孟获董卜之裔也，谓之孟董番，亦名董卜韩胡。唐时哥邻君董卧庭等求内附，处其众于维坝等州，居小铁围山，去县可七八日程，东抵杂谷八棱碉，摸坡河在东，如卜河在北，即古之孙水也。南流雅州，以牛皮为船，既渡则曝皮于岸，候干复用焉。永乐八年归附进贡，授宣慰使司都指挥同知。贡道有三，一由杂谷八棱碉出保县，一由清溪口出崇庆州，一由灵关出雅州。近与杂谷不睦，故直由雅安。"清《嘉庆四川通志》卷九十七，武备志十六，土司二，天全州黎雅营属，有"穆坪董卜韩瑚（胡）宣慰使司丹紫江楚，其先于前明世袭土职，至坚参喃喀，于国朝康熙元年归诚，仍授原职，请领宣慰司印信。乾隆十年，颁给号纸，住牧穆坪。其地东至卧龙关七百余里，交瓦寺土司界。南至灵关四十余里，交天全州界。西至废通蛇勒章谷六百余里，交洽边土司界。北至板噶落六百余里，交新疆沃日土司界。四至共一千九百四十余里。每年认纳贡马四匹，折征银三十二两。又旧管鱼通地方草粮五十石，折征银一两，共折征银五十两，解赴布政司完纳"。是康藏土司中规模相当大的一个。俗称"木坪土司"。至民国18（1929年）年改流，于其地设宝兴县。此印未刻颁铸纪年，但由印体大小大大超过明代规定的尺寸，故知其为清代遗物无疑。其与右方汉文对照之左方少数民族文字，当系满文，合清代官印之常制。其铸颁时间当不早过康熙元年（1662年）。

10. 清"四川长河西鱼通宁远军民宣慰使司印"　8.6厘米见方，宽边，印面铸"四川长河西鱼通宁远军民宣慰使司印"汉藏（满）对照各十六字，两种文字各占印面之半，汉右满左，字各三行，字画极细而头尾曲屈（图十三)。其形制大小与印文书体风格，与上述"四川穆坪董卜韩胡宣慰司印"完全相同。

明清之四川长河西鱼通宁远宣慰司在今之西康康定一带，元为碉门鱼通黎雅长河西宁远等处宣抚司。《元史》卷六十，地理四，陕西省辖地有"碉门鱼通黎

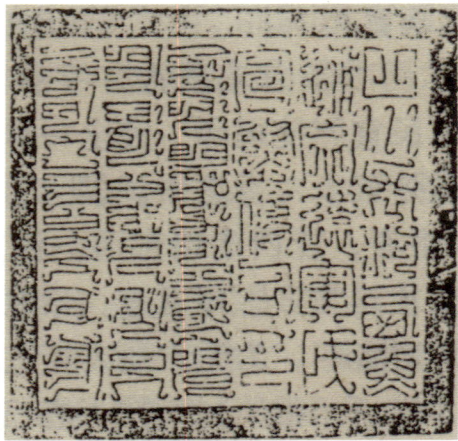

图十三　四川长河西鱼通宁远军民宣慰使司印

雅长河西宁（远）等处宣抚司"的记载。明袭元置，《大明一统志》卷八十九，西蕃载云："西蕃即吐蕃也，其先本羌属，凡百余种，散处河、湟、江、岷间。……元宪宗始……又于四川徼外置'碉门鱼通黎雅长河西等处宣抚司'。……本朝洪武六年，诏吐蕃各族酋长举故有官职者，至京授职。遂置五衙门，建官赐印，俾因俗为治。……今其地为指挥司、宣慰司、招讨司、万户府、千户所，凡三十有三。"有"长河西鱼通宁远宣慰使司"列在其下。万历年间申时行等修《明会典》卷一百八，朝贡四，西戎下，长河西鱼通宁远等处："洪武十六年，置长河西等处军民安抚使司，每年一贡，给与勘合，于四川比号，雅州入境。每贡只许五六十人，多不过一百人，方物该守关官员辩论，申送都、部、按三司审实起送。后改升宣慰司。弘治以来，人数渐多。嘉靖二年，题用弘治以前例，不许过一千人。隆庆三年，定三年一贡，每贡一千人，内五百人全赏，五百人减赏，于全赏

内起送八人赴京，余留边听赏。"《明史》卷三百三十一，西域传三有《长河西鱼通宁远宣慰司》专篇载云："长河西鱼通宁远宣慰司，在四川徼外，地通乌思藏，唐为吐蕃。元时置碉门、鱼通、黎、雅、长河西、宁远六安抚司，隶土蕃宣尉司。"洪武十六年，"命置长河西等处军民安司"。二十年，"遣惟善招抚长河西、鱼通、宁远诸处"。三十年，"置长河西鱼通宁远宣慰司，自是修贡不绝。初，鱼通及宁远长河西，本各为部，至是始合为一"。脱漏一"使"字。明沈德符《万历野获编》，卷三十，土司，土酋名号记载说："今土司衙门称号，其字多复叠，非内地州县一字二字之例。……至于西北番，又有'长河西鱼通定远宣尉使司'，则俱七字。"有"使"字，与《明一统志》相合而与《明史》不同。至"宁"字作"定"，则与二书皆不合。《蜀中广记》卷三十五载："《志》云：孙水俗谓之长河，天全长河西，以在孙水之西也。"其地在康定（打箭炉）。入清以后，俗称"明正土司"，康熙五年（1666年）归附，是时土司名丹怎札克巴。乾隆修《大清一统志》卷三百六，四川，雅州，关隘："明正长河西鱼通宁远军民宣慰司，即打箭炉。其地在大渡河外，直黎、雅之西，自古为荒服地。元置三安抚司，曰长河西，曰鱼通，曰宁远，隶吐蕃宣慰司。明初合为长河西鱼通宁远宣慰司，世授土职。本朝康熙五年，土酋蛇蜡喳吧归附，仍授原职，属雅州。三十九年，藏番昌侧集烈等侵据其地，诏遣四川提督唐希顺发兵讨平之。番族万二千余户，相率归附，仍以故宣慰司蛇蜡吒吧之妻工喀袭职，管辖十五锅庄番民，并新附各土司，及五十六土千户，三年一贡马，每年输纳杂粮。自后商贾辐辏，遂成巨镇。因使官兵驻守，遣监督一员，以榷茶税。雍正七年，设雅州府同知分驻其地，兼辖番汉。自理塘、巴塘以西，直抵西藏，延袤数千里，悉入版图。……而打箭炉实为诸番朝贡互市之要口云。"清代明正土司所辖共四十八部，地方甚大，与德尔格忒并为关外二主，赵尔丰经营西康时与宣统三年改流，缴印信号纸。

此印大小形制及印文风格，亦与上述清代"四川长河西鱼通宁远军民宣慰使司印"完全一样，足证此二印为清代大抵同时之土司官印，其铸颁时间当不早过康熙元年（1662年）。

11."盐源县爪别安抚司印"印二方 一方7.6厘米见方，边宽0.7厘米，铸满汉对照之"盐源县爪别安抚司印"字样，汉字在右凡二行，满文在左凡三行，应为清代土司官印（图十四）。

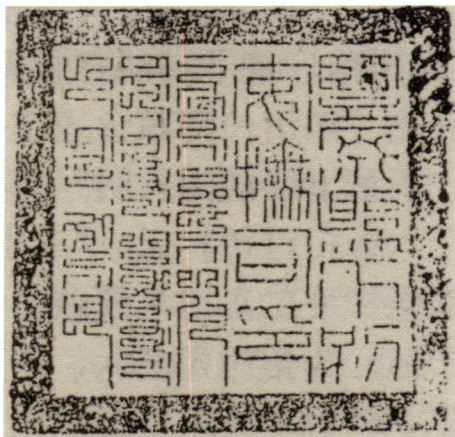

图十四 盐源县爪别安抚司印

爪别土司属么些族，在今盐源县境，清康熙四十九年（1710年）玉珠珀归降后授此司之职。

乾隆时修《大清一统志》卷三百五，四川，宁远府，建置沿革："盐源县……洪武二十五年改为柏兴千户所，属建昌卫。二十七年，改置盐井卫军民指挥使司。本朝初，亦曰盐井卫。雍正六年罢卫，改置盐源县，属宁远府。"又关隘："爪别安抚司，在盐源县。其地东至小西番，西至喇嘛。本朝康熙四十九年，土酋玉珠珀归附，授宣抚司。今属会盐营。"自玉珠珀以后，其世系为巳甬补—斯贵—绍先—国当—天锡—廷梁（光绪十五年袭职）。自巳甬补以后，即以巳为姓。辖地东至小番，西至喇嘛，南至古柏树，北至水里，共820里，管民1253户，年纳粮银43两。民国时土司巳正疆，已极微弱。

另一方7厘米见方，边宽0.9厘米，印面铸"盐源县爪别安抚司印"汉篆三行九字，笔画圆转，与上印之作方折者不同（图十五）。汉篆而外，别无其他少数民族文字。印体较小而印边特宽。凡此种种形制特征，皆与上述一印相异，待考。

图十五　盐源县爪别安抚司印

此二印均未著纪年，但印文冠有"盐源县"字样。如上引文献记载所云，盐源县地在清初为盐井卫军民指挥使司，至雍正六年（1728年）始罢卫改置盐源县，属宁远府辖。故其铸颁年代，均不能早过雍正六年（1728年）。

12. 清"后所土百户印"　印7厘米见方，边宽1厘米，印面汉文三行"后所土百户印"六年，别无其他民族文字（图十六）。

清《嘉庆四川通志》卷九十七，武备志十六，土司二，盐源县会盐营属除"中所土千户""左所上千户""右所土千户"之外，尚有"前所土百户"与"后所土百户"。其"后厉土百户"云："后所土百

户白世荣，系么些夷人。其先白
马塔于康熙四十九年投诚，世系
呈请承袭，颁给印信号纸，住牧
后所。其地东至小桥三十里，交
会盐营属木里安抚司界。南至喇
白洛山顶一百里，交会盐营属左
所土千户界。西至雅押克山八十
里，交会盐营属木里安抚司界。
北至大河边十五里，交会盐营属

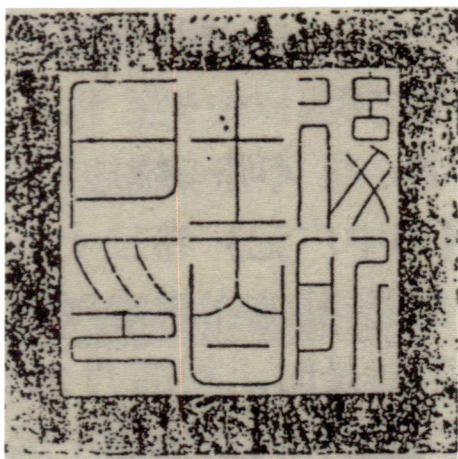

图十六　后所土百户印

木里安抚司界。四至共二百五十五里，所管各村夷民七十四户，每
年认纳荞粮四斗二升，赴会盐营上纳，折充兵米。"其地当在盐源县
境。按土司中之土百户，因级别较低，除给予号纸之外，印信则或有
或无，大抵视其辖地范围大小或地位之重要与否而定。如松潘厅漳蜡
营所属之巴细蛇住坝寨土百户、阿细拓弄寨土首户、上卓尔格寨土百
户等，皆"于雍正元年归诚授职，颁给号纸，无印信"。（见本书卷
九十六）乃至土千户亦有如此者。据前录文所载，后所土百户辖地
二百五十余里，属规模较大者，故得有印。但毕竟级别所限，官未入
流，印文简略，汉文之外别无满文对照，想系与此有关。此印铸颁
时间，当不早过康熙四十九年（1710年）。

13. 明景泰四年（1453年）"都纲之印"　印5.8厘米见方，印面
铸叠篆"都纲之印"四字（图十七）。背刻"景泰四年三月□日礼部
造"十字。

"都纲"乃僧官之号。《万历野获编》卷二十七，僧道，"僧道异恩"条云："番僧之号凡数等，最贵曰'大慈法王'，曰'西天佛子'。次曰'大国师'，曰'国师'，曰'禅师'，曰'都纲'，曰'喇嘛'。"《明史》卷七十五，职官志四："府僧纲司，都纲一人，（从九品），副都纲一

图十七　都纲之印

人。州僧正司，僧正一人。县僧会司，僧会一人。……俱洪武十五年置，设官不给禄。"万历年间申时行等修《明会典》卷二百二十六，僧录司载："国初置善世院，洪武十五年改僧录司。……在外僧人，府属僧纲司，州属僧正司，县属僧会司管领，皆统于本司。""凡各处额设寺，俱有僧人住持，从各寺僧人保举有戒行、通经典者，僧纲等司，申本司给与劄付。""凡度僧……在外从僧纲等司造册给批。俱由本司转申礼部施行。"是"僧纲"乃封建政府正式设立的地方府级僧官，隶属于中央之僧录司，管理本州申报僧人度牒及向僧录司推荐寺庙住持人选等事宜。《蜀中广记》卷三十一引《三边志》云："（松潘）城西有大悲寺，唐天宝间僧广所创也。国初设僧纲司，以僧惠心为都纲掌其事。景泰改元，吐蕃猖獗，累欲发兵剿讨，嗣都纲智中往抚慰之，番乃革心向化。事闻，升智中为崇化禅师，赐以银印、冠帽、袈裟、藏经之属。智中，浙之仁和人，姓姜氏，别号一天。"

此印存于松茂之地，景泰四年铸颁，或与僧智中有关。印大5.8厘米见方，合明代一寸八分强，与上引《明会典》一寸九分的记载完全吻合。此印虽非土司官印，然为明王朝颁给康区土司辖境宗教管理机构之官印，且有明确纪年，亦为研究明代康区土司历史不可多得之珍贵文物，故一并附考于此。

"都纲之印"亦有见于其他金石学文献者。如罗振玉《赫连泉馆古印存》即有钤印一枚，其大小形制与此全同，未注有无背刻纪年文字，亦不云得于何所，观此印可定其为明代遗物。

《明史》卷三百一十《土司传》序称："考洪武初，西南夷来归者，即用原官授之。其土官衔号曰宣慰司，曰宣抚司，曰招讨司，曰安抚司，曰长官司。以劳绩之多寡，分尊卑之等差，而府州县之名亦往往有之。袭替必奉朝命，虽在万里外，必赴阙受职。天顺末，许土官缴呈勘奏，则威柄渐弛。成化中，令纳粟备赈，则规取日陋。孝宗虽发愤厘革，而因循未改。嘉靖九年始复旧制，以在州县官隶验封，宣慰、招讨等官隶武选。隶验封者，布政司领之；隶武选者，都指挥领之。于是文武相维，比于中土矣。"清代大抵承袭明制而略有变化。以上所录土司官印以清代者为多，明代者较少，以其年代久远之故，然皆有关明清四川土司历史不可多得之实物史料，诚可贵也。

整理者说明：原稿无篇题、序号、页码，除火把簇等少数印文外，类多简略，至有仅著十余字或有钤印而无考文者。

所引古籍文字，往往未经核对，颇有出入未确，系未成篇之草稿。今核查原书，并适当补充资料写定，加标篇题，以成此文。其撰稿时间约在40年代中，故文中所注土司所在今地，皆属民国时区划。如有舛误之处，责系于己身，与先生无关。

张勋燎

（原载四川大学历史文化学院考古学系编：《四川大学考古专业创建四十周年暨冯汉骥教授百年诞辰纪念文集》，四川大学出版社，2001年，第16—25页）

THE MEGALITHIC REMAINS OF THE CHENGTU PLAIN

Although the megalithic, or big Stone, remains on the Chengtu Plain have been well documented in the gazetteers and various miscellaneous works, yet no systematic study of them has been attempted so far. There is no question that they are one of the most important archaeological remains in Szechwan. Their origin has long been forgotten, and they have often become objects of worship or superstition among the ignorant. This is rather very fortunate for their preservation, otherwise they would have been destroyed and removed or other purposes long ago. So far as their number is concerned, at present they cannot be regarded as numerous,[1] but we must be cognizant of the fact that Chengtu is an alluvial plain, and there is no outcrop of rocks anywhere which could furnish the quarries. These large stones must have been quarried and moved to the places where they were erected from the surrounding foothills, tens or even hundreds of miles away. Their erection must have required a tremendous amount of work by the primitive folk. On the other hand, a great number of them must have been destroyed during historical times, as stones are scarce in the plain and people readily remove them for building purpose, one such case having happened just a few years ago. The preservation of the few to the present is mainly due to popular superstition, which interdicts their removal or destruction. Therefore, it is very fortunate that there are still a few of them well preserved, which can serve as vestiges of an ancient culture. The following is a short description of the few existing megaliths.

The *Chih Chi Shih* 支机石, or Loom Support Stone, is located inside the west city wall of Chengtu, opposite the west end of the *Chih Chi Shih* Street. It is a kind of coarse gray sandstone, about two meters in height and enclosed in the compound of a small temple beside it. There are several anecdotes explaining why it is called the Loom Support Stone. All these

---

[1] For example, there are 6192 megaliths in France alone by a count taken by Motillet in 1901. But since within the precinct of Chengtu there are now only four megaliths existing, not more than a mile apart from each other, it is reasonable to infer that there might have been more in ancient times than at present.

anecdotes point to the great Han adventurer Chang Ch'ien 张骞 (circa 2nd century B.C.) and the mystical great diviner Yen Chün-pin 严君平, who was a native of Szechwan and used to divinate for people in Chengtu. Once Chang Ch'ien sailed up the source of the Yellow River in a raft, but actually he went up to the Silver Stream (the Milky Way) as the two were believed to be connected. On his return, he loaded his raft with a large stone, and inquired of Yen Chün-pin about it. Yen told him that it was the Loom Support Stone of the Weaving Damsel (the constellation north of the Milky Way. Its brightest star, the Vega, is the Chih-nü (Weaving Damsel), Then Chang told Yen how he want up the Silver Stream and met the Weaving Damsel who gave him the stone to carry back and told him to inquire of Yen about it. Yen also told Chang that on a certain night last year a "quest star" invaded the constellation, and it must be Chang. Both were surprised.

According to popular superstition if anyone tries io remove or hurt the stone a thunderstorm will start immediately.[1]

The *Tien Ya Shih* 天涯石, or Heaven Border Stone, is on the *Tien Ya Shih* Street, in the north-east part of Chengtu. It is a long, pointed, flat gray sandstone more than two meters high. Sometimes it is called天牙石 (*Tien*

---

① 《蜀中名胜》（卷一）引《道教灵验记》：成都卜肆支机石，即海客携来自天河所得，织女令问严君平者也，太尉敦煌公好奇尚异，命工人镌取支机一片，欲为器用。椎琢之际，忽若风霣坠于右侧，如此者三，公知其灵物，乃已之，至今所刻迹存焉。复令穿掘其下，则风雷震惊，咫尺昏喑，遂不敢犯。

Ya Shih), that is, Heaven Tooth Stone, perhaps due to its shape.[①] At present the stone is housed in a small temple with a shrine, and people frequently go in to worship before it. There is no explanation of its origin, but superstitions are rampant. According to one superstition, if anyone kicks or sits on it that part of the body which touches the stone will become swollen.[②] The local gazetteers also say that not far from it there used to be another stone, somewhat similar but slightly smaller, called the *Ti Chio Shih* 地角石, that is, the Earth Corner Stone.[③] The *Tien Ya* and *Ti Chio* are literay expressions metaphorical of distant places.

The *Wu K'uai Shih* 五块石, or the Five-piece Stone, is in the southern suburb of Chengtu, a place by the same name, behind the Wu-hou Tzü 武侯祠, and about half a mile from the southern city wall. The *Wu K'uai Shih* is almost three meters high, five pieces of gray sandstone, one placed upon other. The lowest piece is entirely buried under the earth and cannot be seen now. The stones were deeply eroded at the joints, so the whole piece looks like four roughly-shaped balls placed one upon the other. Beside the stone stand two small shrines dedicated to the Earth God of the locality, which

---

① Some records state that the Heaven Tooth Stone is a different one, distinct from the Heaven Corner Stone. 隆深，《蜀都杂抄》，天涯石在城东门内，宝光寺之东侧，有亭覆之…别有一石，则在民居，其高亚于前石，未审何者天涯？何者为天牙？ But at present there is only one stone.

② 《四川通志》（卷四十九）引《耆旧传》云：人坐其上则脚肿不能行，至今不敢践履及坐。

③ There are different versions as to the shape and place of the *Ti Chio Shih*, such as 朱秉器《漫录》：地角石在罗城内西北角，高三尺余，王均之难，为守城者所坏，今不复有矣。

have no connection with the stone.

One tradition says that it is the cover of the "Sea Hole" 海眼, that is , a hole which connects with the sea. Once, in former times, people tried to open it, but a storm arose suddenly, so they stopped.[1]

The *Shih Sun* 石笋, or Stone Bamboo Shoots, are the best known and the earliest documented of all the megaliths around Chengtu. According to the records, they ware still standing during the Southern Sung period (1127-1267 A.D.). The site was about two hundred paces outside the old west gate of Chengtu, in a place called *Shik Sun Kai*, The Street of stone bamboo shoots. There were two of them standing beside each other, one on the north and one the south. Originally they were almost ten meters high (according to the records) but they began to crumble about the beginning of the Christian era.[2] During the Tang dynasty (618-907 A.D.) they still stood about four or five meters high.[3] The *Hua-yang Kuo Chih* says:

"The strong men *Wu Ting of Shu* can move the mountains and lift weights weighing thousands of tons. Whenever a king died they erected a large stone thirty feet long weighing a thousand tons to mark the grave. The

---

[1] The earliest record of the *Wu K'uai Shih* is from the Ming dynasty. 王士性《入蜀记》：五块石礌砢叠缀若累丸然，三面皆方，不测所自始，或云其下海眼也，每人启之，风雨暴至。余奇之，书"落星"二字，请于中丞亭其上。

[2] 《益部耆旧传》：公孙述时武担石折，任文公叹曰，西方智士死，吾当应之。岁中卒。The *Wu Tan Shih* mentioned here is the *Shih Sun*.

[3] 杜甫《石笋行》：君不见益州城西门，陌上石笋双高蹲，古来相传是海眼，苔藓蚀尽波涛痕。雨多往往得瑟瑟，此事恍惚难明论。注云：成都子城西金容坊，有石二株挺然耸峭，高余丈。

modern Stone Bamboo Shoots are those tombstones."

The interpretation of the *Hua-yang Kuo Chih* is, perhaps, correct, but there arose other interpretations later. One tradition says that they are signposts of the "sea hole." The posts cannot be moved, otherwise the place will turn into a sea. One proof of this that after a summer rain small holes are often found sinking down a few feet near the stones. If you tie a sinker to a string and let it sink down the hole, the more you let the string go the deeper it wil sink, as if there were no bottom. Also, after a rain small pearls are always found around the stones.[1]

Another interpretation is that they were monuments of the mythical king or emperor, *Tsan Tsung* 蚕丛氏, in commemoration of the establishment of the kingdom of *Shu*.[2] This is possible but improbable.

A few years ago the author was told that parts of the *Shih Sun* are still existant, so he made several investigations of the place during the last few years. The local people told him that one pieoe of it was still visible about thirty years ago in the bed of the rivulet under low water during winter. Now it is entirely buried under the bottom mud. Others say that a large part of another piece is still standing beside a well in someone's backyard. Attempts

---

[1] 《成都记》：距石笋二三尺，夏大雨，往往陷作土穴，泓水湛然，以竹测之，深不可测。及以绳系石而投其下，愈投而愈无穷，故有海眼之说。石笋之地，雨过必有小珠，青黄如粟，亦有小孔可以贯丝。

[2] 《蜀中广记》（卷二）引《图经》云：诸葛亮掘之方验，有篆字，曰蚕丛氏启国誓蜀之碑。以二石柱横埋之，连接铁其中，一南一北，无所偏邪。

to locate them have all failed.

The *Wu Ting Tan* 武丁担, or Wu Ting's carrying pole. According to the *Hua-yang Kuo Chih*, in the city of Chengtu there was a broken stone about ten meters long and two meters in circumference. Ten miles outside the north gate, in a place called *Pi Ch'iao* 毗桥 there was also a stone similar in shape. These two stones are two parts of the stone pole which the strong man *Wu Ting* used to carry earth to build the *Wu Tan* mound, the supposed tomb of the beautiful fairy queen of the mythical emperor of *Shu*. The *Wu Tan* mound is now in the north-west corner of the city, not far from the *Shih Sun*.

Others contend that the *Shih Sun* and the *Wu Ting Tan* were in reality one thing, only the records confused them. As both of these stones can not be found today, we have no means of settling the question, but there is a stone collected by the Szechwan Museum from the *Wu Tan* mound, which the author strongly suspects is the remainder of the *Wu Ting Tan*. It is of limestone and about 80 cm in length and 140 cm in circumference, pointed at one end and sharply broken at the other. There are two lines of characters inscribed on it about the thirteenth century A.D., but they have no bearing on the origin of the stone.[1] Since it comes from the *Wu Tan* mound, it has the strong possibility of being a remainder of the *Wu Ting Tan*, but this is

---

[1]　The characters are 如弦之直，如称之平，from the 县全箴 of 古之奇。The calligraphy was by 李崧 of the Five Short Dynasties period. 见五代史。

merely a guess.

All these just described are monoliths or menhirs. There are also many records, especially in the local gazetteers, of similar ones in the districts around Chengtu, but most of them are not existant today, and the author has not made any investigation of them, so their description must wait for another time. There is another type of megalith in the Chengtu plain which must be mentioned now, that is, the alignments.

The *Fei Lai Shịh* 飞来石, or the Flying Stones, are in the Hsin-fan 新繁, district about twenty miles northwest of Chengtu. The site is on the north bank of the Ching Pai River 青白江, about four miles to the northeast of Hsin-fan. The stones were laid in a large paddy-field and in perfect alignment. The author visited the site in 1939, but he neglected to take a picture or make a drawing. When he visited the place again in the winter of 1943, he found out, much to his surprise, that all the stones were gone. He inquired of the local peasants about it, and they said that they had used all the stones to build the bridge over the river in 1941. At that time there were still a few broken pieces left beside the bridge. The *Gazetteer of Hsin-fan* recorded these stones and considered them as having flown there, as the whole district is alluvial and no large stones are found anywhere else. It also offers the alternative explanation of being meteors, but gives no description.

The *Pa Cheng T'u* 八阵图 is in the north of the district of Hsin-tu 新都, and about twenty miles north of Chengtu. The site is located on the east side of the local town Mi Mo 弥牟镇 (modern name T'ang Chia Shih 唐家寺), immediately behind the town. The site consists of more than a hundred earthern mounds arranged in perfect alignment, each mound about two meters high and about two meters apart. Originally they might have been higher, as there has been considerable erosion. According to old records each mound was capped with river stones 江石 (maybe large pebbles), but there are no stones now. They might have been removed by the local people for building purposes.

All records and tradition attribute the origin of the *Pa Cheng Tu* to Chu-kuo Liang (诸葛亮), who erected the mounds to train his armies or as a kind of maze to confuse the advancing enemy. This is apparently a later rationalization, as no army of considerable size could pass through its narrow passages in such a formation as was essential to old style warfare. On the other hand, it is too small a place for a training ground, the whole alignment not being more than a hundred meters square. As a maze It is too simple, for any creature can get out without any difficulty. To my mind the *Pan Cheng Tu* is part and parcel of the Szechwan megalithic culture complex. Since large stones are difficult to obtain in the plain, the ancient megalithic builders first built the earthern mounds and then capped them with stone. It must be remarked that they are not burial mounds, as quite a few of them had already been opened by the local people.

Besides the *Pa Cheng Tu* at Hsin-tu there are at least two other *Pa*

Cheng Tu. The best known is the one at Kuei-fu in Eastern Szechwan, which is built of large pebbles on the river bank. The other one is at Chi Pan Shih 棋盘市, in Shuang-liu 双流, about twenty miles south of Chengtu. The *Pa Cheng Tu* at Chi Pan Shih was also built of earth mounds, but they were entirely levelled to the ground a long time ago. The origin of these two *Pa Cheng Tu* is also attributed to Chu-kuo Liang. Although the number of mounds in each *Pa Cheng Tu* in different, the arrangement in alignment is always the same, so they may be considered as essentially the same class of megaliths.[①]

As to the original meaning of these megaliths, we can only conjecture. As suggested by the *Hua-yang Kuo Chih*, they may be tomb monuments. Take as an example the *Shih Sun*, which is only half mile from the *Wu Tan* mound, and the two sites may be intrinsically connected. The *Wu Tan* is certainly an artificial mound, and most probably it is a burial tumulus. If this is the case, the *Shih Sun* may be its original tomb monuments. Of course megaliths may be erected for a variety of other reasons. They may be erected to commemorate an important social or political event, to mark a road, to delimit the boundary of a forbidden ground, etc. So the significance of each megalith has to be determined in each case by its own characteristic surroundings. The meaning of the *Pa Cheng Tu* is still more obscure, but of

---

① The literature on the *Pa Cheng Tu* is very plentiful, but as a rule there is very little bearing on the origin of the megaliths, so it is simply omitted.

one thing we are certain, that they have no connection with the military tactics of Chu-kuo Liang. They may be of a religious character, that is, sacred places for performing religious ceremonies.

We must be aware of the fact that the megalithic remains in Szechwan are not an isolated phenomenon, but that megaliths are almost of world-wide distribution. From Western Europe eastward they are found across Asia into India, Assam, Burma, Yunnan, and into Melanesia, Micronesia, Polynesia, as far east as Easter Island. In northeastern Asia megaliths are found as far as Manchuria and Korea. So, from the point of distribution, the Szechwan megaliths are only part of this widely distributed megalithic culture complex.

Concerning the question of the age of these megaliths, we are still less certain. Some of them may be neolithic, but "neolithic" is a relative term chronologically. The *Hua-yang Kuo Chih* states that the *Shih Sun* is early *Shu* (i. e. first half of the first millennium B.C.), but the custom might be dated much earlier than that. On the other hand, the erection of large stones to mark the site of an important event was done in China proper even during the third century B.C. The founder of the Ch'in dynasty, Shih Huang-ti, set up monoliths on the summit of Tai Shan to commemorate his visit and the unification of China.[1] In Szechwan it even survived as late as the Tang

---

[1] 《史记·秦始皇本纪》：二十八年，始皇东行郡县，上邹峄山，立石，与鲁诸儒生议刻石颂秦德，议封禅望祭山川之事。乃遂上泰山，立石封祠祀。It is quite apparent that the megaliths set up were not inscribed at first. The inscriptions were made later.

dynasty. When Fung Kung 房琯 was governor of Hanchow 汉州, he was much beloved by the people. When he was recalled, the inhabitants of Hanchow set up a stone to commemorate his governorship, now the Fang Kung Shih房公石, as it is called, still standing in the Kuang Han广汉public park.[①] It is interesting to note that Nagas living in the hills between Assam and Burma still erect large stones to commemorate social occasions and mark events of their lives. The Szechwan megaliths may belong to a period extending from the neolithic down to late Chou times.

成都平原之大石文化遗迹

川西平原中，往往有巨石巍然峙立，形状特异，前人不察，对之常发种种迷信，不知其来源所自，然此皆古代大石文化之遗存也。其中之最著者，莫若成都西门外之石笋，少城之支机石，东北城之天涯石，南门之五块石，五担山与毗桥之五丁担，而其他之见于川中各县者尤多，因未亲身调查，故暂从略。

———————————————————————

① The present Fang Kung Shih in the Kuang-han Public Park is a small stone, quite different from those in the old descriptions, such as according to 丹渊集：聂侯友仲立汉州学制度，宏侈为二蜀二冠，当时不知何处得巨石，置讲堂之后，质状怪伟，势若飞动。But the 秦蜀驿程记 of 王士正 gives a different story:次汉州西郭，州守濮阳冯远，邀观房公西湖，已无勺水。入城，宿州署，署中小圃甚洁，花木丛萃可喜。有房公石，旧在池中，今涸矣。冯守云：曾掘地数丈，穷其根不可得，石脉西南行。旧志言尾出于房湖，今湖中乃无片石。Most probably the Fang Kung Shih is an old megalith set up again for him.

石笋首见于《华阳国志》，是后之记载题咏者颇多，南宋时尤存，明末曹学佺著《蜀中名胜记》，以为成都西门之胜，今则不复见矣。或云已坅于护城河中，数十年前水枯时犹时时见之。或云现尚存于某家之后园中实莫知其究竟也。支机石现存于支机石街西首之支机石公园中，相传以为天孙之支机石，张骞自天河运蜀以之询严君平者。天涯石现存天涯石街，有小庙护之，香火颇盛，五块石现存南门外武侯祠后，五石相叠，形若累丸，相传其下海眼也，掘之则风雨暴至。五丁担已不复存，四川博物馆中所藏之稿模石或其残余也。

此类巨石，其原始之意义何在？古今来为之作推测者颇多，《华阳国志》以石笋为古代蜀帝王之墓表，此自属可能，但以五丁担系五丁力士担土之擔，则属附会矣。他如支机石海眼之说，则史属迷信。总之，此类巨石，为古代文化中之纪念物，如墓表、纪念碑、指路碑、界石（指明系禁地或特别区域）等，其用途故不可一概而论也。以上所言，皆考古学上所称为"独石"者。然川中更有另一种巨石文化遗迹，即考古学上所称之"石行"，或"列石"，俗所谓八阵图是也。

八阵图之最著及记载最早者，则为奉节之八阵图，《水经注》："江水经诸葛亮图垒南，石迹平旷，望兼川陆，有亮所造八阵图"。又《寰宇记》"八阵图在奉节县西南七里，周回四百八十丈，中有诸葛孔明八阵图，聚石为之，各高五尺，广十围，历然棋布，纵横相当，中间相去九尺，正中间南北巷悉广五尺，凡六十四聚。或为人散乱及为夏水所没，冬水退后，依然如故"。此即所谓之水八阵也，又有所谓旱八阵，在新都北之弥牟镇（今名唐家寺）、武侯祠后，聚土为丘，高约五六尺，现尚存八九十丘，一部分已毁。每一土丘上，原有石冠之，今已尽为人取去，平原中石少故也。历来之记载，均以为系诸葛亮故垒，用以练兵者，依此简单纵横成行之列石，于兵阵何用？其为附会也甚明。但川中之列石实不只此，新繁之飞来石，即其一也。（民国三十一年乡人已尽毁之以建桥）。棋盘市亦有八阵图，聚数最多，约一百二十余，亦堆土为之。此类列石之原来用途，在考古学上至今尚不甚明瞭，或与宗教仪式有关也。

大石文化为新石器时代之特征，其分布甚广，自西欧东行以至中亚，经印度而至中国之四川云南，东行直达于海（大）洋洲。北路则由中亚而直抵满洲朝群。故四川之巨石遗存，为此分布极广之大石文化中之一环，其时代大约自新石器时代以至周代，不过至唐时此风犹有存者，汉州西湖之房公石是也。（房公石大概为旧石新立）而阿萨米之纳加族，至今尚立石以纪念其中之重要事件也。

[原载*Journal of the West China Border Research Society*, Vol.XVI Series A(1945), pp.15-22]

UNEARTHING AN UNKNOWN CULTURE

Some time between the fourth and first centuries B.C., a bronze culture existed in what is today Yunnan province in southwest China. For centuries practically nothing was known about it. In 1954 the Yunnan Provincial Museum, investigating around Shihchai Hill near Tsinning county on the shores of the famous Tienchih Lake, excavated a group of tombs and discovered considerable

Dancer in bronze.

relics belonging to the later period of the bronze culture. Nurtured by a favourable environment of fertile plains and a mild climate, this culture reached a comparatively high level of development and was distinguished by strong local characteristics. There are also signs, however, that it falls within the scope of the bronze culture which grew up on the central plains in the Yellow River valley,the centre of early Chinese life. This discovery constitutes one of the major archaeological achievements since the founding of the people's Republic of China.

The unearthed tombs at Shihchai Hill number 34. Though not large, each measuring about three metres long and two metres wide, they were very rich in burial objects. Tomb No. 13 alone, for example, contained more than 600 items.

In four years, the 34 tombs yielded altogether more than 4,000 objects. Among them was a gold seal carved with four Han characters reading "Seal of the King of Tien", indicating that this group of tombs belonged to the royal families of the old Tien kingdom. For that reason, temporarily we call the people who created this culture the Tien people and their culture, the Tien culture.

Time and Origin

Little has been recorded about the Tien kingdom. From the *Historical Records* compiled by Ssuma Chien (145-86 B.C.), we learn that during the Han dynasty (206 B.C.-A.D.220) many minority peoples dwelled in the southwestern parts of China. Among them, the Yehlang, Tien and Chiungtu peoples predominated. Emperor Wu Ti (157-87 B.C.) of the Western Han dynasty established Tienchih county around what is now Tsinning. This place has always been regarded as the capital of the ancient Tien kingdom. The King of Tien was said to be a descendant of Chuang Chiao, a general of the State of Chu (with its capital in today's Hupeh province) who went to the southwest on a military expedition in the fourth century B.C. and finally settled in Tienchih.

The relics we found provided important information about the Tien people. They showed that during the Chin and Han dynasties, the Han people and the minority peoples in the border regions were in varying stages of social development. As they came into contact, their cultures tended to be more and more conformable.

Based on their positions and the kinds and arrangement of the burial objects in them, the 34 tombs at Shihchai Hill can be divided into the early, middle and late periods of the later stage of the Bronze Age; i.e., the stage

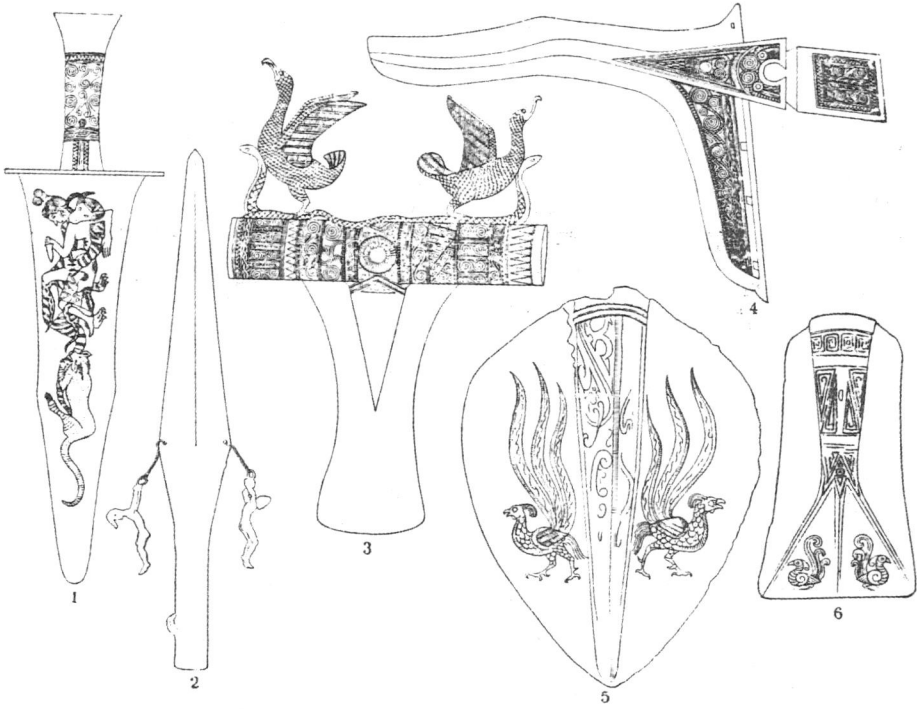

Bronze farm tools and weapons. (1) Dagger (2) Spearhead (3) Axe (4) Halberd (5) Plough (6) Hoe

Leopards Attacking a Boar. Openwork bronze ornament. Ornament embellished with a rim of monkeys.

of transition to the Iron Age.

The relics found in the tombs of the early period have a very strong Tien character. Objects like the bronze drums, drum-shaped cowrie-shell containers, daggers, and the *sheng* (a harmonic wind instrument) have never been found in the central plains. Nor were any objects of the central plains discovered in these tombs. No iron articles were found. The date of this group of tombs falls probably between the third century and 175 B.C.

Local characteristics are less noticeable in those items found in tombs of the middle period, dating around 175-118 B.C. Although the funerary objects were in general the same as those of the early period, there were things from the central plains, such as coins and bronze mirrors with inscriptions and decorative patterns. Iron weapons like daggers and spears began to appear.

More vessels of the Han type were found among the burial goods in the tombs of the later period (118 B.C.-lst century). Typical were the *chung* wine vessels decorated with concentrate rings, water jars, braziers, cups with handles, *ho* vessels for mixing food, belt hooks and bronze mirrors with inscriptions reading "For Beautiful Women" and "For Long Remembrance". It is possible some of these vessels were made locally. Others might have been obtained through trade with the central plains, as for example the *wu chu* coins minted in the 23rd year of the reign of Emperor Wu Ti (118 B.C.).

Bronze Art

The Tien culture was dominated by bronze ware. Besides weapons and tools, the Tien people also cast huge musical instruments, drums and drum-like containers for cowrie shells. Since the latter were used as money by the Tien people, the containers were important. The high level of this bronze culture can be discerned in the large number, wide range and excellence of the objects, and the use of such embellishing techniques as gilding. There were also a small number of iron implements,lacquer ware, pottery, jade and stone pieces, and gold and silver articles. Openwork, carving and inlay decoration on gold, silver and jade all showed fine workmanship.

Some of the ornaments are indeed unparalleled in beauty. Among these are bronze disks or squares worn at the centre of a belt. Over a hundred of them were found. A round one from Tomb 6 has a centre inlaid with red agate superimposed on an eight-ray star pattern. This is encircled by an inlay of turquoise. The outer rim is made up of ten cleverly-wrought monkeys. The tail of each is flung around the neck of the one behind, and each is grasping the left hind limb of the one in front of him with his right paw. The designing and craftsmanship in gold, jade and lacquer speak vividly of the proficiency and the fine division of labour of those who created this piece.

Figures seem to be favourite themes in the Tien ornaments. A vivacious example is the set of four women figures from Tomb 17. Their hair is elaborately dressed and they wear flowing gowns. One is shown blowing the *sheng*; the other three are singing and dancing.

Still other common themes are animals running, attacking one another, or scenes of the hunt. These are found especially in bronze sculpture, which is usually of bas-relief openwork. One ornament from Tomb 10 shows a boar falling victim to two leopards. One attacker has sunk his teeth into the boar's back. The attacked, eyes bulging with fright and mouth agape with cries of pain, is plunging ahead in its attempt to escape. The second attacker has been thrown to the ground by the boar's mad rush and is trying to regain his feet. It is a drama of savage conflict caught in mid-act. The wild strength is conveyed in realistic detail through forceful but flowing lines, while the ornament as a whole gives a sense of unity. Its spirit and workmanship compare favourably with the finest sculpture past and present.

Slave Society

The relics provide graphic material for the study of the life and society of the Tien people at that time. The scenes of ceremony and daily life depicted on the lids of cowrie-shell containers and other bronze ornaments indicate that the Tienchih area was then under the slave system. A container

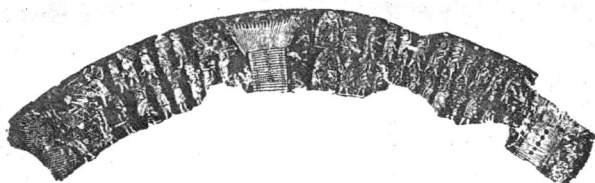

Rubbing of a pattern on a cowrie-shell container showing the distribution of grain.

Lid of a cowrie shell container depicting a woman slave owner supervising weavers.

Bronze cowrie shell container depicting a meeting of tribal chiefs.

lid from Tomb 1 has a sculptured group of 18 figures apparently portraying a home or palace scene. The central figure is a woman, slightly bigger than the rest, sitting on a low couch. She is obviously the mistress. Opposite her are six slave women spinning and weaving. Behind her another slave sits holding a sunshade. Three more stand to her left checking the woven cloth. A woman is speaking with obvious respect to the mistress while three others are approaching with food. Their trays are laden with chicken, duck, meat and round-shaped objects. These women are followed by two more attendants. Besides the women in Tien costume and coiffure, there are women in seven different hair-knots and costumes. These probably represent people of other tribes under Tien rule.

Around the body of a cowrie-shell container from Tomb 12 is engraved a scene of a long line of people receiving their grain from a central storing place, an indication of the slave system under which people worked in groups rather than individually as under the feudal system.

The rich in the ancient Tien kingdom obtained their slaves chiefly from captives of war. Capturing the enemy is the most common battle scene depicted on the grave objects. History books also record frequent warfare among the minority peoples in the southwest for this purpose. Some of them carried on a slave trade with the Han people. This situation continued in Yunnan and southwestern Szechuan until the third century.

In their political relations, the minority peoples in the Tienchih area tended toward tribal alliances. It is probable that the scene shown on the lid of a cowrieshell container from Tomb 12 depicts a meeting of tribal chiefs. There are altogether some 120 figures. On a roofed platform sits the head of the alliance, perhaps the King of Tien, accompanied by other leading members seated in two rows. On the ground below people are slaughtering animals, playing on musical instruments and preparing for a ceremony of sacrifice between two huge bronze drum-shaped columns.

Though no indication of burying the living with the dead was found in the tombs, scenes of human sacrifice at ceremonies are frequently depicted on the grave objects. This is a distinctive feature of the slave system.

Occupations and Customs

The people of the ancient Tien Kingdom engaged chiefly in farming. This conclusion can be derived from the many scenes of ceremonies related to agriculture, e.g. praying for and giving thanks for harvests, rites at the time of sowing crops and storing grain.

Women were most likely the chief farm producers and consequently took the important roles in ceremonies having to do with agriculture. A great many farm implements were found. Ploughs, hoes, spades and sickles were made of bronze and decorated with patterns of birds, animals and plant life. It may be that these implements were strictly ceremonial and burial goods. The chief occupations of the men were fighting, hunting and livestock-tending, although it appears they did some auxiliary farm work. Domestic animals included horses, cattle, sheep, pigs and dogs. Game animals included deer, tiger and the boar.

Oxen occupied an important position in the life of the Tien people, as can be seen in the frequent use of the animal as a decorative theme. They were also sacrificed in various ceremonies. Possibly the Tien people made a sport of " cutting up the ox", similar to that practised among the minority peoples in western Yunnan before the liberation.

The present finds enabled us to make studies on the later stage of the bronze culture. Before this stage there must have been a relatively long historical process, of which materials are lacking. These remain to be discovered and excavated by our archaeologists.

[原载 *China Reconstructs*, Vol.12, No.9(1963), pp.38-41]

WAR EXCAVATION REVEALS TOMB

Chinese workmen in Chengtu, Szechwan Province, who were digging to make an air-raid shelter have been responsible for an important archaeological discovery. Their picks struck a mound of brick and stone work which has been revealed as the grave of Wang Chien, distinguished official and self-appointed Emperor of the 10th century, A.D. Chinese and American archaeologists believe that the contents of the coffin, at last report not yet investigated, will prove of great value to archaeologists and historians alike.

Facts of this discovery have been related by United China Relief from the Associated Boards for Christian Colleges in China. Wang Chien's grave was found a quarter of a mile outside the West Gate of the city of Chengtu in an historical mound believed, until now, to owe its fame to its association with the Chinese poet, Ssu-ma Hsiang-ju, who died in 117 B.C.

Excavations of the tomb are now going on under the supervision of Dr.

Feng Han-I, Harvard-trained Director of the Museum of West China Union University. After clearing away the bricks and stones, the tomb chamber was found lying in a mud casing 15 feet thick. The tomb itself is 80 feet long, 20 feet wide and 20 feet high. At the back of the tomb chamber on the tomb-throne was a statue——presumably of the dead man——and lying in front of this was a case whose dragon-shaped handles gave the first clue of the regal identity of the tomb's occupant.

Two other cases, lined with silver and inlaid with silver and gold in discoidal design, contained two sets of jade books, composed of 53 leaves one foot two inches long, one and a half inches wide and half an inch thick. The inscription shows this to be a long commentary on the "gracious reign" of Emperor Wang Chien. A detailed report of all of the grave furniture, including photographs and sketches, is being prepared by students and faculty members of the Department of Archaeology of West China Union University.

Wang Chien, who was born about 847 A. D., rose from generalship to governorship of Szechwan Province. When the House of T'ang collapsed in 906 A. D., he declared Szechwan to be a new kingdom, and proclaimed himself its emperor. Chengtu was his capital. It was a city of wealth and culture, and is considered by some historians to have been at that time, the most civilized city in the world.

[原载 *El Palacio*, Vol. L, No. 11(1943), pp. 265-266]

DISCOVERY AND EXCAVATION OF THE YUNG LING 永陵, THE ROYAL TOMB OF WANG CHIEN 王建 847–918 A. D.

As one travels along the Chengtu plain, he will notice hundreds of artificial mounds breaking the monotony of a featureless landscape. Some of these mounds are of tremendous size amounting to fifteen or more meters in height and hundreds of meters in circumference. Except a very few, all of them are burial tumuli ranging from the fifth or fourth centuries B.C. down to modern times. As no other monumental vestiges survive the ravages of human and natural agencies outside the tombs, their identity is as a rule entirely lost. The local people simply call them hillocks or royal tombs. Many of them are considered to be important *feng-shui* 风水[1] to the locality

---

[1] Literally, wind and water,i.e., geomancy.

and people are forbidden to move earth from them. The Yung Ling is only one of these mounds.

In historical records and local tradition the Yung Ling is called the Chin-T'ai 琴台 and supposed to be the site of the house of the celebrated poet Ssuma Hsiang-ju 司马相如 (200-118 B.C.) of the Former Han dynasty, a native of Chengtu, Chin-T'ai means literally "lute-platform ".i.e., a place for playing the lute, and, in an extended sense, the site of the residence of the poet. It began to be mentioned in historical records around the fifth century A.D., and became a place of great poetical interest from the T'ang dynasty onwards, perhaps because of the romantic episodes in the life of the poet. But how the Yung Ling lost its identity and was mistaken for the Chin-T'ai is a question still waiting to be solved. The two places were distinct during the Southern Sung dynasty (1127-1279 A.D.) as the historical records clearly show. After the Yuan dynasty only the Chin-T'ai was mentioned in most cases, but not the Yung Ling. The reason is probably the proximity of the two places, as both are in the western suburb of Chengtu. As the Chin-T'ai was apparently a smaller mound and may be levelled to the ground and entirely lost, people gradually began to point to the much higher and bigger Yung Ling mound as the Chin-T'ai.

Before describing the discovery and excavation of the royal tomb, it would be proper to give a short biography of the emperor himself as a historical introduction. Wang Chien was a native of Hsiang-ch'eng 项城 in modern

考古论文　DISCOVERY AND EXCAVATION OF THE YUNG LING 永陵，
THE ROYAL TOMB OF WANG CHIEN 王建 847–918 A. D.

929

Honan province.[①] He was of humble ancestry and born in 847 A.D. He was tall in stature with a commanding appearance. As a young man, he became a desperado. Once a monk remonstrated with him saying: "A young man of your noble appearance, why not do something worthwhile instead of being a scourge to the land!" He was much moved by the rebuke and enlisted in the army. Owing to his gallantry and ability, he won quick promotions. When the notorious rebel Huang Chao 黄巢 sacked the T'ang capital in 880 A.D., the Emperor Hsi-tsung 僖宗(874-888) fled to Chengtu, and Wang Chien and four others led a small army to his protection. The emperor was much pleased and made him one of the commanders of the imperial guards. When Hsi-tsung fled again from his capital in 885 A.D., Wang Chien led him through the flames of the burning suspension paths 栈道 to Hsing yuan 兴元 (modern Han-chung in southern Shensi). On this account he was made the governor of Pi-chow 壁州刺史 and later the commissioner for defence of Li-chow 利州 防御使 both in northern Szechwan. At this time the great T'ang dynasty was drawing to its end and the local warlords were fighting among each other, while the T'ang emperor was powerless to do anything about it. Within a period of twenty years, Wang Chien conquered the whole of Szechwan and parts of Shensi, Kansu, and Kweichow for himself. In 903 A.D. the T'ang emperor Chao-tsung 昭宗(889-904) made him King of Shu 蜀王. When Chu Wen 朱温 (907-912), founder of the short Liang dynasty (907-922),

---

① 　Some records state that he was a native of Wu-yang 舞阳, which is not far from 项城.

murdered Chao tsung in 904 A.D., practically ending the T'ang dynasty, Wang Chien declared himself Emperor of Shu (Szechwan) in 907 A.D.

China proper was in great turmoil during this time, but Szechwan prospered and enjoyed considerable peace under Wang Chien's able administration. Many people from other parts of China fled to Szechwan as a place of refuge. Although Wang Chien had practically no education himself, he was a great patron of literature and art. He was also a great admirer of T'ang court life and remained loyal to the T'ang regime until its very end. Most of the men he used and trusted were old officials from the T'ang court who came to him from North China. Wang Chien ruled as emperor of Szechwan for twelve years and died in 918 A.D. at the age of seventy-two. He was succeeded by his son Wang Yen 王衍, who was conquered by the Later T'ang dynasty in 925 A.D. From the date of Wang Chien's first entry into Szechwan in 887 A.D. down to 925 A.D., the kingdom which he founded lasted only thirty-seven years.

The Yung Ling is only about half a mile outside the old west gate of the present city wall of Chengtu. The mound is about fifteen meters high at present, but originally it might have been a little higher as there has been a considerable amount of erosion during the last thousand years. The diameter is about seventy-five meters and it is circumscribed with stone blocks about two meters high. It is situated between two rivulets and is orientated directly to the south. The rivulet at the front curves in toward the royal tomb to form a semicircle, which is of great geomantic significance. Originally there were stone obelisks, horses, lions, tigers and a med guards standing in front of the tomb. But none of these are in existence today. According to the records, there were temples dedicated to the emperor beside the royal tomb and they were still standing during the Southern Sung period. On the walls were mural paintings executed by well-known artists of the time.

The writer first made a rough reconnaisance of the site during the winter of 1937. At that time nearly one-third of the mound-earth bad been removed by the road builders of Chengtu. A little examination led him to believe that it was not the Chin-T'ai at all but a large tomb. Pottery sherds of the corded type, stamp-ornamented bricks, ornamented tile fronts were found in abundance in the exposed parts of the tumulus. Even well glazed pottery of the Liu li Ch'ang 琉璃厂 and Chiung-yao 邛窑 types，reputed wares of the T'ang and Sung periods, were also found among them. It was quite evident that the date of the site could not be earlier than the T'ang dynasty.

During the fall of 1939, the Paochi-Tienshui Railway Construction Office began to build a large air-raid dugout under the mound. At the west end of this dugout the workers struck a brick wall. After being informed about its discovery, the writer went immediately to examine it. The bricks were of very large size without any decoration or inscription. Although the exposed part of the wall was only two square meters, it further convinced the writer that it was a tomb. The writer explained the importance of the discovery to the engineer in charge of the work, and asked him to fill up the pit again until we are ready to make further excavations.

After the establishment of the Szechwan Museum in the spring of 1941 by the Szechwan Provincial Government in cooperation with the National Szechwan University, preliminary preparations were made for the excavation of the site. During this interval, prominent archaeologists were invited to examine the site, such as Dr. Li Chi 李济 Chief of the Archaeological Division of the Institute of History and Philology, Academic Sinca, and Dr. G.D. Wu 吴金鼎 of the same institution. After preliminary explorations, full excavation work was started on September 15, 1942, first with the help of Dr. T. K. Cheng 郑德坤 and Mr. M.C.Lin 林名均 of the West China Union University Museum. Later with the assistance accorded by the Academia Sinica and the National Central Museum, excavation work was expanded during the spring of 1943. Dr. G. D.Wu was invited to serve as field director. The whole excavation work was finished by the end of September, 1943.

The royal tomb is roughly rectangular in shape and divided into three chambers with the anterior and posterior chambers slightly smaller than the central one. The whole structure is formed by a series of thirteen double arches of red sand stone and covered with stone slabs between. The anterior chamber is 5.4m by 4.4m and 5.8m high at the key-stone. At the entrance is a huge red lacquered wooden door, lavishly ornamented with gilded bronze

考古论文 DISCOVERY AND EXCAVATION OF THE YUNG LING 永陵，
THE ROYAL TOMB OF WANG CHIEN 王建 847–918 A. D.

933

work. Outside the door was sealed with red sandstone blocks weighing hundreds of pounds each. Outside the stone sealing is another sealing of large burned bricks. The whole sealing is about three meters in thickness.

About three meters behind the front door in the anterior chamber are three steps leading to the main floor. Then there is another door partitioning the anterior and central chambers. The door is somewhat similar to the front door. There were perhaps ornamental fittings in the anterior chamber, presumably wood carvings and draperies, as the traces of these fittings are clearly visible on the two side walls. There is now nothing left in this chamber except a few gilded bronze and iron rings presumably handles of a large box. Other things were either removed by the tomb robbers or decayed.

The central chamber is the burial chamber. It is 11 meters by 6 meters and 6.35 meters at the highest point of the arches. The pedestal for the coffin is built approximately in the middle of the floor but slightly to the rear. It is 7.45 meters by 3.35 meters and. 0.84 meters in height and carried by twelve gold armour-clad guards. Only the trunks of the guards are above the floor as if they are carrying the whole weight. The guards are about two-thirds life-size. They are arranged six on the east side and six on the west but not in symmetrical groups.

The lower edge of the pedestal walls are carved in lotus flowers and the upper edge in dragon designs. The edges protrude out slightly from the walls. The central row of the pedestal walls are panels of female musicians sculptured in deep relief except the rear wall which is carved in large lotus flowers. There are ten musicians on the east and ten on the west walls, two musicians and two dancers on the front wall, making altogether twenty-four panels.

The top of the pedestal is surfaced with fine white marble but in the centre it is intersticed with green marble to make an agreeable design. The coffin is placed immediately on the top. What the coffin was exactly like, it is now impossible to tell as it was made of wood and has entirely decayed. What now remains are only the large gilded bronze rings and corner plates attached to the different layers of the coffin and sometimes the lacquer surface. From all the available evidence it seems that the coffin rested on another wooden platform of four successive series of balustrades, one higher than the other. The outer coffin,which is called kuo 椁 was in the form of a pavilion, with doors on the two long ends. These two small doors are elaborately, decorated with gilded bronze plates and bosses，just as on the two large chamber doors. Inside this outer coffin is placed the coffin itself, which is approximately 2.82 meters by 0.84 meter.

Immediately behind the pedestal is a large grey sandstone basin 1.13 meters in diameter and 0.44 meter deep placed on a brick pedestal of irregular shape. It ls plain and of rough workmanship. Inside the basin is placed a red sandstone disc 0.36 meter in diameter and 0.17 meter thick. On this stone disc is placed a large brown glazed pottery basin. In it are placed two green glazed porcelaneous lamps.

Behind the stone basin is the third door partitioning the central and posterior chambers. Its construction and ornamentation are similar to the other two doors. The posterior chamber is 5.8 meters by 4.4 meters and 5.5 meters high. The rear wall of the chamber is formed by the rear sealing of stone blocks which are more than three meters thick. The rear part of the chamber rose to a platform extending to the whole width of the chamber, 4.4 meters by 2.6 meters and 0.78 meter high. The frontal of the platform is divided into three panels. The central panel shows a circling dragon, the other two panels are carved with a lion in each. The upper edge of the frontal shows two dragons playing with a pearl. All are in relief.

At the outer edge of the platform are placed the two sets of Jade Tablets 玉册, dedicated to the emperor. They are placed end to end and extending the whole width of the platform. Each set consists of fifty-three tablets简. The first and last tablets of each set are 330mm long, 105mm wide and 15mm thick, with polychrome painting of a warrior clad in gold armour. These are really a few of the earliest Chinese polychrome paintings extant. The other tablets are of uniform size, 330mm long, 32mm wide and 20mm thick. Each tablet is perforated horizontally at each end, and silver threads put through them connect the whole set. On the first set of fifty-three tablets is inscribed the imperial eulogical essay 哀册; on the second set is inscribed the essay offering the posthumous title 谥册. The inscribed characters are gilded and of very fine calligraphy. Each set is placed in a long black lacquered wooden box. The covers of the boxes are elaborately ornamented with phoenix and lion designs of silver and gold plates.

At the rear of the platform and right in the center is placed the sitting statue of the emperor. It is about two-thirds life-size and sculptured in fine red sandstone. The emperor is seated on a stool of semilunar shape with legs hanging down, i.e., just like us moderns. This is quite unconventional of the time as chairs and stools had not come into common use during the T'ang period. He should have been sitted on the floor as the other musicians. This shows that the adoption of the use of chairs in China may first have come as an aristocratic custom. There may have been a wooden shrine with curtains over the statue, but they were all decayed except for a few brass and iron nails left. Originally the statue was painted, perhaps with dragon designs on the robes, but only a few traces of the colors (white, red, green) are left.

Before the statue is placed a double box holding the great jade seal bearing the posthumous title 高祖神武圣文孝德明惠皇帝谥宝, the jade disc 璧, and other things emblematic of the emperor. The outer box is 67cm square and 20cm high. The inner box is 60cm square and 15cm high. These measurements can only be taken as approximate as the boxes have been disturbed and the wooden parts entirely decayed. They are mostly taken from the edge and corner plate fittings, silver decorations, and from lacquer traces on the mud. There may be warpings and distortions.

The boxes are varnished with black lacquer and lavishly decorated with

考古论文　DISCOVERY AND EXCAVATION OF THE YUNG LING 永陵，
THE ROYAL TOMB OF WANG CHIEN 王建 847–918 A. D.

937

gilded silver engravings. Take, for example, the cover of the outer box. On the center is a gilded silver plate with phoenixes finely engraved on it. On the two sides are two warriors each holding an axe. They are also engraved on gilded silver plate. Other parts of the box are also fully studded with decorations.

The seal, the jade disc and other things are put in the inner box. The seal is 119 × 118mm and 35mm thick. The handle is of animal design and 73mm high. The seal belt 绶 has been rotted away with only the jade tips and silver buckles remaining. The jade disc is 95mm in diameter and engraved in dragon and phoenix designs. Other things are still under study. As the box and its contents bad been originally disturbed, their exact relative positions cannot be exactly ascertained.

In all three chambers the ceiling and arches were painted sky blue and the walls were painted crimson. In the central chamber and directly above the coffin was hung a great canopy. The frames of the canopy were made of wood and at certain parts reenforced with iron and with an iron cross top. The whole thing was covered with fine fabric, lacquered, painted and gilded. It can be seen from the impressions made by certain fallen parts preserved in the mud. The hanging chain and hook are still in position on the ceiling.

When the tomb was first opened, four-fifths of it was filled with mud which flowed in annually from the crevices in the front during the summer rains. These crevices are vestiges of the holes opened by the early robbers and not properly sealed later. The strata in the mud are clearly visible. Each stratum represents a big rain but not an annum.

The foregoing is a brief description of the inside of the tomb as it was first uncovered. It is evident that the construction of the tomb as a whole is rather simple and the grave furnitures scanty. The poverty of grave furniture may be explained by robbery. All those considered valuable at that time, such as golds, silver, pearls, precious stones, porcelains, and even bronzes must have been removed from the tomb. However, a few valuables are left over, including among them a large jade belt (consisting of seven large jade plaques finely carved in dragon designs), a large silver pot weighing about a pound and finely engraved, two small embossed silver boxes probably for holding cosmetics, a small silver pig, embossed and finely engraved, a large silver scratcher, a silver bowl, etc. All these must have been taken from the coffin and left by the robbers.

When was the tomb robbed? We can only conjecture. Most probably not more than ten years after it was first buried, i.e., between 925 to 933 A.D. The founder of the succeeding local kingdom, Meng Chih hsiang 孟知祥 of Later Shu 后蜀, issued an order to repair the tomb in 933 A.D. which showed that the tomb had already been pilfered by that time.

There is another perplexing problem which cannot be solved at present, i.e., no skeletal remains have been found in the coffin or in other parts of the tomb. So certain people suspect that this tomb was only a dummy. But from the other finds (such as the jade tablets, seals, disc, etc.) it cannot simply be a

考古论文　DISCOVERY AND EXCAVATION OF THE YUNG LING 永陵，
THE ROYAL TOMB OF WANG CHIEN 王建 847–918 A. D.

939

dummy and must be a real tomb. Moreover, more than thirty pounds of mercury were found in the coffin which tallies exactly with the ancient traditions. The skeleton might have been entirely decayed, as it is our experience that most Han and T'ang and even Ming tombs are without any skeletal remains in them in the Chengtu plain. As it had been robbed not long after it had been buried, the body might have been removed by the robbers.

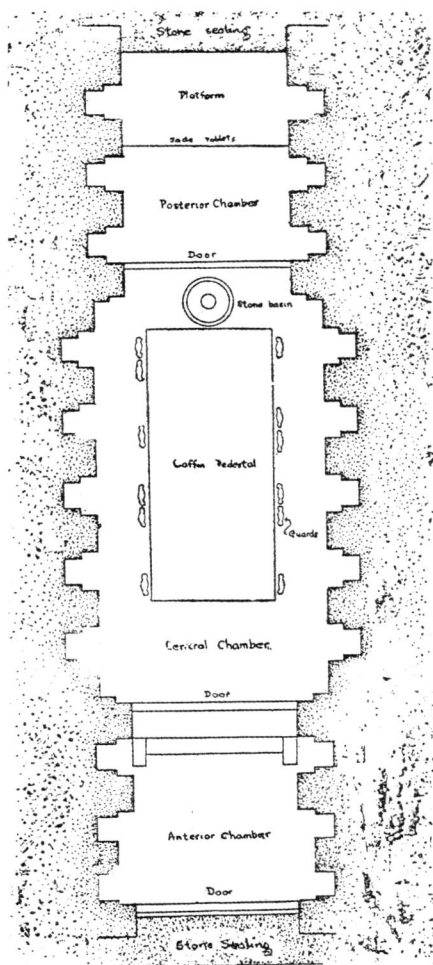

Sketch plan of the interior of the tomb (Drawn by Mr. Yang Yu-Jen Szechwan Museum).

1.The frontal of the coffin pedestal. The dancers and musicans and two of the guards carrying the pedestal can be seen. From this picture one can get a general view of the tomb.

2.Statue of the Emperor.

考古论文　DISCOVERY AND EXCAVATION OF THE YUNG LING 永陵，
THE ROYAL TOMB OF WANG CHIEN 王建 847-918 A. D.

941

3.One of the musicians playing the drum.

4.One of the armour-clad guards.

The above photographs were taken by Mr. Mo Chung-chiang, Society for Research in Chinese Architecture.

Before we close, it would be appropriate to discuss a few points about the significance of the excavation. There are hundreds of imperial tombs in China but none of them has been scientifically opened (except the Yin tombs in Anyang excavated by the Academia Sinica, which really belong to a different category). This excavation is really the first of its kind ever undertaken in Chinese archaeology. So it is beset with many difficulties as well as with possibilities.

It is well known that all emperors were buried with a very elaborate ritual but what was inside the tomb is profound secret which had never been revealed. This was especially true of the T'ang emperors.[1] Now this excavation at last reveals some of the secrets of the burial customs of the T'ang emperors. There are several reasons for us to take this position. First, since Wang Chien declared himself emperor, his successor and subjects must bury him as an emperor when he died. Secondly, the men whom Wang Chien used were mostly officials of the old T'ang regime who came to Szechwan as refugees. These people were familiar with T'ang court ritualism. So in Wang Chien's burial, the use of T'ang ritualism was to be expected. Thirdly, what have been recovered tally perfectly well with the meagre notices occasionally noted down in the historical records, e.g., the jade tablets and the seal. From these facts, we think it is reasonable to infer

---

[1] The T'ang emperors' burial ceremonies were forbidden to be discussed at the time, so very little was recorded about them. 唐书，礼志：李义府许敬宗以为凶事非臣子所宜言，遂去其国恤一篇，由是天子凶礼阙焉. 至国有大故，则皆临时采掇附比以从事，事已则讳而不传，故后世无考焉.

考古论文　DISCOVERY AND EXCAVATION OF THE YUNG LING 永陵，
THE ROYAL TOMB OF WANG CHIEN 王建 847–918 A. D.

943

that the tomb was built probably according to the T'ang imperial tombs. Although it was robbed and disturbed, only the movable things, especially the valuable objects, were affected. As to its historical value and its structure as a whole, its value is still very great.

The most important finds are the jade tablets, the jade seal and the sculptures. We know the *tsie* 册 and the *pao* 宝[1] are inseparable paraphernalia of all imperial burial ceremonies since Han times, but no one had ever seen them except those very fortunate few who were actually present at these ceremonies. So what they look like and how they are made, no one actually knows. The present finds serve as the only specimens scientically recovered.

Historically and artistically, the sculptures are of greater value. We know that practically ninety-nine percent of all the sculptures found in Szechwan are Buddhistic. The earliest ones date from fifth century A.D. These sculptures show essentially the Gandhara influence and as circumscribed by their subject-matter, they exhibit very little artistic creative quality. The sculptures in the tomb are different. They are really the only non-religious sculptures ever discovered in Szechwan and have even no peer in other parts of China. The female musicians and dancers are executed in the most lively and realistic way, i.e., the artist can bring his imagination and ability into full play. The same can also be said of the armoured guards. Even the statue of the emperor, although a portraiture of a realistic, austere

---

[1]　Means the seal bearing the posthumous title.

and formal kind, exhibits the artist's superb ability in execution. It tallies very well with the description in the historical records, with heavy brows, deep set eyes, straight nose, high malars and thin lips.

Many of the other finds are still under study. The results cannot be stated exactly at present. For example, the structure of the tomb itself is a monumental piece of architecture and it is now under expert study at the Society for Research in Chinese Architecture.

[原载 *Quarterly Bulletin of Chinese Bibliography*,

N. S. Vol. 4(1944), Nos. 1−2, pp. 1−11]

历史学

禹生石纽辨

大禹的生地一问题，自陈志良君作《禹生石纽辨》一文载《禹贡》月刊后，后来之谈到此问题者，几无不以为禹生于四川的汶川县，因而牵引到禹是羌人，禹是四川人，以及夏民族发祥于岷江流域等问题。但是把他们所举出来的证据稍为仔细检查一下，实为微弱，不只不能证明禹生于四川的汶川县石纽乡刳儿坪，连这种传说亦根本为后起的附会，而无事实的根据。在检讨此问题之前，我们不妨先将明陆深的《蜀都杂抄》中的一段，抄在这里，作为楔子：

成都学宫前绰楔题曰"神禹乡邦"，予始至视学见而疑之。昔尧舜禹嗣兴冀为中州两河之间，声教暨焉，而舆地尚未拓也。后千余年而周始有江汉之化。至秦盛强，蜀始通焉。彼所谓蚕<u>丛</u>、鱼凫、鳖灵、望帝者，文物未备，且在衰周之世，蜀之先可知也。禹都在今之安邑，鲧实四岳，封为崇伯。崇今之鄠县，其地辽绝，何得禹生于此乎？新志亦以此为疑，问之人士，皆曰禹生于汶川之石纽村，禹穴在焉。检旧志称唐《元和志》广柔县有石纽村，禹所生也，以六月六日为降诞云，是盖几于巫觋之谈。至宋计有功作禹庙碑，始大书曰崇伯得有莘氏女，治水行天下，而禹生于此，其言颇为无据，有莘氏于鲧亦不经见。按莘今之陈留，与崇近，鲧娶当或有之。鲧为诸侯，厥有封守，九载弗绩，多在河北，今诸处之鲧城是已，安得治水行天下乎？又安得以室家自随荒裔之地如石纽者乎？予益疑之。虽有功亦曰稽诸人事，理或宜然，盖疑词也。此必承《元和志》之误，而后说益纷纷矣。虽于事无所损益，而蜀故不可以不辨。按扬雄《蜀都赋》止云禹治其江，左思《三都》所赋人物奇若相如君平，文若王褒扬雄，怪若苌弘杜宇，僭若公孙刘璋，皆列独不及禹生耶？至宋王腾不平左词，作赋致辨，颇极辞锋，亦云岷山导江，历经营于禹迹。其后云鲧为父，而禹子，此概人伦之辨尔，亦不言禹所生也。又按《华阳国志》载禹治水，命巴蜀以属梁州，禹娶于涂山，辛壬癸甲而去，生子启，呱呱啼，不及视，三过其门而不入室，务在救时，今江州之涂山是也，帝禹之庙铭存焉，志作于晋常璩，可谓博雅矣，况留意蜀之材贤，然亦不云禹所生也。今徒以石纽有禹穴二字证之，又安知非后人所为耶？禹穴实在今会稽，窆石在焉。古称穴居，众词也。禹平水土，时已为司空，恐不穴居，今言穴盖葬处，非生处也。《古今集记》则云岷山水源分二派，正南入溢村，至石纽过汶川，则禹之所导江也。由是言之，石纽盖禹迹之始，而非谓禹所生也。又按涂山亦有数说，江州今重庆之巴县，有山曰涂；凤阳之怀远，古钟离也，亦有涂山，启母石在焉，江州治水所经，钟离帝都为近，未知孰是。苏鹗又云，涂山有四，皆禹迹也，并指会稽与当涂云。宋景濂游山记甚详，然亦不能决。孔安国曰，涂山国名，非山也。《史记》所载，启禹之子，其母涂山氏之女，又似姓氏，犹今司马氏、欧阳氏之谓，恐亦非国名也，聊附所疑于此。

陆子渊并不是考据家，且其中亦颇有谬误，不过其见解实高出近人一等，故为标出，以明在数百年前已有人怀疑禹生于石纽之非，且能举出相当的证据。

一、禹生石纽说起于何时

细考禹生石纽说之起，实源于"禹兴于西羌"一语，按最早之作此说者，莫过于陆贾与司马迁。

陆贾《新语·术事篇》："文王生于东夷，大禹出于西羌，世殊而地绝，法合而度同，故圣贤与道合。"

《史记·六国年表序》：“夫作事者必于东南，收功实者常于西北。故禹兴于西羌，汤起于亳，周之王也，以丰镐。……”

关于《新语》，我们可以断定陆贾在那里杜撰事实。因为无论如何将“地方搬家”，决不能使文王生于东夷。我们倘若以“文王生于东夷”系杜撰，那末，我们还能接受他的“大禹出于西羌”的话吗？陆贾根本为一辩士，而辩士的论证，是不很讲究史实的。又《新语》一书，有根本疑其为依托者。至于司马迁，亦不过为要证明其“收功实者常于西北”一原则，亦不妨暂把禹变作西羌。不然者，何以他写《夏本纪》时，禹兴于西羌的话，一字不提，难道他忘掉了吗？其实，因为他写《夏本纪》，是在写历史，不能随便杜撰，或采风闻，而作《六国年表序》一类的议论文章，亦不妨随便一点。太史公的良史才，亦实在乎此，而我们不察，竟把他的议论，当为史实一样看待，实在是曲解太史公了。再者，若以禹生于汶川之石纽，以关中及中原言之，太史公当言“西南”，不当言“西北”。而《史记》中之汶山郡冉駹夷，亦实列在西南夷之中也。

有人说“禹生于石纽”之传说，在战国时已有之，举《史记集解》（六国年表序）“皇甫谧曰：《孟子》称禹生石纽，西夷人也”。以为证验，此文不见今本《孟子》。而《孟子》一书，脱简甚少，又何来此逸文？其可信之程度，自属有限。纵使《孟子》有此语，亦不可过于深信，因孟子亦为一辩士，曾自言“尽信书不如无书”。故凡辩证至紧要关头时，不妨杜撰事实以实之，《孟子》七篇之中，此类杜撰之故事寓言，随处可见，而况此言不见《孟子》本文乎！

由此我们可以知道"禹兴于西羌"的传说，是起于"以客从高祖定天下，名为有口辩士居左右常使诸侯"的辩士陆贾之口。其《新语》一书，即使非伪托，亦为说高祖之书，而高祖乃系"乃公居马上而得之，安事诗书"的雄主，陆贾自可尽量的杜撰，不怕露马脚了。司马迁亦知此说之不可靠，故只在议论中偶一及之。然而三人成虎，其后之议论文字中，亦时相引用。如桓宽《盐铁论》之《国病篇》言："禹出西羌，文王生北夷。"由"文王生北夷"一语，即可知"禹出西羌"之不可靠。因为文王的生地，史曾明言，不可随便胡说。此则偏言其"生北夷"。不过要与"西羌"相对，亦不妨把文王由"西夷"暂变成"北夷"了。又如《后汉书·戴良传》："同郡谢季孝问曰：子自视天下，孰可为比？良曰：我若仲尼长东鲁，大禹出西羌，独步天下，谁与为侣？"这根本是狂妄！自不得据为"禹出西羌"之史实！其用意亦不过用西羌与东鲁相对而已。

后来因汉初有禹兴于西羌的传说，竟而附会到禹生于广柔的石纽。禹生石纽之主要证据，不外后列四家：

　　扬雄《蜀王本纪》："禹本汶山郡广柔县人也，生于石纽。"（见张守节《史记正义》所引）

　　谯周《蜀本纪》："禹本汶山广柔人也，生于石纽，其地名刳儿坪。"（见《三国志·秦宓传》注所引）

　　《三国志·秦宓传》，秦宓对夏侯纂曰："禹生石纽，今之汶山郡是也。"

《华阳国志·蜀志》曰："五岳则华山表其阳，四渎则汶江出其徼，故上圣则大禹生其乡，媾姻则皇帝婚其女。"

此四种证据，严格讲来，均为后起的传说，不能成为有力证据。扬雄本文人，其《蜀王本纪》，有根本疑其为伪者。彼在《蜀都赋》中对于蜀事及人物，均特为铺张，何以独不言禹为蜀人？或禹之生地？此自是可疑了。秦宓辩士，往往曲解诗传，信口杜撰，如天有头，有耳，有足，有姓之类。其言自不足信，况此为其对夏侯纂夸张之语乎？谯周亦文人，况其《蜀本纪》已为逸书，断简零篇，不知其下文何如也，充其量亦不过文人惯技，抄袭当时之传说而已。至于《华阳国志》之文，则颇有语病。《禹贡》"华阳黑水惟梁州"，巴蜀在华山之阳，非华山在巴蜀之阳也。因"五岳则华山表其阳"之语欠通，后人有为之曲解者。然此实不明行文之过，常氏不过欲求对仗之工，并非不明地理之方位也。其言禹当亦系如此，不然者，彼在《巴志》《蜀志》之中，叙述巴蜀之先，远溯人皇黄帝，何以独不及禹？想常氏亦有自知其非史实，但不关史实之论赞中，因行文之便，需此一句，亦不妨凑上。如其随后又言"显族大贤彭祖育其山，列仙王乔升其冈"，此则全为神话了。或者曰，此实不然，常璩言禹生蜀，实不止此。例如刘昭《续汉书·郡国志》引《华阳国志》："汶川石纽山中，夷人以其为禹生处，共营其地，方百里内，今犹不敢牧。"此不是明明言禹生于汶川吗？此文不见今本《华阳国志》，但《国志》

汶山条下本有脱简，此条是否《国志》之文，不得而知，但此语实出自纬书，倘《国志》纵有此文，常氏亦不过采述传说，以广异闻而已。不然，如范蔚宗《后汉书》对于汶山郡之冉駹及羌人，记载最详，何以独不及禹生地？

以上所论，在事实上实均不关重要，其紧要之点，实为在扬、谯、秦、常四人，生于禹后二千余年，何以能知禹生于四川之汶山郡，广柔县，石纽乡，刳儿坪？又何以如此其详且细？陆贾司马迁不过言"禹兴于西羌"而已。何以司马迁所不言者，彼三人知之？岂非神话传说，愈传而附会愈多，愈加详细么？此神话之发展原因，仔细推之，亦颇自然。西汉之初，既有"禹兴西羌"之说，其后武帝开冉駹置汶山郡，羌人每来蜀为佣，蜀人对于汶山郡之羌人，知之渐稔。禹既有兴于西羌之说，而汶川有羌人，禹即可以生于汶山郡了，稍为富于想象力者，便可及之。又因《淮南子·修务训》有"禹生于石"及《焦氏易林》有禹生石夷的说法，因而又附会到"石纽"了。由此以后，愈传愈真，愈传愈详密了。我们把现代谣言的传播现象，稍为注意下，即可以知之，最初不过有人随便说了一句话，本来是没有什么用意的，但愈传愈广，愈传愈伪，若干不相关的事实，也附会上去，恍若真有其事了。禹生石纽的事，也不过是如此而已。

有人说："不然！扬、谯、秦、常皆蜀人，以蜀人言蜀事，自较信确。"然正因渠等为蜀人，知其言之不可靠。何以言之？中国人之乡土观念极重，谁都想挪几个先圣先贤，为他的家乡生色。现在我们可以以李冰为例，便可以知道了。李冰之地望，史籍未曾明言，两千年以来亦未有人能言之或知之者，作者近来时与蜀中友人之谙于掌故者闲谈，询以李冰为何许人？皆答是"四川人"。再问其何所根据？则皆答因为"我们是四川人也"。此虽然是戏言，然是实情。扬、谯、秦、常言之禹为蜀人者，正因为他们是蜀人也。再如李冰之地望，二千年来既无人知之，但至清中叶刘沅作《李公父子治水记》则言："公本犹龙族子，隐居岷峨，与鬼谷子交，张仪筑城不就，兼苦水灾，乃强荐公于秦而任之，治龟城，立星桥，通地脉，功业非一……"这真是满纸荒唐，二千年来所不知者，至止塘先生忽然知其与老子同宗，隐居岷峨了，岂非异事？此不过只言其隐居岷峨而已，不一定是四川人也。至姜蕴刚先生，则李冰实非四川人不可了（见其所著《治水及其人物》载《说文月刊》）。倘再过两千年后，考据家亦将根据刘、姜二氏，言李冰是四川人了。而刘、姜二氏之出此言，亦何尝有所依据！实际上，在文翁守蜀以前，实未有蜀人作蜀守者，何者？文教未兴故也，常璩已慨乎言之！禹生石纽，当不外此例。最初司马迁不过因议论之便，言禹兴西羌，而蜀有羌，蜀人便言生于蜀了；再后，不只后生于蜀，而生于蜀之某一郡，某一县，某一乡，某一山之某一点，都可以指出来了；至最近，夏民族亦因而产生，而搬进古代的四川来了的。试问何以二千年以前的人不知道，而生于禹后四千多年的人反而知道？

由上面所论，我们可以知道在传说中的禹二千多年以后，约其当西汉初年，至早在战国末年，发生了"禹兴于西羌"的传说。发生的原因，大概系由于当时的游说之士，假托先王以实其论证的惯技。

此时不过祇言"兴"而并未言"生"也。又过了几百年，因为蜀土有羌，蜀人就说禹"生"于蜀了，于是乎四川的先圣先贤之中，又添了一位神话人物。有人说，这是一个很美丽的神话，何必将它揭穿。然而美丽的神话，终要被丑陋的事实所击破。当然，若是只当它作神话看待，自无不可，无奈现在一般人竟当它作史实，那就不能不辨了。

二、石纽在何处?

石纽山，或石纽乡或村，究在何处？古今来亦言人人殊，未有一定地方。但由此亦可知其非实有其处，好事者随便指点而已。例如，《路史》言石纽乡在僰道，然僰道在今宜宾境，离汶川境千有余里。又理番县通化上（在岷江之支流理番河上，理番河亦称沱江）亦石纽山、刳儿坪。著者于民国27年（1938）考察羌族，宿通化，晨起见西南之高峰上，有庙高耸云霄，似甚状伟，询之故老。则言禹庙也，上为石纽山刳儿坪。因往返需二日程，又须绕出大道，因是时目的在研究羌人，故未往探访，至今尤觉怅然。

记载中均言石纽在汶山郡广柔县，但广柔在于何地？亦无人能确指其处。《四川通志》言在汶川县西北七十二里，但汶川西北百里以内，皆万山重叠，且少居人，实无可置县之处。通志想系袭《括地志》之误，因《括地志》言在县西七十二里故也。现在之汶川县，汉时为绵虒县，晋改汶山，梁周时改汶川，因县西有汶水故名。故城在现在之威州城（唐时维州），南山腰半坪坝口，俗称古城坪。明宣德中，因威州数罹番扰，遂迁州治于汶川县城，而移县城于南四十里之寒水驿，即今之县城。现在一般所知之刳儿坪，即在今县城南又十里。

汉之广柔，多认为系唐时之石泉，故《唐书·地理志》言："石泉县有石纽山。"而石纽之得名，乃系由两石相结纽而生。《四川通志》引旧志以为"刳儿坪在（石泉县）九龙山第五峰下，地稍平阔，石上有迹俨如人坐卧状，相传即圣母生禹遗迹"。《锦里新编》（卷十四）言："刳儿坪在石泉县南石纽山下，山绝壁上有禹穴二字，大径八尺，系太白书。坪下近江处，白石累累，俱有血点侵入，刮之不去。相传鲧纳有莘氏，胸臆折而生禹，石上皆血溅之迹，土人云取石湔水，可治难产。"他如李蕃之《禹穴辨》，姜炳章之《禹穴考》，均以石纽山刳儿坪在石泉，而不在汶川。石泉为今之北川县，石泉县之江，为嘉陵江之支流，而非岷江。北川县虽与茂县接境，但离汶川县则甚遥。

以前之地志中，甚少言石纽在汶川县者。有之，则为《括地志》与《寰宇记》。但其所言之方位，与现在所言汶川县与刳儿坪之方位不合。《括地志》言"石纽山在汶川县西"，《寰宇记》言"石纽村在汶川县西一百四十里"。现在所称之刳儿坪，在现在汶川县南约十里，在明以前之汶川县城南约五十里，但亦无所谓石纽山（两石相纽状）。大概《括地志》与《寰宇记》均误汶江为汶川。因石泉在汉时为汶江县属故也。

现在之谈此问题的，竟将石泉县的石纽忘掉了，在汶川县另创了一种新神话，其实汶川县并无所谓石纽山，或石纽乡，或石纽村。刳儿坪之名，亦十分可疑（其地之羌人并不知刳儿坪之名）。讨论此问题十九均未到过汶川县，所以不妨谈谈此刳儿坪是一个什么样的所在。

汶川县南约十里岷江东岸旁有一石岬突入河中，将河阻而向西折流。又因岷江上游山峰高，而河谷低，正午以后，上下气压悬殊故，河谷中每逢晴日午后必大风，风行至此，为突出河心之石岬所阻，乃折而上升，风急则带有细砂石，故俗谓飞沙射人，午后每为行旅所戒，因曰飞沙关，关颇险要。其下流水迂回，相传为杨贵妃洗手处。往汶川者，至此即可望见县城，亦至此始可见两岸羌寨，不复为汉地景象矣。

关之上约二里许，有一小斜坡，广约三四亩，此即近来所称为禹所生地的刳儿坪了。坪上一小庙，名东岳庙。余至其地时，庙祝为一老道士，既聋且聩，答亦非所问。坪中种玉麦（蜀谓玉蜀黍之称），此外别无所有。在明代时，大路则绕道坪上，相传有禹母启圣祠，但因过于陡险，后乃改道山脚，启圣祠亦移建山下路旁之崖壁上。现为小小板壁庙一间，香火颇盛，但为观音大士，而非禹母也。

刳儿坪（当地汉人呼为挞儿坪）乃汉人名称，羌人并无所知。石纽之名，即汉人亦不知道了。余在飞沙关附近及对河各羌寨曾调查数日，在县城时又召羌中老人熟于往事者询问，他们并不知道禹或关于禹的传说，间有一二狡黠者，从汉人听得下雨王（夏禹王）名字，编一点故事以迎合"自称为专家"的考察家的心情，但稍具现代民族学调查方法与经验者，一见即可知道他们在编故事了。近人又将郦氏《水经注》沫水条下所言之禁忌搬到汶川县。郦氏之言曰："县（广柔）有石纽乡禹所生也，今夷人共营之，地方百里，不敢居牧，有罪逃野，捕之者不逼，能藏三年，则共原之，言大禹之神所佑也。"我们且先放下此故事之真实性不言，看《水经》所言之沫水在什么地方。《水经》："沫水出广柔徼外（上所引之故事注于此句下），东南过牦牛县北，又东至越巂灵道县，出蒙山南，东北与青衣水合。"由《水经》所言沫水所经过之地方而言，故多以沫水即现在之青衣江（俗称雅河，以其出雅州，又称平羌江）。而《雅安县志》直以青衣之支流长滨江当之，因其发源于大相岭下青溪县北（旄牛县），出蒙山（俗称周公山）之东北，与青衣江合，亦颇近是。但无论如何，绝不能误沫水为江水也。倘以沫水为青衣江，或长滨江，是则沫水上游之广柔，与江水上游之汶川，实隔千里而遥，而近人引用，竟将其移至汶川县，岂非大谬！且郦氏亦不免错误，《水经》在此处所言之广柔，与北川县之广柔，是否异地同名，实不得而知，而郦氏妄加征引，亦属谬误。《水经》沫水条所言，以古今之地望考之，尚属可通。而郦氏之注，则根本不通。郦氏对于西南诸水，每多如此，亦不独以沫水为然也。

以上所言，乃地理方位上引用之错误与矛盾，而此故事之本身，亦颇乖情理。所谓"地方百里，不敢居牧"者，仔细计算起来，则现在之整个汶川县"不敢居牧"了，有是理乎？现代居其地之羌人不止毫无此类信仰，连大禹为何人，亦毫不知道，尚有人谈"这个信仰，全体羌人都崇奉着，到现在还没有改变"。真是痴人说梦，欺人之谈。

《汶志》又载刳儿坪下岩壁上有"禹穴"二字，余在其处搜寻累日，不得其处，遍询当地居人，亦无有知者。忆余在其处荆棘中爬寻时，不只衣襟皮肤为荆棘所伤，在岩壁间将余所带之摄影机，亦跌坏一架，而向导亦几跌至岩下也。前人作书，每多耳食，自不足责，而今人亦往往受其欺，是可深慨！

禹娶涂山之说，古来聚讼纷纭，莫知其在于何地。此问题本与禹生石纽之说无关，但因为现在汶川县西北约十里许亦有涂禹山之名，故说者用以作为禹生汶川之旁证。按古今来之言涂山者，或言在当涂，或言在江州（今巴县），或言其为国名，或言其为姓氏，要之均为附会之说，不能证明，亦无法否认；但无论如何，从未有言其在汶川县者。其言在汶川者，实始于《汶志纪略》，因俗有铜铃山之名，铜铃与涂禹音近，故汶志从而附会之。按铜铃山为瓦寺土司驻牧之地，为一山岬，将岷江阻而东流，可上下远眺，颇为险要。其名自明中叶瓦寺土司驻牧其地后，始见于记载，与禹娶涂山之说，可谓全无关系，今人又反从而附会之，可见其穿凿。

三、禹与羌人

因为有"禹兴西羌"之说，后来又有"禹生石纽"之附会，石纽又附会在羌地，故推想到禹为羌人。主此说者之主要证据，以为禹是中国神话中之治水者，而羌人亦善治水，举成都市上挂"包打水井"牌子的羌人来作证明。然而此类证据，直等于无证据，因为同具一种技能者，不一定为同一民族，其理甚明。不然者，英人与日人均擅海军，岂可谓其同族乎？况且禹之治水（指所凿所导之河而言），自地质学上言之，为不可能之事。而传说中之尧时洪水，经鲧治九年，禹治十三年，共二十二年，经如许久之时间，纵不治也要平息了。禹所能作者，充其极不过挖几条小小灌溉沟渠而已，因其为其所处之时代及工具所限故也。

至于羌人之善晓水性，亦完全是神话，而非事实。成都市上之羌佣，在汉时已有之，《后汉书》汶山郡冉駹夷传言"土气多寒，在盛夏冰犹不释，故夷人冬则避寒入蜀为佣，夏则违暑返其邑……又土地刚卤，不生谷粟麻菽……"《华阳国志》汶山郡条下言："土地刚卤，不宜五谷，惟种麦，而冰多寒，盛夏凝冻不释，故夷人冬则避寒入蜀，佣赁自食，夏则避暑返落，岁以为常，故蜀人谓之作五百石子也。""五百石子"之义，遍询之蜀人，均不得其解。清嘉庆间张澍作《蜀典》（卷五）言："按今其俗犹然，男则负枣核桃椒鬻于市，女为人家供薪汲，呼为播罗子，亦呼二姐子也。"对于"五百石子"一词，犹未说明。不过历来之记载羌佣者甚多，只言其地寒土卤，冬季至蜀佣工自给，不言其能打水井。按羌人之在成都打井，系起于近代，亦为一种不得已之工作，并非其长于为此也。按成都淘井挖井工作，必在冬季，因是水位下落，方可挖淘。但冬季天寒，汉人视为畏途，而羌人生长寒地，其视成都冬季之天气，有如其夏秋，故不怕冷而可工作。余每见羌人淘井，先饮酒一二两，再脱衣入井挖淘，每十数分钟后必出井取暖，但仍不胜其缩瑟之状也。羌人生长寒地尚如此，汉人当然不愿作了。此乃淘旧井，至于掘新井，羌人只能挖一深坑（成都之井，最深无过两丈者，因入地六七尺即及泉故也）。而嵌石砌砖，需汉人为之，羌人不能为，亦无此技能也。余亲见成都某机关欲掘一井，先以为羌人系打井专家也，雇羌人掘之，议定深一丈五尺，但掘坑至一丈深时，即遇河沙，羌人无法再往下掘，因河沙无黏性，再往下挖掘四壁即随之崩塌故也。某机关因其与议定之深度不够，不肯付钱，遂与夷人发生争执。但井浅则水不清，某机关不得已乃再雇汉人掘之，由此可见羌人掘井，只能掘坑，不能起井，甚至于掘井坑，亦不如汉人高明，如此尚能称为"水利专家"乎？至于打井掘坑，至愚之人，亦可为之，与治水无关。淘井掘坑，汉人视为苦役，羌人恃其不怕冷，蛮干而已。余曾遍游羌地，无有掘井者，又山皆岩石，亦无法掘井。其来成都掘井，不过充当汉人掘井工人之"下手"而已，实无专门掘井之知识也。再有以灌县修堰时兼雇羌人，便以其能治水。予亦曾往其处调查数次，其雇羌人所作之工作，为起"竹落"时入水取石，汉人视为苦役而不作者。历来哪有羌人作工头计划治水者乎？总之，羌人为生活所迫，来蜀佣工，因其性耐寒，故凡冬日入水，汉人之视为畏途者，皆令羌人为之，彼岂得已哉！

羌人虽住岷江及其支流两岸，但对于水力，则完全不知利用。引水灌溉，为绝无之事，连水磨水碾亦无之，而汉人至其地者，则皆有之。羌人无舟楫，连康藏皮船亦无之，如此尚可说他们习知水性乎？

禹为羌人之主要证据既不存在，禹是羌人之说，自可不攻自破了。

四、夏民族与岷江流域

因为说禹是羌人，又说他生于汶川，所以又因此而联想到夏民族发源于岷江流域了。作此说者，以罗君香林的《夏民族发祥于岷江流域说》一文最为代表（见《说文月刊》三卷九期）。罗先生这篇文章，可以说是"考据八股"中的十足代表。不问材料之真伪，不问时代之先后，凡有一字一音一义之相似者，都糅杂在一起，骤看起来，似乎博洽非常，但如此作文，何事不可证明！不只可以证明禹是羌人，夏民族发祥于岷江流域，而利用同样的材料，亦可证明禹是太平洋岛中吃人的黑人，夏民族发祥于新几内亚了。

这类的文章，本来无讨论的必要，但其有时附会现代科学，不知者以为得着科学上的证明，为其所惑，所以有几点不得不为指出，以免科学为人所误会。例如罗氏解释岷江之水患有言："以巫山崩坠，致江水涌滞逆行，影响岷江宣泄，自必变成水灾。巫山以地层关系，既崩坠于汉晋，未必不崩坠于远古，此即构成鲧禹时代洪水横流之一重要原因。"随即引谢家荣、赵亚曾二氏之湖北宜昌、兴山、秭归、巴东等县地质矿产中之论述以实之。谢、赵二氏为地质学家，其所论述，系完全有地质学上之原则，以解释峡谷与滩险之构成。而地质学家则从不相信禹疏河开峡之说，因自地质学上之原则律之，为不可能故也。罗氏在此处之错误，即未将巫山峡谷之海拔，与岷江流域之海拔比较一下，即使将巫山峡谷壅塞至山巅，不过上流数百里内发生水害而已，绝不能影响岷江之宣泄，而使发生水灾也。又巫山崩坠，与传说中鲧禹所治之中原水灾有何关系？

罗氏之利用现代考古学上的材料，亦多牵强。例如罗氏把夏民族与西北的彩陶文化相联系，此不啻罗氏自驳其说。因为彩陶文化，根本为一种西北文化，其分布为河南、山西、陕西、甘肃、新疆等地，再西与中亚印度西北、俄国南部，以及近东的彩陶文化相连，与岷江流域实毫无关系。所以罗氏若认彩陶是夏民族的东西，那么即根本将其夏民族发祥于岷江流域说自行全部推翻了。因为依照罗氏之说，岷江流域既为夏民族发祥之地（自宜宾以上以至茂县、松潘），就应该发现大量的彩陶，其奈此区域内无彩陶何！再者若以中国西北的彩陶为夏民族遗物，那么，中亚与夫近东的彩陶，亦是属于夏民族的吗？

因在考古学上有彩陶与黑陶之发现，故一般人多以黑陶属殷民族，彩陶属之夏民族。此种说法，实欠精密。黑陶固为殷人在一时期中所采用，但其在前亦很可能曾采用彩陶，特别以河南为然。若言殷人只用黑陶而不用彩陶，以现有之证据言之，似尚不足。至于彩陶问题，则更为复杂。彩陶之早者，可早过夏以前。而在甘肃青海一带，至秦汉时尚有用之者。历时如此长久的一文化特征，其采用当然不只限于一民族，或限于一地域了。再者普通一般人利用考古学上的证据，以为一文化特征，被采用之后，就永远地采用它，永远不变换；考古学言某一种文化，以为就代表某一种民族，这实是大谬。一民族对于同一需要，在先后可采用不同样的文化特征以满足之。例如汉族，对于陶器一项在最早可采用粗缝的灰陶，以后再采用彩陶，再黑陶，再有彩釉陶器，再瓷器，其后在不同时代或不同地域中用不同窑口之瓷器到现在甚至可采用玻璃。然而皆为同一汉族也，而所用之陶器，则随时在转变中。我们若以某一种文化特征，与某一民族永远相联系，是相当危险的事。因为文化特征可以离开民族而独立传播，所以考古学上言某一种文化，并不一定指某一种民族而言。

近来之谈中国古史的，多侈言夏民族、殷民族或周民族等，但自文献上言之，及自考古学上言之，此种说法，实有未妥。载籍中只言夏、商、周三代，且其在初均婚姻相通，世系相承，充其极亦不过部落之不同，似非民族上之有异也。

所以说，近人时常所言的夏民族、殷民族、周民族等，无论其自哪一方面讲，都是没有充分的证据的。而罗君香林所言的夏民族更是渺茫。根据其说，好似禹所领导的夏民族，数十年之间，走遍了全中国。当然，民族的迁徙，为古今之常，但在古时，没有火车、轮船，移动不是像这样想象中的容易。又如罗君以为夏民族祀雷，故其发祥之地，有以雷名地者，举峨眉山之雷洞坪为证。而罗君恐未到过峨眉山，不知雷洞坪在于何处，按雷洞坪在峨眉山中弓背山之上，悬崖陡壁，明以前为人迹不到之处。因明以前之朝峨眉者，至华岩顶即止，再上则无路。雷洞坪之名，大概自明中叶以后始有之。试问与禹或夏民族何关？中国地名中以雷字名，而见诸记载者，不下四十余处，岂可尽附会之与夏民族之祀雷有关乎？罗君又言夏民族初以龙蛇为图腾祖，但他对图腾在人类学上之含义，实未明了。现在国内之一般谈图腾者，以为凡与禽兽有关者，必为图腾，有图腾必为祖，而必加以崇拜。此实不然。民族学上之图腾概念，虽不是什么神秘东西，却亦不如此简单。实际上言之，各民族中实未有将图腾加以崇拜者，"图腾崇拜"一词，实乃法国沙发椅上的社会学家所发明的一种错误，人类学中并无此种概念也。自民族学上言之，现在亚洲境内的各原始民族，均很少有图腾的迹象（有以瑶人之祀槃瓠为图腾者，实与人类学上之图腾概念不合），他们在古代有无图腾，是很有问题的。亚洲其他民族，既无图腾痕迹，而汉族为其中之一，在古代时有无图腾，自大是问题了。

五、羌人什么时候才到汶川县

从前面的讨论，我们可以看出禹生石纽的传说，全系出于附会，而附会之者，又多为蜀人，其中之作祟者，实乡土一观念误之也。现在我们可从汶川的实在情况，来考察此问题。自扬雄、谯周辈言禹生汶山郡广柔之石纽后，广柔并不指现代的汶川县。其究指何处，恐怕扬、谯辈亦不自知。但自隋唐以来，多谓川西北的石泉县（今北川县，傍嘉陵江支流）。故北川县的石纽，特为以前言此问题者所称道。最近言汶川之刳儿坪为禹生地者，实皆为庄君学本的游记所误。现在既大家误传汶川的刳儿坪为禹之生地，我们可先看汶川县的自然环境如何？是否宜于初民的居住？

汶川县羌地之山穷水恶，他处实罕其匹。自灌县而上，即无平地。清末时有灌县人名董玉书（号湘琴）者，平日以戎马书生自负，后入松潘总兵夏毓琇幕，作《松游小唱》一词，词虽不甚工，但颇能描写，淋漓尽致。例如其写岷江沿河风景一段云："松潘西望路漫漫，风景渐难看。河在中间，山在两边，九曲羊肠，偏生跨在山腰畔。抬头一线天，低头一练，滩声响似百万鸣蝉，缠绵不断。最可厌，一山才断一山连，面目无更换，总是司空见惯。问蚕丛开国几经年？这沧桑如何不变？"此并非时人过甚之词，而实际情形实有更甚于此者。例如"九曲羊肠"不只"跨在山腰"，而路之上下，多为绝壁，仰首不见山巅，俯首则峭岩千尺，稍一失足，不知身归何处！又因山势过陡，一有风吹草动，或禽兽过处，则飞石击人，忆余至映秀湾时，前有一背子为飞石将他的脑袋打得不知去向了，所以走此路的人，言为"飞石打死"为最伤心咒语。

汶川的俗语说汶川的地方是"九石一土"，意思说是九分石一分土。但据实际的情形说，简直是"有石无土"，所以在前清时有汶川县的知县名宋廷真者，曾说它"士无两榜，财无三万，男无才子，女无佳人"。其贫瘠之况，由此可以推知了。至于汶川县城，其范围直等于外面的一个幺店子，所谓"大堂打板子，四门都听见"的一小小山县。实际上汶川县并无四门，只有两道城门，居民数十家，多在北关外。因为土地刚卤，羌人专靠种植与牧畜（主要为山羊）是不能生活的，所以他们自汉以来，每届冬令，即纷纷入蜀为佣以自给，在他们实为生活上被迫不得已的一种办法，并非乐于为佣也。例如抗战军兴，国府西移后，因种种关系，他们在里面挣钱稍为容易，所以近来亦少出来佣工，成都市上的包打水井的羌人，亦少看见了。

这样贫瘠险恶的地方，当然为初民所避免了。除非经人口过多的压迫，是很少向这些地方移动的。我们退一步讲，假设禹实有其人，那末他约当于什么时代？自考古学上言之，殷周为中国之铜器时代，则传说中的大禹之时代，至多不过铜器时代之初期，或新石器时代之末期。当此时期中，地球上除数处文化较高，人口集中而外，其他多为地旷人稀之境，那时候的山穷水恶的汶川，想亦是人迹罕到之区。此不一定言在当时汶川县没有居人，不过说，当人类初期农业时期，无金属工具时，不易到此种区域中罢了，纵然到了，亦不容易生活。所以在松理茂汶发现之古物，到现在为上，均系秦汉或秦汉以后之物，即是为此种道理。或者有人要说，我们对于边区的考古，尚是极端的幼稚，现在所未发现者，并不能决定其将来没有。此固然是事实，不过汶川的考古调查，是比较容易的，因其地适宜于人类居住之地有限，现代之村落，亦即古代之村落，故古物之暴露，自比较易于发现了。

所以说，当尧舜之世（公元前24世纪），中国文化极幼稚之时，汶川县的景况，是可想而知的。而事迹功业都在中州的鲧，而能生禹于当时人迹罕到的汶川，自是不可思议之事了。

这不过是自然环境的背景，而不是直接的证据。讨论此问题的，岂不都是说禹之生于汶川县者，是因为他与羌人的关系吗！我们现在可以讨论羌人什么时候才来到汶川县。

羌人什么时候来到现在的松、理、茂、汶等地？据记载，据羌人自己的传说以及考古学上的证据，都指明羌人之来到汶川等地，是在战国末年，及西汉初年。据《后汉书》所载，羌人自无弋爱剑后，始向西南迁徙，是则在秦穆公以后。而汶川、理番及茂县的羌人自己的传说，亦讲当他们的祖先初来到此地的时候，其地为另一种民族所据，羌人称此民族曰"戈"。在初羌人与戈人杂居，双方时相战斗，最后戈人为羌人所灭。羌人对于此类战争之故事，尚津津乐道，现在羌人每届旧历十月初一日过年还愿中，端公所诵之经咒，其中有一折系完全讲述其祖先与戈人争斗之情形者。戈人的坟墓，羌人尚能指出，现在羌地凡有黄土地带，用石块所起之墓，即是此类。墓中所出铜器，多与长城地带者相似，其中出一种特别的陶器，即黑色大耳，饰以旋纹，有似希腊之amphora陶罐是也。余曾在汶川县之小岩子，亲自发掘一墓，其中出一铜股排、铜剑、铁剑、铜斧、铁斧、秦戈与各种小铜器、金项带、珠饰及文帝四铢半两钱300枚，其他各种佩饰，不类汉人，亦不类羌人。例如金项带一项而言，质极薄，其形制与铜器时代欧洲爱尔兰所出之金Lunul相似。羌人言此即戈人之墓也。

但有人或疑此得非羌人祖先之墓，而彼等自行忘之者乎？是不然，因为羌人历来均举行火葬，而不行穴葬，所以《吕氏春秋》讥笑他们说："氏羌之民其虏也，不忧其系累，而忧其死不焚也。"（见《义赏编》）此虽是轻侮之词，亦可见羌人对火葬仪式的举行，在他们观念中的重要。在近三十年前，羌人尚均举行火葬，现羌寨中每一姓均各有其火坟，为每姓焚尸之所，绝不相乱。不过近来羌人亦多染汉化，惑于风水之说，多举行穴葬，而少行焚尸。但据其故老传言，三十年前无有行穴葬者。现在羌人所指点之戈人墓，均系穴葬，尸骨完整，未经焚烧，且其中所出殉葬物品，与羌人者不类，故可知其绝非羌人祖先之墓也。或者又可问此得非汉人之墓乎？此固有其可能，不过余在理番县东门外所发现之东汉初年汉墓，其中所出之铜器与陶器，与川中所出之汉器相同，而与戈人墓中者绝异，是又可断其非汉人墓了。

此类之戈人墓，自汶川县沿岷江上至茂县，西至理番，为数至多。凡两岸高处之着土地带，莫不洞穴累累，皆戈人墓也。其中所出之铜器与陶器，现颇流布成都市上，四川博物馆及华西大学博物馆收集颇多，虽形制特异，但皆秦汉间物。戈人墓既为秦汉间物，而戈人为羌人以前之民族，故羌人之达到岷江流域，最早亦不能早过春秋战国之间，由此可以知当禹之时，岷江流域或根本无羌人，禹则无从生于汶川的刳儿坪，禹与汶川羌人之关系，亦化为子虚乌有了。

六、余 论

我们若细考传说中的尧、舜、鲧、禹事迹，多在黄河中游河北、河南、山西、陕西毗连之区，此亦是为当时的时代及文化水准所限，个人的能力，是无法超过的。在事实上，我们纵然承认尧、舜、鲧、禹确有其人，以当时之文化水准推之，亦不过为比较有势力之大酋长，其影响所及，亦不过其四周数百里内之小部落，绝不能像儒家所渲染的那样伟大热烈。我们若打开《史记》的《五帝本纪》及夏、商、周等本纪一看，他们在计算祖先时，无不追溯到黄帝。所以有人因此致疑，以为事实没有这样的巧合。但以现代的民族学知识视之，反为极可能之事。因在部落组织中，酋长之子女，只可与酋长之子女通婚，此在我国西南边疆之土司中，尚保存此种情况。黄帝既为一比较有势力之酋长，其妻妾必多，其子女亦必多（在若干原始社会中，亦只有酋长可以多妻）。又在氏族组织不十分完密，亲属计算方式未十分固定之时，祖先的计算，可时而父方，时而母方，总以将最伟大先祖之包括在内为荣。如此，在酋长中人人皆可以黄帝为祖先了。此种亲属计算方法，在现在之西南民族中，尚有如此者。由此可证明鲧、禹在亲属上与尧、舜与商、周之接近，其通婚实限于比较小区域内之酋长间，亦可反证鲧、禹不会至与中原隔绝之四川边徼了。

我们退一步讲，纵然承认陆贾、司马迁"禹兴于西羌"的话有所根据，那不一定说禹就生于西羌，或禹是羌人。例如汉高祖兴于巴蜀，那末汉高祖就生于巴蜀，及是巴蜀之人吗？这种错误是极显而易见的。"禹兴于西羌"一语，即使有其事实上之根据，充其量也不过说禹之兴起与羌人有点关系而已。不过我们虽知，在秦汉以前，羌人的分布，是在河南西部，陕西西南，甘肃东南等地，与中原关中密迩，汉人之活动，几无时不与羌人接触，甲骨文中多言羌，周之母族为姜。姜亦羌，而此等之羌，并非指四川边徼之羌，实指邻近中原之羌而言。纵然说禹与羌有关系的话，亦不过指与中原附近之羌人而言，不必远到四川边徼来找关系了。

（原载《说文月刊》1944年第4卷合刊本，第203—213页）

自《商书·盘庚》篇看殷商社会的演变

　　《商书·盘庚》三篇，佶屈聱牙，最为难读。历来之解经者，以为系盘庚迁都的诰令，盘庚欲迁，而其所属之"民"与"众"不欲迁，故盘庚作此以告诫之。倘如此看法，盘庚三篇，是没有什么意义的，充其极，亦不过一篇普通的"诰辞"而已。但自文化之观点视之，盘庚篇实暗示当时文化的转变，新旧制度的冲突，故开始即言"今不承古，罔知天之断命"。再者，盘庚篇之最重要点，并不在其记载的本身，而在所暗示当时冲突后面的背景，与我们研究古代文化变迁的一种重要线索。

殷人之"不常厥邑"的解释

殷邑迁徙无定，为研究殷商史上的一重要问题，同时亦为我们探索殷商社会演变之主要线索。因为迁徙不定，反映一种经济制度，我们若能将此问题加以解释，则其他有关之社会问题，均可因之而得到解释。这并不是采取一种经济决定论，或以之来解决所有之社会问题。不过说，在人类文化之演进中，若干社会制度，与经济制度有密切的关系。倘经济制度变迁，与其相关之社会制度，亦或将随之而变动。再者，"不常厥邑"，当时并不只限于殷人，史称夏后氏十迁，周人七迁，可知是当时的一种普遍现象。

殷人都邑之迁徙，据《史记·殷本纪》，自契至汤凡八迁，书序则言自汤至盘庚，"于今五邦"，前后共十三次[1]。或者，实际尚不止此数。此种时常迁徙的原因，为古今来聚讼之焦点。古人所谓"河患"的解释，自属不正确。近来有以其系游牧社会者，亦为臆测（此点俟后再论）。要之，以傅筑夫氏之粗耕农业解释，为最中肯綮[2]，不过傅氏尚游移于"游牧"与"游农"之间。其言曰：并且殷代经济，除了这种粗耕农业以外，渔猎及游牧，依然有重要部份，逐水草而居，即改换牧场，也是经济上的需要。柳翼谋氏谓"殷之多迁都，

---

[1]　《史记·殷本纪》以五迁属于盘庚一人，言"盘庚渡河南复居成汤之故居，乃五迁无定处"，与《竹书纪年》及书序不合。《盘庚》篇则言"先王有服，恪谨天命，兹犹不常宁，不常厥邑，于今五邦"，是明言非盘庚一人也。太史公或系因书序"盘庚五迁"而误，故丁山氏作《新殷本纪》改为"自汤至于盘庚，五迁无定处"。

[2]　《文史杂志》第四卷第五、六期合刊，二一至三〇面，关于殷人不常厥邑的一个经济解释。

实含古代游牧行国之性质"(《中国文化史讲义》一〇二页），这算是一个比较中肯的解释，但可惜亦只说对一半，因为殷代的经济，不止游牧，而且还游农[①]。

我们也不妨效傅氏之口吻说：柳先生全错了，傅先生亦只对了一半。因为游牧之逐水草，必须一年数迁，决不能十数年或数十年方一改换牧场，而只有较进步的粗耕农业，方能如此。

我们在讨论殷人的迁徙之前，可以先举一例，藉以帮助我们明瞭文化变动的情形。我们所要举的例，为马底戛斯戛西部山地之塔纳拉民族[②]。其所以举该族为例者，因其经济状况、社会组织及其他文化水准，颇与殷人相若，故可相比较。塔纳拉之社会组织，以父系宗族之大家庭为其基础，其下再分各单独小家庭。每一族均同居一村内，村即为其经济活动之中心。约二百年前，其经济的基础为刀耕火种之旱稻种植，在当地土壤情形之下，用此种方法所开垦的新田，第一年可得丰收，以后五年至十年之间，可得相当之收获，过此则必须放弃，任其荒芜，俾其地力恢复后，方能再行开垦，但至少亦需要二十年至二十五年之间也。在此种情况之下，故每隔十数年或数十年，村落必须搬迁一次，从新开垦新田。当迁至一新地时，村中之耆老将新村附近待垦之森林加以划分，分配与各家开垦。每家各视其所

---

① 《文史杂志》第四卷第五、六合刊，二九至三〇面。

② 见 R. Linton, *The Tanala, a Hill Tribe of Madagasgar*（Field Museum of Natural History, Vol. XXI 1993）近人作文，多杂引人类学上之事实，凑合成文，自矜博洽，实际上往往与事实相差甚远。因自各民族中断取事实，杂凑在一处，往往不伦不类，非实际所能有之现象。如此断章取义，又何事不可证明！故不取。今始终以塔纳拉人为例，以明在此篇中所讨论者，均可在一民族中先后出现，而非恒钉凑合虚构之事实也。

需，按照划分者向前垦殖。如先垦者之地力已尽，则再向外垦殖。当然，以自村落可一日来回者为限，过此限则整个村落必须迁移。每村各有其固定区域，在其中循环迁徙。

我们再看殷人如何？《史记·殷本纪》言，"自契至汤八迁，汤始居亳，从先王居"。孔安国集解曰："十四世，凡八迁国都"。此八迁的时代及地方，经传不曾明言，后来之作考证者，亦各言人人殊，语焉不详。例如以王国维之考证而言①，以前五次之迁徙，均归之于契、昭明及相土三世。案据《殷本纪》，昭明为契之子，相土为昭明之子，是则祖孙三代不及百年间，已五迁其居，平均不及二十年迁一次。以后十一代中只迁三次，平均则长至百余年迁一次，似与实际情形不符。若以塔纳拉之例度之，自契至相土三代五迁，平均十五年至二十年一迁，为近乎事实。其后之十一世，当不止三迁，至少亦须十余迁，方能与事实之需要相合。然古史渺茫，或者失于记载，亦未可知②。

平均十年至二十年掉换一次村落，几为世界上粗耕农业民族之公例③。我们若认殷人为一粗耕农业社会，想亦不能例外。再者，粗

---

① 《观堂集林》卷十二。

② 我们倘以王氏之考证为不确，视汤以前之十四世八迁为平均分配于四百余年之中，则得五十余年一迁，但亦可勉强解释之。是则殷人的农业，必知道一些休耕办法，或"农作交换种植 Crop-rotation"，如此可保持地力至五六十年之久。但一民族能在一地种植五六十年不换耕地；亦可永远不更换，故此种解释自属牵强，想在汤前十一世不只三迁，又自汤至盘庚二十帝十世约三百年间，据书序及纪年只五迁，平均约五十年迁一次，想此时农业比较进步，故迁徙时间之距离逐渐加长，至盘庚后则不迁矣。

③ 例如由莫尔根之《古代社会》而著闻之伊洛魁民族，其文化与政治为北美东北诸族之冠，但亦为一种粗耕农业社会，不知人工施肥与农作物掉换种植，故其村落平均十年至十二年迁移一次。然而彼等曾建立北美（墨西哥以北）亘古未有之强大帝国。

耕农业民族之必须"不常宁"者,不只是为地方已尽,非迁不可,但亦有其他种原因,使其搬迁。一系燃料问题。因文化较低之民族,只知砍伐森林,而不知培植森林。故往往至一新地之后,即任意砍伐村落附近之木材,以作建筑及燃料之用,十数年之后,四围之林木砍伐罄尽,往远处取材,则运输费力,自不能不迁村落以就林木了。再则为疫疠。因原始民族多不知清洁,村中之垃圾,往往堆积于村中或村外附近,十余年后,堆积过多,每届夏秋,则不免疠病丛生,古人不察,遂以为系上天降罚,又不能不迁移村落以避之了。在盘庚以前之殷人文化,以现在之考古材料推之,大约为铜器时代之初期。如此,则殷人之文化水准与现代人类学上所知之若干原始民族相去不远。有人以殷人无铜器农具为疑者,是不知文化进展之病。自考古学上言之,当铜器时代,铜为"善金",只能用以作兵器,装饰及贵重之饮食用具(如鼎彝等),不能用作农具上之大量普遍消耗,直至能大量生产贱价耐用之金属如铁者,方能以之制作农具。故《汉书·食货志》称"铁曰农之本"者,即以此故。故普通在考古学上所称为铜器时代中,甚少以铜制农具者。

由前面的讨论,我可以把盘庚以前之殷商社会作一整个说明。殷人之"不常厥邑",自不是由于古人所解释的河患,亦非近人所解释的游牧,而实为粗耕农业社会的特征。其迁徙大概每隔十余年或二十余年一次。倘一地的情形良好,亦可迟至三五十年一迁。其迁徙亦大概有一定区域,在其中循环迁徙。如原来之地方力已恢复,亦可迁返原处,如亳商邱等地是,不独殷人系如此,当时之普遍情形,想

均系如此。当时黄河中游及下流之情形，系无数之小村落，每村中数
十人以至数百人不等，各在一定之区域内循环迁徙，有如塔纳拉人之
社会者。殷商之村落，所谓"都"，或"邑"者，想亦不会过大，至
多亦不过二三千人口，因粗耕农业，不容许有再大之人口集中故也。
故殷人之迁都不能与后世帝王之迁都相比拟。再者史称夏后氏十迁，
周人七迁，亦可用此解释之，因粗耕农业为当时之普遍情形，夏及周
之先人，亦自不能例外。

盘庚与殷代社会的变迁

我们明瞭了盘庚以前的普遍经济状况，现在可以解释《盘庚
篇》所代表的背景了。照前面所说，盘庚篇所涵泳的经济背景是时常
流动的粗耕农业，但依照此说，一地之地力已尽时，不必需要盘庚的
诱劝，亦当迁地为良，何以盘庚"将治亳殷，民咨胥怨"，及"民不
适有居"？此则需要另一种解释了。

我们读盘庚三篇，只觉其极威胁利诱谩骂之能事，现古代文献
中，实罕有其匹。例如盘庚威胁其下之酋长头人说："汝不和吉言于
百姓，惟汝自生毒，及败祸奸宄，以自灾于厥身。乃既先恶于民，乃
奉其恫，汝悔身何及。相时憸民，犹胥顾于箴言，其发有逸口，矧予
制乃短长之命。"继之又说："自今至于后日，各恭尔事，齐乃位，度
乃口，罚及尔身弗可悔。"此是何等的威胁！然尚嫌不足，又把祖宗

抬出来以迫胁之说："我先后绥乃祖乃父，乃祖乃父，乃断弃汝，不救乃死……，乃祖乃父，丕乃告我高后曰，作丕刑于朕孙，迪高后，丕乃崇将弗祥。"

这就是说，"不只我（盘庚）威迫你们迁徙，就是我的祖宗成汤，以及你们的乃祖乃父，因为你们不肯迁徙，也要降灾殃责罚你们，你们还为什么不迁徙呢"？继又掉变口吻的劝诱说："迟任有言曰：人惟求旧，器非求旧惟新。古我先王，暨乃祖乃父，胥乃逸勤，予敢动用非罚，世选尔劳，予不掩尔善，若予大享于先王，尔祖其从与享之。"又说："予若吁怀兹新邑，亦惟汝故，以丕从厥志。"继又说："予迓续乃命于天，予岂汝威，用奉畜汝众。"先之以恭维，"人还是旧的好"，继之以安慰，"我岂在威胁你们？总是为你们的利益而已"！不过盘庚三篇中，始终未明白的说出迁徙的原因，虽然其中有说："天其永我命于兹新邑，绍复先王之大业，底绥四方。"下篇中又说："尔谓朕曷震动万民以迁？肆上帝将复我高祖之德，乱越我家，朕及笃敬，恭承民命，用永地于新邑。"此则只说"天"及"祖宗"要他们迁，并未说出何以要迁？更未说出人民何以不肯迁？不然盘庚三篇直等于无的放矢。故前人亦有代为解答者，孔颖达正义曰："仲丁祖乙，亦是迁都，序无民怨之言。此独有怨者，盘庚，祖乙曾孙也，祖乙迁都于此，至今多历年世，民居已久，恋旧情深。前王三迁，诰令则行，晓喻之易，故无此言，此则民怨之深，故序独有此事。彼各一篇，而此独三篇者，谓民怨上，故劝诱之难也。民不欲迁，而盘庚必迁者，郑玄云，祖乙居耿后，奢踰踰礼，土地迫近，山川尝圮焉。至阳甲立，盘庚为之臣，乃谋徙居汤旧都。又序注云，民居耿久，奢淫成俗，故不乐徙。王肃云，自祖乙五世至盘庚，元兄阳甲，宫室奢侈，下民邑居塾隘，水泉洿卤，不可以行化，故徙都于殷。皇甫谧云，耿在河北，迫近山川，自祖辛以来，民皆奢侈，故盘庚迁于殷。此三者之说，皆言奢侈。郑玄既言君奢，又言民奢。王肃专言君奢，皇甫谧专言民奢，言君奢者，以天子宫室奢侈，侵夺下民。言民奢者，以豪民室宇过度，逼迫贫乏。皆为细民易劣，无所容居，欲迁都改制以宽之。富民恋旧，故违上意，不欲迁也。孔氏所提出的"恋旧情深"，与郑王皇甫所提出的"奢侈踰礼"，固然是臆度之词。不过此中不无相当理由，但须解释其为何"恋旧"，与"奢侈"。"恋旧"表示原来的居邑甚美，不忍舍去。"奢侈"则表现富足。此与我们前面所提出的粗耕农业来解释殷人"不常厥邑"的话恰恰相反，其理由则又安在？

若是我们仔细考虑一下，此并不是矛盾，而实是相成。因盘庚三篇，代表当时文化剧烈变动的反响，两种矛盾的势力，在那里冲突。那就是说，在盘庚以前是一种粗耕农业经济，故人民视迁徙为当然，一地之地力已尽，即行搬迁，毫无犹豫，因不搬则无以为生故也。至于盘庚之时，农业上想有很大的进步，即由粗耕而进入比较的精耕。此种进步抑由传播而来，或系由自行发明，现今尚无从得知，不过此种文化上的进步，可使殷人在一地久耕，不必迁徙。故《竹书纪年》言自盘庚以后，即不再迁。但盘庚或系一守旧之君主，或系代表一部人之利益，主张迁徙，而另一部人因其利益所在，不愿搬迁，故盘庚不得不诰诫强使之相从。再者，殷商社会（亦即当时中国之整个社会）之变动，并非始于盘庚之时，其开始大概自夏末商初之时已有之，故自汤至盘庚约三百余年间只五迁，而仲丁河亶甲祖乙，须诰令而行。至盘庚时变革已深，虽有诰令亦复不肯行，故须加以威胁了。

我们为了瞭解盘庚篇起见，可再以塔纳拉人为例。前已言塔纳拉人原为烧耕及种旱稻与十数年一迁之民族，到后来，水稻亦传到塔纳拉人当中了。在起初，不过为旱稻之副产品，于低洼有水之处种植之。因其在初为事甚微小，故只为族中各小家庭自行种植，与大家族无关。其所产，亦为各小家庭自己留用，不交与大家族中均分。不过水稻收获甚丰，利之所在，各小家庭遂各自力建筑梯田（亦系从外面学来者）以种植水稻。种植旱稻之地除种植之时期外，为一村所公有，按年从新分配。至此时，种植水稻之梯田，因为各小家庭自力所开，故完全为小家庭之私产，几与大家族无关，而大家族中亦绝无有共同合作开垦梯田者。能开垦种水稻之地，因其为土壤、水源及其他之自然因子所限制，至为有限。故在其初，无种水稻之先见及精力之各小家庭，以后即永远无种植水稻之机会。久而久之，在不知不觉之间，此无阶级之社会中遂产生两种阶级，即地主（水稻田）与非地主阶级。

土地私有权之兴起，在初与当时之社会及经济组织无多大影响，因不种水稻者，仍可以旧法种植旱稻。不过数十年之后，此问题则变严重了。因村落附近可种旱稻之地，地力已尽，无法再种，即种亦无收获。又数十年一迁，为塔纳拉社会中之根深蒂固的成法，今者无水稻田者，须要迁移，而有水稻田者，因其投资所在，则不要迁移。因水稻种植为一种精耕农业，小稻田之开垦，亦非易易，又需时时加以改良。有水稻田之大家庭，自不愿放弃其历年所辛苦经营而随人迁徙了。塔纳拉社会至此时有两条路可走。一是无水稻田者搬迁，有水稻田者留下。如此，则旧有之社会制度之若干部分必须解体。再是全部搬迁。因大家搬迁，人人可以照旧生活，若不全部搬迁，只有一部人可以生活，一部人则不能生活。但此非有强有力之领袖不可。在塔纳拉社会中，走此两路者均有之，不过以后者为极少数，而亦只可行之一次或两次，因纵有强力之领袖，敌不过文化之洪流也。

以个人之意度之，盘庚时之中国社会，颇与此相类。孔颖达所谓"以豪民室宇过度，逼迫贫乏，皆为细民弱劣，无所容居，欲迁都改制以宽之，富民恋旧，故违上意，不欲迁也"。此虽是臆度之词，亦颇近事实。盘庚大概为殷人之伟大领袖，他看见此时彼所统率之部落，发生一大危机，若其不迁徙，其中一部分不能生活者，必离而他去，另建村落。如此，不只削弱盘庚之势力，其祖宗之成法，亦必整个崩溃，故盘庚不得不威迫着大家一齐搬迁了。再或者盘庚为一守旧的君主，因为"不常宁"是祖宗的成法，现在虽然是不像已往的情形，可以不必时常搬迁，而盘庚还是要守着祖宗的法规，一定要搬，所以盘庚开始就说"先王有服，恪谨天命，兹犹不常宁，不常厥邑，于今五邦"。而三篇之中，几无处不把祖宗拎出来，以压倒反对迁都者。此二者之间，盘庚想必居其一了。

总之，殷商之盘庚时代，实代表中国文化上一大变动，盘庚三篇，或代表此新旧文化斗争之反映。不然者，盘庚三篇不过一种咒诅谩骂的文章，似乎太无意义了。

殷人与游牧

近来解释殷人之"不常厥邑"者，几无不视殷人为游牧，为行国。再或谓殷人刚由游牧而进入农业，故仍保存游牧时期之"不常宁"。即最近之傅筑夫氏亦不免此种观念，一则曰"不止游牧，而且游农"，再则曰"去改换牧场，改换耕地"[①]。又卜辞中累载祭祀时用牲之多，有多至一次数百头者。故群以为殷人若非游牧，决不有如许数目之牲畜[②]。但自实际言之，不止殷人不能视其为游牧，即中国社会整个之进化史中，有无游牧时期，现在尚颇是疑问。此种游牧之错误观点，大概尚系承袭欧西十九世纪之社会进化思想而来，以为人

---

① 《文史杂志》第四卷第五、六期合刊，二一至三〇面。

② 现在对殷史作推测者，莫不以甲骨材料为其主要根据。但甲骨文什九以上为卜辞，且记事过于简单，又多残缺过甚，义每不明，文字的辨识，又其余事。利用此种材料以推断其后面所代表的情况，自属不易，且可随个人之成见以为说。又卜辞所代表者，只社会情况之一面，即为不正常之一面。何以言之，以人类学之常识而言，一社会对于其日常事务及其知之甚谂者，其执行均为自动的或机械的，正如我们之对于日常生活一样，并不须求神问卜，或托诸超自然之势力。只有遇着一种特别事故发生，去取在两可之间，人力所不能控制着，方才诉诸神灵，贞以求启示了。所以我们全由卜辞上所得的殷商的社会情况是一种不正常及歪曲的情况，此在利用卜辞者，皆不可不知者。此并不是轻视卜辞之价值，而实是为学应取之谨严态度，卜辞之外，应根据正当的理论以作推断。

类经济生活之进化，均系由畋猎而游牧而农业，中国亦当然是如此，不能例外。所以硬将中国古史中加上游牧一阶段，以期相符合。但自现在之人类学上观点视之，固然有很多社会是由田猎、游牧而农业，但亦有很多社会根本即无游牧一阶段，因可由传播的关系，迳自田猎采集而入于农业。

有若干的事实，显示殷人并非游牧。如自考古学上言之，殷人有陶器，且其陶器之精美，在当时世界各地实罕有其俦，城子崖之殷代黑陶可以证明。又殷人铜器之形状与夫花纹，多系袭自陶器，由此可知殷人之精于此道。但游牧民族中，实未有用陶器者，何则？因陶器脆弱，迁移时搬运不易故也。即此一端，亦可证明殷人之非游牧。再者，以游牧为生者，多有饮乳之习（马羊牛骆驼之乳可），或食乳制品。而殷人则未闻有食乳之俗，或记载。此虽不能证明殷人之非游牧，但可作一反证[①]。不只殷人不知用乳，整个之中华民族，自殷周而还，整天与西北之游牧用乳之民族相接触，而始终未接受用乳之习惯，在民族学上实颇为特别也。

或者有人要问，甲骨文字中所载殷人用牛甚多，当作何解释？不过我们须知，自人类学上言之，家畜亦为农业特征之一，因农业民族中甚少无家畜者（北美可除外，因北美除犬外，根本即无家畜），故不能因其有牛羊，便可谓其为游牧也。例如殷人家畜中有豕，而豕则非游牧民族之家畜，因其行动甚慢不便逐水草故也。殷人之牛羊

---

① 因游牧民族中亦有不饮乳者，故不用乳，不能证明其非游牧。但亚洲与中国邻近之游牧民族，则无有不用乳者，故可作为反证。

豕，为旧大陆农业民族应有之家畜。或其特别注重牛，可用他种原因以解释之，不必一定为游牧。

例如塔纳拉人之基本经济为旱稻的种植，其食物之百分之九十系从此而来，倘一年歉收，即有饥馑之虞。但他们对于旱稻的注意与兴趣，可以言淡到十分。他们的农具极其粗苯，于旱稻的种植，亦无任何宗教上的仪式。

塔纳拉亦有牛群，但其经济的价值，可说微之又微（至少从我们的观点视之是如此），假使其牛群全部死亡，亦不使他们有一餐受到影响。因为他们既不饮牛奶，亦不用牛耕作或运输。牛皮有时用以制作草鞋或小帽，但其用甚少。牛皮大半连肉割而烹食之，有如其食猪肉者然，牛肉只得在祭祀或丧葬大典中食之。牛粪虽可用作水稻之肥料，但亦少有用之者。

塔纳拉人对其牛群的注意，远在其对于旱稻之上。他们之种旱稻，刚刚只种够一年之用为止，绝未想到多种一些。纵然一年中如能多收几斛，对于他们在社会中的地位，毫无影响，因为他们每家在社会中的高下，完全以其牛的多少为准，所以每家总在设法增加他们的牛群。牛是战争中主要的掳获品，盗牛为有为青年之正当活动，倘偷不到手，则买小牛喂养，因绝无卖大牛者。因售去大牛则牛群即因之减少。牛的各种毛色及角的形状，均有特别的名词表示之，每人对其所有之牛，均能头头分辨。宗教上亦有种种咒语使牛群蕃殖。

在塔纳拉人中，只有牛是唯一在仪式上有重要性的家畜，在若干宗族之中，每当人死落气之时，必杀公牛一头，使其魂魄可以与之相伴而行。因为在家畜中，只有牛有灵魂。所以丧葬及祭祖先之所有仪式中必须屠牛，所被屠杀的牛之魂魄，则到阴世祖先的牛群中去。牛肉除极少部分献给鬼神外，则全部烹食。

我们不敢说殷人之对于牛，与塔纳拉人一样，不过这种事实，可以给我们以深长的暗示。塔纳拉人并不是游牧民族，其初为流动村落，以种旱稻为经济基础的民族，继则变为定居之种水稻民族，但其牛群之多，实远出我们意料之外。这种例子，在世界民族的发展中尚很多，因限于篇幅，不能多举。所以我们可以说卜辞中所记载殷代祭祀用牛之多，在明瞭民族间情形的看来，并没有什么惊奇，更用不着用游牧去解释它。

盘庚时代与封建制度之兴起

王静安作殷周制度论，以为中国社会上之剧变，莫大于殷周之际，后来几千年中之社会及政治制度，大体皆创始于此时[1]。近来胡厚宣氏根据甲骨材料作《殷代封建制度考》以驳之，以为"周初之文化制度，不特非周公一人所独创，且亦非周代所特有，举凡周初之一切，苟非后世有意之附会，皆可于殷代得其前身"[2]。其说甚确。因为一种制度之兴，特别严密如封建制度者，自不能突然产生，其前必

---

[1]　《观堂集林》卷十。
[2]　见其所著《甲骨学商史论丛初集》第一册《殷代封建制度考》。

有相当的演化历史，及其经济的基础。

中国的封建制度起源于何时？前人以为起于三皇五帝之世，这自系依诧，不足征信。因为在粗耕农业，村落时常迁徙之下，自不会产生封建制度，充其量亦不过一村落的分化，而不是封建。因为在粗耕农业之下，一村落的人口如蕃衍过多，或村落中产生两个强有力的领袖时，势力两不相下，其中之一，必率领一部分人，另至一新地创一新村，及一新支系，而自成一宗，但其权力是不能互相统率的。过了若干世代以后，又将此种过程扮演一番。汉族早期的变强大，想系由于此种历程。我们看《史记》五帝本纪及夏商周之先的情形，十分与此相似。古人不察，误认此为分封，及封建了。当时之所谓"共主"，亦不过一比较强大村落中的领袖，虽时有攻战伐灭之事，但其周围的村落，对之不过怀一种畏惧之情，承认其强大，但亦不能实际加以统治，或强迫其服役。不只中国古代社会是如此，其他社会之早期演化进展中，亦莫不皆然。前面所举的塔纳拉人之粗耕农业迁徙村落时期中，即是如此。

封建之起，胡厚宣氏根据卜辞，以为"至少在殷高宗武丁之世，已有封国之事实"①。此固属正确，且其所举之例证甚多。以愚意度之，中国社会制度的剧烈变动，当以盘庚时代前后为断。因为盘庚时代，实为中国古代文化转变最剧烈的时代，由于"不常宁"转入固定村落的时代。一固定村落的社会组织，自与一时常迁徙的村落社会组织的需求大不相同了，封建制度之开始，大概亦于此时。因在流

① 《甲骨学商史论丛初集》第一册《殷代封建制度考》。

动村落时代，强大之村落，不能切实统治弱小之村落；倘因其统治过严，征役过繁，则可乘其不备，徙而之他处，大部族亦无如之何了。村落一固定之后，则大者可将小者征服奴役，则无法逃避。此种情形，亦可自塔纳拉人中见之。

在流动村落时代，塔纳拉人的政治组织是极端民主化的，村中的某一宗的头人任全村之领袖或酋长，但无正式任命式，亦无真正的权力，不过为大众所共承认而已。村中重要事件，均以会议式决定之。在村以外即无所谓任何统治权力了。在初，其东部以变成固定村落之部族中，有所称为"王"者，他们在宗法制度与区域关系之上，逐渐发展了一种封建制度，以巩固其中央权力。此种演变中之最后一步，其发生在约当一百年以前。约当公元一八四〇年之际，塔纳拉中之一宗族，征服了在北部的数宗族，宣布自己为王族，称其世袭酋长的一系为大宗（Senior lineage），即现在塔纳拉门拉比（Tanala Menabe）之王是也。不过此王族对于其他未变固定之村落，即根本无法统治或羁縻之。其第一世开基之王，自建一个人陵墓（此与其前风俗相反），又塔纳拉人接受其王殁后变成蟒蛇的信仰。此两种文化成分，均系从其邻族白齐罗人（Betsileo）所学得者。

塔纳拉人社会的演变，可以发我们的深省。我们不能说殷代社会的演变，与塔纳拉人者相平行，但总可给我们一些暗示。由此我们可以推断中国封建制度的兴起，大概在由流动村落变为固定村落之际，换言之，即在盘庚时代之前后。至武丁之时，已有相当的中央权力，可以稍稍控制四周诸强大定居部落，宗法制度亦渐变严密，故自康丁以后，及五世传子，而不兄终弟及了。此时之所谓诸侯，不过为一村或数村的酋长，虽其所属部族有强弱之分，土地有大小之分，但无所谓等级或五等爵之分。其数目亦极多，故武王伐纣，"不期而会孟津者，八百诸侯"，其他之未至者，想必尚多。此等诸侯，亦想皆系来自附近一日或数日可以来回之处，在一小区域内有如许数目之诸侯，当时所谓国及诸侯之大小，亦可以想见了。

武王克商，为封建制度中演进中的最后一步，而不是开始，周代不过把殷代的制度加以整齐划一，创五等爵，使其以大御小便于控制，利于中央集权而已。故孔子说"周因于殷礼，所损益可知也"，以其去殷未远，想非纯系推测之语。封建制度必用宗法以联贯之，故周人又严大宗小宗之辨，创婚姻百世不通之禁[①]。于是中国之封建宗法制度，遂达于完密之境地。

殷人与"奴隶社会"

现在之论殷商制度者，几什九皆视殷代为奴隶社会[②]。其所根据的事实，一方面为卜辞，一方面比照西洋社会发展的阶段。关于卜辞

---

① 《礼记·大传》："系之以姓而弗别，缀之以食而弗殊，虽百世而昏姻不通者，周道然也"。但周时同姓不婚之禁例并不普遍，亦未严格执行，至汉晋而后方始严行禁止。故赵瓯北《陔余丛考》卷三十一言："同姓为婚，莫如春秋时最多"。继又言："此皆春秋时乱俗也，汉以后此事渐少"。赵氏实未知一制度演化之历程者。参见拙著 *The Chinese Kinship System*，一七五面。

② 自梁启超以下，几无不主此说，故不列举。

方面，胡厚宣氏已详论之，如卜辞中的奴隶，郣、娷、臣、僕、妾、媒、妌、好、嬹、妃、徉诸文，或其意义不甚明瞭，或有其他意义，均不能作为殷代奴隶社会之证。不过胡氏亦承认殷代有奴隶，但非"奴隶社会"，所以他的结论说："惟殷代虽有奴隶，但不因此即谓殷代为'奴隶社会'。因殷代之奴隶，多供贵族祭祀殉葬之牺牲，其他小规模被支配之劳动，容或有之。至于社会生产之主要阶层，则绝非奴隶，至少在今日发现资料之所示，确是如此。此与古代希腊罗马史上所谓奴隶社会之内容，绝对不同，固难以强并为一，不然者，则中国历史上自姬周以迄近世，奴隶之事，何代蔑有，统谓之奴隶社会可乎"①？胡氏此论，自为卓识，可一洗强将中国社会比附西洋社会发展的通病。不过胡氏以供牺牲之俘虏为奴隶，亦容有未妥。普通之所谓奴隶者，以其生产上有剩余，可供剥削，及不能自主之谓。而专供祭祀牺牲的战俘，在经济上不只不是一种财产，反是一种担负，自不能与奴隶相提并论。此并非言俘虏不能作奴隶，而实际上，历来奴隶之来源，什九为战俘。不过殷人之以俘虏供牺牲，想为最经济之办法，因设蓄奴以供牺牲，所消耗必甚大，远不如需用时即往他族掳获之为经济也。

殷代有否众多的奴隶一问题，自然要看当时的社会经济的发展程度如何，以及其生产技术如何以为断。因为奴隶制度，除其系一种社会制度而外，亦是一种经济制度。自民族学上言之，田猎、游牧与粗耕农业时在迁徙之社会中，是很少有奴隶的。因为在此等生产方式

———————————

① 殷非奴隶社会论，同前。

之下，个人之所生产者，大都仅足个人之需，很少有剩余可供他人剥削。生产既有限，平时亦无固定工作，可使奴隶任之。故倘有多数奴隶，则消耗者增多，反而是累赘。故生产技术须达到固定村落的半精耕农业及精耕农业，或有相当之工商业之时，方能有固定工作，可利用多数奴隶以作之。故利用奴隶作生产者，以定居之农业社会中为最盛行①。

倘我们认殷代在盘庚以前是一种流动村落的粗耕农业，纵使有奴隶，数目想亦甚少，不足形成社会阶层，有如所称之奴隶社会者。自盘庚而后，由流动而变为定居，农业技术进步，奴隶之重要性，有日渐增加之可能。我们看塔纳拉社会，即可知之。塔纳拉人在流动村落时代，未有奴隶，后来定居以后，奴隶制亦因之产生，因此时可使奴隶在水稻田中工作，以增加生产故也。

间常考之，在殷周以前的帝王或酋长，若严格一些说，盘庚以前的帝王，其生活情形与普通人民无多大分别的。酋长亦须在田中从事生产工作，因全靠贡献，是不能维持其消耗的。"茅茨土阶"，并不是故为卑宫室及崇尚俭约，以当时之生产状况及文化水准律之，是不得不如此的。自宗周而后，帝王例须"亲耕"，后须"亲桑"，后来之解释者，以为系重农之仪式，此固为正确。不过在后来虽全为一种仪式，但在周代以前，或为一种必须，自文化学上言之，系一种

---

① 在以前，以为奴隶之起系源于游牧民族，因其将使用牲畜之概念，转用于人类之身上，为极易之历程。但实际上游牧民族极少有蓄奴者，而蓄奴则以定居之农业民族中为最多。

"遗留"。

所以说，在盘庚时代以前，以当时的文化水准律之，其政治社会及经济组织，想是极端平民化的，以生产有限，大众的享受，不拘其为酋长抑平民，是相差不远的。在此种情形之下，自无大量奴隶，以形成社会阶层的"奴隶社会"。盘庚以后，则又当别论了。

结　论

由前面的讨论，故我们可用盘庚时代作为研究我国古代文化变动上的一个断代，凡是社会制度之与经济有关者，均可以此为断。

至于商代文化在此时期中是如何的变？我们现在还没有确实的证据。其情形到底是如何，还须等将来的发现。大体言之，其改进系在农业，是由于"不常宁"的粗耕，而进如固定居邑的精耕[①]。盘庚三篇，就是此种变动的反映。窃常思之，中国文化自原史（Proto-history）期以至明清之际，有两大变革。一系在殷盘庚之际，一在秦汉之际，各开以后千余年中的局面。盘庚时代的变革，不过是顶点，其开始大概在于夏商之际。在此时期中，因农业的改进，而革新了经

---

① 胡厚宣氏著《殷代农业考》一文（未刊）言殷代已有牛耕。而牛耕为农业上一大进步，自可使当时的文化及社会发生剧烈变化，是可断言者不过胡氏所举之证据，全系由于少数文字，其诠释尚在可识与不之可识间，自不能证明牛耕之有无。我国之犁耕，普通以为起于春秋战国之际，而盛于汉初，其来源亦以近东。近东之犁耕起源甚早，至迟在公元前三千五年间已有之。在近东犁耕先于牛车，中国则牛车先于犁耕，二者均系利用兽力，而其出现之先后不同。

济生产的基础。再为铜器知识与马或车战[①]之传入中国，于是革新了战争与交通，由此遂开后来千余年中封建之局。秦汉间之变革，亦不过系顶点，其开始则在春秋战国之际。其主要因子，则为牛耕、铁器知识与骑战之传入中国。牛耕使生产上以兽力代替了人力，而铁器知识又使农具得以大大的改进，遂革新了以前的农业，生产增加，而人口遂得蕃殖。铁器知识与骑战则革新了当时的战争与交通。此数种因子的联合，使当时行之已千余年的封建社会，不得不因之而崩溃。而后来千余年中的政治社会局面，亦因之而造成了。此各时期之中，其中不无小的波动，但不足以影响大局[②]。

［原载《文史杂志》第5卷第5、6期（1945年），第34—47页］

---

① 用兽力（牛或马）挽车之在中国，想不会过早，其传入中国，大概与铜器知识同时，即殷初或夏末。《论语》孔子曰"乘殷之辂"，或系事实。
② 关于《盘庚》篇之解释，与中国古代文化之变迁问题，予思之颇久，亦曾时时与友人讨论及之，但终未暇执笔。今者为篇幅所限，未能畅所欲言，若干重要问题，如田制等，亦未提及。且因国难时期，检书不易，他人之作，多未蚀出，此则深以为歉者。

四川与西南之古代交通

四川自秦汉以来，即为中原文化的西南外镇，中原文化之传往西南者，必须经过四川，而西南文化之传往中原者，亦必须经过四川。所以四川不只是西南交通上的枢纽，亦是文化传布上的重镇，它在地理上所处在的重要，实不自抗战来方才开始的。四川与中原各方国的交通线，言之者颇多，但它与西南之交通线，虽然是极端的重要，历来却很少有人注意。

（一）邛筰道

秦时过西南的驿道，似乎不经过四川，而是经过贵州遵义的附近，即《史记》所称的"五尺道"。不过在秦亡后，此道即闭。汉武帝因欲消灭匈奴，故锐意打通西南，再由西南绕道以通西域而夹攻匈奴。此在《史记》中讲得极为明白。例如张骞使大夏时，"见蜀布、邛竹杖，使问所从来，曰：从东南身毒国。"所以张骞料想四川必定有路可以直接通印度。又如唐蒙使南越时，"南越食蒙蜀枸酱，蒙问所从来，曰：道出西北牂牁江，广数里，出番禺城下，蒙归长安，问蜀贾人，贾人曰：独蜀出枸酱。"所以唐蒙亦料想四川必定有直接交通线可以通广东。汉武帝由此知道西南夷的广大及重要，所以想从四川打开一条通路。会唐蒙想制服南越，但是由长沙豫章的道路，十分艰险。唐蒙上（？）书（？）①劝汉武帝由四川绕道西南以击南越，汉武帝于是"拜蒙为郎中将，将千人，食重万余人，从巴蜀筰关入，遂见夜郎侯。"此处所言的筰关，即邛筰关或称邛筰山，现在大相岭下所称为大关小关的即是。唐蒙通夜郎虽出此道，但他发转运粟，修治僰道，人致岁久，无功，蜀民大怨。汉武帝乃以问司马相如，相如蜀人，大概知道西南的情形比较清楚，所以汉武帝仍□②开通邛筰道一条路。《史记·司马相如传》言："司马长卿便略定西夷，邛筰、冉駹、斯榆之君，皆请为内臣，除边关，关亦斥，西至沫若水，南至牂柯为徼，通零关道，桥孙水以通邛都，还报天子，天子大悦。"其后武帝灭南越、诛且兰后，乃以邛都为越嶲郡，筰都为沈犁郡，汉源越嶲一带，遂正式入中国版图，而为通云南的门户了。相如所通的"零关道"，（越嶲有零关县，孙水即安宁河。）亦即所谓筰道，为后

---

① 此二字，原文模糊不清。
② 原文模糊不清。

来四川通云南的主要驿道。此道自四川的□□①，经现在西康的雅安荣经，踰大相岭至汉源（筰都沈犁郡），由富林渡大渡河至越巂西昌（邛②都越巂郡）会理，再渡金沙江（古泸水），以出云南的元谋武定而至昆明。此道除大小大相岭稍为险峻外，其他则多沿河谷，虽不能称为坦途，亦不过关陵起伏而已。大相岭相传上山六十里，其阳有二十四盘，颇为崎岖，当即旧时之九折坂。相传王阳徵益州刺史，行部至此，为曰：奉先人遗体，奈何数乘险！寻谢病去。及王尊为刺史，至此，曰：此非阳所畏道耶？叱其驭曰：驱之！故世传王阳为孝子，王尊为忠臣。明代新都的杨升庵有"九折刺史坂，七擒孟获桥"之句。因荣经县东门外有铁索桥，名七擒③桥，言为孔明七擒孟获处，但孔明擒孟获在四川与贵州边境，不在现在的④西康，此则全出附会。杨慎流云南即由此路，故有此诗。

诸葛武侯的南征，亦是由此一条路。晋常璩的《华阳国志》曾言武侯自安上县由水道入越巂。按此一带并无水道可以入越巂者。安上县究在何处？亦不可考。有□⑤称飞越岭下大渡河边的沈村或冷蹟为蜀汉时之安上县，因除此外，此一带并无他处可以置县。如此说可靠，则武侯南征的路道，并未经过大相岭，乃系由荣经安化林郡下，绕过大相岭及飞越岭，而至冷蹟，再由大渡河顺流而至富林一带而已。又武

---

① 此二字，原文模糊不清。
② 原文模糊不清，整理者据文意补。
③ 原文模糊不清，整理者据文意补。
④ 原文模糊不清，整理者据文意补。
⑤ 原文模糊不清。

侯五月所渡之泸，在于何处？亦可言古代地理者，所聚讼的一问题。有人以司马相如所桥之孙水为泸水，大概此系错误。孙水即为现在之安宁河。以大体情形言之，泸水当为金沙江上游的一带。沿此一路，都有关于诸葛亮丞相南征的传说，如大相岭小相岭之名称，多以为系诸葛丞相南征时所经过，故称相岭。此固不免附会，然亦可见其一般。

此路亦即唐樊绰《蛮书》中所言的南路，自汉唐以来，凡四川与云南在军事、政治、文化上的交通，几无有不由此路的。有时虽为特别的原因有所梗阻，但历朝均设法使其畅通。

（二）僰①人道

由四川通云南的驿道，虽然以邛笮道为主体，但还另有一条道路，路程较邛笮道为捷，但却艰险得多。此道由现在的叙府（唐时的戎州）南行，经过珙县至云南的镇雄、威宁、宣威、霑益、曲靖，而至昆明。此道在汉时称僰人道，因其地古有僰子国，故汉时在宜宾曾置僰人道县。此道亦即武帝时唐蒙所治而未成者。《史记》言"唐蒙已略通夜郎，因通西南夷道，发巴、蜀、广汉卒，作者数万人。治道二岁，道不成，士卒多物故，费以巨万计。"唐蒙既由邛笮通夜郎，为什么反而要修治这一条道路？大概因为此道较邛笮道捷得多，所以唐蒙不辞艰难以赴。后来诸葛亮南征，马忠领一支兵趋贵州的夜郎，

---

① 原文皆作"棘"，整理者统一改作"僰"。下同，不另注。

即由此道。

此路亦即《蛮书》中所言的南路。樊绰所说的北路与南路，大概系由云南方面而言，不然，一在四川的西南，一在四川的正南，何有南北之分？樊绰叙述此路的驿传□①为详实，共二十余驿（？）②，（因手边无书，不能举其详也。）不过此路崎岖险阻，且生夷为患，（即东爨倮㑩）故通时少，而闭时多，唐玄宗鲜于仲通伐南诏，二十万众全军覆没，即在此道中。

此两条通道，对于古代四川的繁荣，颇有关系。《史记·西南夷传》言："秦时常頞略通五尺道，诸此国颇置吏焉。十馀岁，秦灭。及汉兴，皆弃此国而开蜀故徼。巴蜀民或窃出商贾，取其筰马、僰人僮、髦牛，以此巴蜀殷富。"筰马，即现在所称的建昌马，短小精悍，食料少而行远，特别宜于山路，颇称良马。僰人僮言即现在的摆夷，短小而善应对，长为奴，秦□③将此□④者驱入关中出售。但巴蜀的殷富，当不只此二者。前所言的南越的蜀枸酱，由印度贩往大夏的蜀布，及邛竹杖，亦当将为四川出口货中的甸要品。但此不过藉以□⑤概其一斑，亦因而可见此两条路道对于四川与西南交通的重要性。

（原载《蜀风》1943 年 9 期）

---

① 原文模糊不清。
② 原文模糊不清，整理者据文意补。
③ 原文模糊不清。
④ 原文模糊不清。
⑤ 原文模糊不清。

明皇幸蜀与天回镇

谁道君王行路难，六龙西幸万人欢，地转锦江成渭水，天
回玉垒作长安。秦开蜀道置金牛，汉水元通星汉流，天子一行
留圣迹，锦城长作帝王州。

——李白

［民国］二十九年冬，闻成都北天回镇有唐碑，因往访之。既
闻其地之耆老言：镇名天回者，盖因唐明皇幸蜀，并未至成都，乘
舆至此时，闻两京收复，遽尔回銮，故曰"天回"，当时以为齐东野
语，不足征信；故偶检通志及县志，亦均作此语，如清雍正十三年所
修《四川通志》卷二十二言：

天回山在县北三十里，旧名天堋，唐明皇幸蜀至此，及闻

长安平，车驾乃回，因更名，下有天回镇。

其后嘉庆二十年所修《四川通志》及同治十二年《成都县志》所载与此略同，知其致误，盖已久矣。迩来寒窗无事，因略为正之，亦有关乎地方之小掌故也。

按天回镇之名，实本于天回山，天回亦名天堕，《蜀本记》曰：

> 杜宇自天而降，为蜀人主，称望帝，号曰天堕，言自天而堕也，今成都北三十里天回山是其处。

更名之说，明以前无可考，曹学佺《蜀中广记》于蜀中掌故，搜罗至富，亦只[1]言堕，回，音近而讹。杨升庵言天堕山，亦不过引扬雄《蜀本记》言"有王曰杜宇，出于天堕山，有朱提氏女，为杜宇妻，号曰望帝。"云云，未及明皇至此更名之事，《四川通志》此说，实不知何所本。又按明皇幸蜀之事，当时颇有记载，如《蜀中广记》卷九十二《著作记》中载：

> 明皇幸蜀记三卷。唐李匡文、宋臣周、宋居白撰。初匡文记画明皇崩，臣周记止于归长安，叙事互有详略，居白合此记，以宋为本，析李为注，取二序冠篇，复撰遗事增广焉。

---

① 原文作"祇"，整理者简写作"只"。

此书今虽佚，但可知当时记载颇详，且有轶闻遗事流传于后也，幸蜀之事，画家，亦有以之为题材者，如宋叶梦得《避暑录话》卷下：

明皇幸蜀图，李思训画，藏宗室汝南郡王仲忽家，余尝见其摹本。广不满二尺，而山川云物车辇人畜，草木禽鸟，无一不具。峰岭重复，径路隐显，渺然有数百里之势，想见其为天下名笔。宣和间，内府求画甚急，以其名不佳，独不敢进，明皇作骑马像，前后宦官宫女，导从略备，道旁瓜圃，宫女有即圃采瓜者，或讳之为摘瓜图。而议者疑元稹望云骓歌，有骑骡幸蜀之语，谓仓猝不应仪物，猷若是盛，遂以为非幸蜀时事者，终不能改也，山谷间民皆冠白巾，以为蜀人为诸葛孔明服，所居深远者，后遂不除，然不见他书。

叶氏言或以为此画所绘之骑从犹盛，以为非画幸蜀之事者，是亦未深考。《旧唐书》明言明皇抵成都，时扈从官吏军士尚有千三百人，宫女二十四人，虽非后宫二千尽室而行，而自非措大之所能想见也，近来外间人入蜀，见蜀中男女多头缠白巾，每引以为怪，或谲为为孔明服孝，知此语唐宋时已有之矣。

明皇幸蜀之事，据新旧两唐书所载，安禄山于天宝十四年（公元七五五年）冬，反于范阳，明皇于十五年（公元七五六年）六月十三日（乙未）凌晨出延秋门西奔，次日（十四日丙申）次马嵬驿，十七日（己亥）次扶风郡。《旧唐书》载此时："军士各怀去就咸出丑言，陈元礼不能制。会益州贡春彩十万匹，上悉命置于庭。召诸将谕之曰，卿等国家功臣，陈力久矣……朕须幸蜀，路险狭，人若多往，恐难供承，今有此彩，卿等即宜分取，各图去就，朕自有子弟中官相随，便与卿等永诀。众咸俯伏涕泣曰，死生愿随陛下……"七月十日（壬戌），"渡吉柏江，有双鱼夹舟而跃，议者以为龙……"二十八日（庚辰）"车架至蜀郡，扈从官吏军士到者一千三百人，宫女二十四人而已"。次年（肃宗至德二年公元七五七年）郭子仪收复两京，肃宗遣中使啖廷瑶奉迎，十月廿三日（丁卯）上皇发自蜀郡。十二月四日（丁未）至京师。以时计之，玄宗幸蜀，来程共行四十五日，归程共行四十一日，在成都共驻一年两月另二十四天。安有行至天回镇即闻收复两京而回长安，未至成都之事乎！

玄宗之幸蜀，虽事起仓卒，但杨国忠于成都，实早有准备。《旧唐书·杨国忠传》：

> 自禄山兵起，国忠以身领剑南节制，乃布置腹心于梁益间，以图自全之计。

唐姚汝能撰《安禄山事迹》卷下：

> 先是国忠乐于蜀地，为自全计，于天下之兵，颇置心腹于梁益之间，卒行其志。

《旧唐书·崔圆传》：

> 宰臣杨国忠遥制剑南节度使，引圆佐理，乃奏授尚书，兼蜀郡大都督府左司马知节度留后。天宝末元宗幸蜀，特迁蜀郡大都督府长史、剑南节度。圆素怀功名，初闻国难，潜使使探国忠深旨，知有行幸之计，乃增修城池，建置馆宇，储备什器。及乘舆至，殿宇牙帐，咸如宿设，元宗甚嗟赏之，即日拜中书侍郎，同中书门下平章事剑南节度，余如故。

杨国忠虽被杀于马嵬，未克至蜀，但其狡兔三窟之虑，亦未尝不周。由此，亦可见明皇实至成都。又其他从幸诸臣传中，亦明言至成都之事，如《颖王璬传》：

> 安禄山反，除蜀郡大都督、剑南节度大使……初奉命之藩，卒遽不遑受节，绵州司马史贲进说曰：王，帝子也。且为节度大使，今之藩而不持节，军骑径进，人何所瞻！请建大椠，蒙以油囊，为旌节状，先驱道路，足以威众。璬笑曰：但为真王，何用假旌节乎！将至成都，崔圆迓之，拜于马前，璬不止之。圆颇怒。元宗至，璬视事两月，人甚安之。

《崔涣传》：

天宝末，杨国忠出不附己者，涣出为剑州刺史。天宝十五载七月，元宗幸蜀，涣迎谒于路……扈从至成都。

《高力士传》：

力士从幸成都，进封齐国公。

此又皆明言元宗幸蜀曾至成都者，成都因玄宗行幸之故，于肃宗至德二年改为南京，见《唐书·地理志》，故李白有《上皇西巡南京歌》。又《太平寰宇记》卷七十二：

[天宝]十五年，玄宗幸蜀驻跸成都，至德二年十月，驾还西京，改蜀郡为成都府，长史为尹。

仝右《华阳县志》卷下：

华阳县本成都县地，唐贞观十年，分成都县之东偏，置蜀县，在郭下，乾元元年，玄宗狩蜀，驻跸成都改为华阳县。

由此可见唐时成都之升府，华阳县名之由兴，皆由明皇行幸之故。其他之杂记小说，亦多言驻跸成都之事，如唐郭提高力士传言："肃宗……即皇帝位于灵武，八月尊太上皇于成都，改元为至德元年。成都宣赦，上皇谓高公曰，我兄嗣位，应天顺人，改元至德，孝乎惟孝。卿之与朕，亦有何忧？”因此言肃宗即位后，玄宗于成都宣赦之事也。并且言玄宗至成都后，气候亦因之而变，有如两京。"且蜀中风土，有异中原，秋热冬温，昼晴夜雨，事之常也。及驾出剑门，至巴蜀，气候都变，不异两京，九月十九日霜风振厉，朝见之时，皆有寒色，诏即令着袍。二十一日百官皆衣袍立朝，不依旧式。"阴历九月中旬及"霜风振厉"，想为寒流南袭特别早，通常则当至十一月以后也，此处所言"朝见"，乃谓于成都朝见上皇也。其最堪寻味者，莫过于唐刘肃《大唐新语》聪敏类所载裴士淹一条。

《大唐新语》卷八：

> 玄宗幸成都，给事中裴士淹从，士淹聪悟柔顺，颇精历代史，玄宗甚爱之，马上偕行，得备顾问，时肃宗在凤翔，每有大除拜，辄启闻。房琯为将，玄宗曰，此不足以破贼也。历评诸将，并云非灭贼材。又曰若姚崇在，贼不足灭也。因言崇之宏才远略。语及宋璟，玄宗不悦曰，彼卖直以沽名耳。历数十余人，皆当其目。至张九龄，亦甚重之。及言李林甫，曰妒贤嫉能，亦无敌也。士淹因名曰：既知，陛下何用之久耶？玄宗默然不应。

以玄宗之知人，而犹有李林甫、杨国忠之失，几至于亡国！何则？内怀色荒，虽明知其奸邪，而不能不用之，借以遂其欲，此所以默然不对也。玄宗以宋璟为"卖直沽名"，足见受谏之难，而后之见者，又实有不同，如陆放翁《老学庵笔记》卷一载："神宗夜读宋璟传，贤其为人，诏访其后，得于河朔，有裔孙曰宋立，遗像谱牒告身皆在。宋立已投军矣，欲与一武官而其人不愿，乃赐田十顷，免徭役杂赋云。"抑何其见之相反，景慕一至于此也。

《神僧传》载僧一行谓玄宗"万里当归"之故事，虽系神话，亦可见玄宗幸成都之遗闻也。其言曰：

> 唐玄宗问一行国祚几何？有留难否？对曰：銮舆有万里之行。帝惊，问其故，不答。退以小金盒进，署曰：至万里则开。帝一日发盒视之，盖当归少许。及禄山乱，驾幸成都，至万里桥乃悟，未几果归。

又明何宇度《益部谈资》卷中亦言：

> 唐史载元宗狩蜀至万里桥，问桥名，左右对以万里。元宗叹曰，开元末，僧一行谓更二十年国有难，朕当远游至万里外，此是也，遂驻跸成都。

一行为唐僧中之邃于历法者（见《旧唐书》本传），故多所附会，如唐李石《续博物志》言："明皇在长安，诏一行铸浑仪及太衍历。先是汉洛下闳云，此历后一千年。差一日，有圣人出而正之。至是果

一千年。因以一行为圣人。"此又一附会也。（段成式《酉阳杂俎》中所附会尤多）

此外，明皇幸蜀之遗闻轶事之流传者尚多，但以近来图藉多疏散，检查不易，姑从略。但以上所举者，亦足以正通志及县志之失矣。且有诗为证：

谁道君王行路难，六龙西幸万人欢，地转锦江成渭水，天回玉垒作长安。九天开出一成都，万户千门入画图，草树云山如锦绣，秦川得及此间无？锦水东流绕锦城，星桥北挂象天星，四海此中朝圣主，峨眉山上列仙庭。秦开蜀道置金牛，汉水元通星汉流，天子一行留圣迹，锦城长作帝王州。

——李太白：《上皇西巡南京歌十首录四》

（原载《风土什志》第1卷6期，1946年）

跋吴三桂周五年历书

　　涉园主人出示所珍藏之吴周五年历书，并索题。余对星历之学，素少涉猎，实不足以语此，况哲生兄言之已详，无待更赘矣。不过细玩此历本，诚如哲生兄所言，与康熙初所颁时宪历无异，惟置闰稍殊。不知此乃往时推步家之惯技，不足为奇也。按我国往时之旧历，为一阴阳合历。其二十四气则依太阳推之，朔望则依太阴推之。但地之绕日一周，实长于月之绕地十二周所需之时日，故必需置闰以为调剂（每十九年七闰），不然者，十数年后，必冬夏倒置，有如回历者矣。但置闰之中，何年应闰何月，西洋历数家往往以为我国推步家有特殊之武断方法，不知其推算之法，亦至简易。即以日在黄道带十二宫运行之位置，与月之晦朔之期相对比，是也。按月之绕地一周所需之时日，为29.53日，又日之经过黄道带之一宫，所需之时日，平均为30.44日，二者间之差，不及一日。故通常一月晦朔之期，日必异宫。惟二者之间月为短，故必有一时一月晦朔之期，日则尚同在一宫之内者。我国星历家即于此月置闰，其法固至巧妙，亦至准确也。但冬日短而行速，一月晦朔之期，日则鲜有能同在一宫之内者，故冬季绝少置闰，非因特殊之武断方法也。又因日月运行上种种之偶合，推步家得于此中，故弄玄虚，各异其朔闰。致引起历史上及历法上之纷更，其实闰任何一月，均无不可也。今观吴周此历，亦同弄此技，但亦不甚高明。如清以前，其置闰全同明历，清顺治以后，始稍异其一二月以示独异，月名虽殊而实则同也。此历在历法上虽无多发明，惟在研究西南掌故上，则为无上之资料。余频年以来，常往来川康边境，每至一处，多留意其古迹文献，然了无所得。今涉园主人于古寺中独得之，令人艳羡不置也。

（原载四川大学历史系1949年—1956年
装订发行之《史学论丛》）

略论玉蜀黍、番薯的起源及其在我国的传播

　　玉蜀黍和番薯是粮食作物中的重要品种，特别是玉蜀黍，就世界范围而言，其产量在小麦之后、水稻之前而居第二位，在我国粮食总产量中也是名列水稻、小麦之后而居第三位，在广大地区内，尤其是山岳地带，更是人们的主要食粮。弄清它们的起源和在我国的传播情况，无疑是一件有意义的事。近年以来，这两种粮食作物的起源和在我国的传播问题，讨论颇为热烈[①]，本文打算就其中的某些问题谈谈个人的看法。

　　玉蜀黍（Zea mays）因为它的生态特殊，在任何地方都不可能与

---

① 近年来所发表关于玉蜀黍和番薯起源和发展的论著，主要有：罗尔纲《玉蜀黍传入中国》，《历史研究》1956年3期；胡锡文《甘薯来源和我们劳动祖先的栽培技术》，中国农业科学院、南京农学院中国农业遗产研究室编著《农业遗产研究集刊》第二册，中华书局1958年版；王家琦《略谈甘薯和〈甘薯录〉》，《文物》1961年3期；夏鼐《略谈蕃薯与薯蓣》，《文物》1961年8期；王家琦：《〈略谈蕃薯与薯蓣〉二文读后》，《文物》1961年8期；吴德铎《关于甘薯和〈金薯传习录〉》，《文物》1961年8期，等等。

其他种类的农作物相混淆，因此关于它的记载也都比较明确。无论从考古学、民族学材料和文献记载看，它都应该是一种新大陆培植出来的农作物，这是无可怀疑的。

从考古学上看，在新大陆发现以前的墓葬中的陶器上，发现有以玉蜀黍穗（ears）及茎叶作纹饰的材料。在南、北美洲，还找到了玉蜀黍的穗、核（cob）实物。1950年后所发现的材料经过放射性同位素的鉴定，北美洲的，其年代约为公元前2000年，南美洲的，其年代约为公元前1000年。1954年墨西哥城的钻探，在距地表20米以下地层所取出的钻探核（drill core）中，发现有野生玉蜀黍花粉的化石，可见它的最初种植当在公元前2000年以前。

从民族学上看，玉蜀黍在新大陆未发现以前的分布是很广的：北至加拿大以南，南至南美的秘鲁，几乎所有的农业，印第安人都在种植玉蜀黍，特别是中美和南美的印第安人高级文化——如中美的玛雅（Maya）、阿兹特克（Aztec）和安第斯山脉中的印加（Inca）文化——的主要支持者。由于这一营养丰富的高产食物，使他们达到了美洲文化的最高峰。在阿兹特克人中，玉蜀黍女神节是他们最重要的节日之一。每年在奴隶中选一最美丽的十二三岁的童女作为女神的代表，过着极尽人间尊荣的生活，到九月玉蜀黍将成熟时，全族严格斋戒七日，到了预定的一天，将此可怜的童女全身着以象征玉蜀黍的装饰，拥之若狂地游行全城，最后走到女神坛前，立于堆积如山的玉蜀黍穗和蔬瓜之上，全族的官吏、人民，向她奉献在斋戒时从耳上所刺出之血，盛于盘中，终夜不绝。次日，同样地将她导至原处，向她顶礼膜拜。最后，由一祭司将其头割下，以其血橐女神之身，并将头堆在坛前玉蜀黍新穗及瓜、蔬之上。同时，又将无头尸体之皮剥下，一祭司阐入其中，戴女神的法冠及全副衣饰，众随之而狂舞于全城。于是开斋、狂欢、宴乐，表示玉蜀黍女神恢复了青春，玉蜀黍获得了丰收。此种仪式，在我们看来是野蛮而残酷的，但可证明玉蜀黍在他们生活中的重要性和历史的悠久。

从文献记载看，1492年9月5日哥仑布派遣两名西班牙水手到古巴内地勘察，在他们回来所作的报告中曾经计到："有一种谷物，土人们叫作梅兹（Maiz），滋味很好，可以炙、晒干燥并制成面粉。"哥仑布将玉蜀黍亲自带回西班牙，标志着玉蜀黍近代史的开始。此后不到二十年，几乎全欧洲都在试种这种农作物了。其后不久，葡萄牙人又将它带到非洲。再过五十多年，玉蜀黍则已穿过非洲到达印度，并继续向其它地方传播，发展到了亚洲和太平洋西岸，遍及于整个旧大陆地区。其传播速度之快，几与欧洲人之东渐相等，而为其它任何文化的发展所不及。

从任何方面讲，玉蜀黍之原产地均应在中美。但中、西学者，自来都有主张此种农作物在旧大陆是"自古有之"的。在欧洲方面，玉蜀黍初入欧洲时即有人认为系由东方传来，因呼之曰"土耳其麦"（Turkish Wheat）或"土耳其谷物"（Turkish Curn）。又说在希腊一古建筑地窖中发现有玉蜀黍的颗粒，其时代亦甚早。或云在巴黎图书馆中曾发现一种中国古籍，上面还附有玉蜀黍图，等等，均可说明其为东方所原产。其实，这些说法都是靠不住的。如所谓巴黎图书馆中的中国古籍，不过就是明末李时珍的《本草纲目》，而其成书年代还在发现新大陆以后。

我国种植玉蜀黍最早在明代，是从外国传入的。最初，至少有一部分大概是由印度传入西藏，再由西藏传到其它地区。所以在明代的文献如王世懋的《学圃杂疏》、田艺衡的《留青日札》等书中，都将它称作"番麦"、"西番麦"、"西番谷"或"西天麦"，云其"出西番"。到明代万历年间以后，种植的地方已经相当多，以致在《金瓶梅》的三十一、三十五、七十四回中屡次提到"玉蜀黍"和"玉米面"的材料。最早在1573年刊行的李时珍《本草纲目》，还为玉蜀黍作了图谱。此图年代上距哥仑布发现新大陆仅八十一年，比公元1542年弗克斯《本草》（herbal of geonard fuchs）所载欧洲最早的玉蜀黍图谱仅迟三十一年。

到清初以后，玉蜀黍在我国更成了全国性的重要粮食作物。特别是在不宜种稻、麦和其它谷物的山岳地带，其重要性尤为突出，虽在极为僻远的西南少数民族地区，也不例外。如张泓《滇南新语》"剑川运粮记"条说：

> 称戞野人，在澜沧江、怒江之极北，黑齿绣面，以包谷为食，禾稻间有……

这就是很好的说明。

番薯的原产地，一般均认为系西印度群岛或中美洲。哥仑布发现新大陆时曾经看到过，但当时是否即将其种携回西班牙，则不得而知。有人说哥氏曾携其种献于女王伊沙白娜，亦无确证。除此以外，也有少数植物学家认为系东印度群岛所原产，其主要论据即东印度群岛曾发现有与番薯近缘的野生植物；同时在欧人东渐后不久，即有记载东印度群岛种植番薯的材料出现。但是，有野生的近缘植物，并不一定就能将它培植成家生品种。我们知道，古代民族——特别是较原始的民族——对于他们周围的自然资源能否利用，须有许多条件和某种机缘，有的即使摆在他们的眼前，甚至是天天接触到的东西，也不加以利用。如北美的大湖区域（加拿大与美国之间），湖滨浅水滩中盛产野稻，当地的印第安人也采集作食物，但却始终未能将它培植成农作物。我国有不少的胡桃近缘植物，我们的祖先也没有能够将它们培植成为家生胡桃。我国现在种植的胡桃，是西汉时期才从西域引进来的。这些都是很好的实例。至于欧人之所以很早就发现东印度群岛种植番薯一事，也可以作这样的解释：番薯传入旧大陆的热带圈后，其传播速度几与欧人在十六世纪中东渐的速度相等，以致很快就传入东印度群岛。但是这并不能证明在欧人来到这地区之前，此地即已有番薯的栽培。

关于我国番薯的来源，过去一部分人认为最早是从外国传入；另一部分人则主张"古已有之"，为我国原产。古文献记载中的"薯蓣"就是番薯。我是持外来说的。

有人指出：我国古文献记载中的"薯蓣"和"芋"，分别属于薯蓣科和天南星科，和番薯不是同一种东西。这完全是正确的。在南洋热带圈，东到太平洋群岛，北至亚洲邻近热带和亚热带边缘地区，有一种很普遍的农作物，称为"科卡"（Cocco或Cocoaroot）或"它罗"（taro）、"爱多"（eddocs）者，是属于青芋类（Colacasra antiqurum）的变种甜芋（csculentum）。这种芋类，现在仍是太平洋中好多岛屿土著民族的主要食物。如太平洋的提科皮亚（Tikopia）岛，大洋洲的特罗布里恩德群岛（Trobriand ls）、夏威夷等，都是如此。这种芋类，在古代大概也是亚洲南边缘热带和亚热带海岸的主要作物，后来在高级农业技术种植的水稻传入后，才慢慢地变少了。在古代，可能沿我国西南横断山脉的炎热河谷地区一直到四川西南的河谷中，都有这种植物生长。如《史记·货殖列传》中的"蹲鸱"，大概就是此种芋类的变种。在海南岛上，可能直到宋代还在继续种植。其实，在古文献记载中，自明万历年间以后，绝大多数人都能把番薯和薯蓣加以区别，认为前者系外来而后者系我国原产，只是间有不能肯定而措词模棱而已。

有人引用中国农业科学院甘薯研究所编的《甘薯栽培学讲义》和盛家廉等所编《甘薯》的意见，认为我国广东、云南等省都有与甘薯近缘的野生植物存在，可以作为番薯系我国原产的一条证据。如前玉蜀黍部分所论，如果没有其它方面的证据，这从民族学上讲也是靠不住的。

番薯的传入我国，途经非一。据明代后期的记载和传说，除了云南之外，尚有福建和广东两个地区。福建的来源于吕宋、广东的来源于交趾，时代当在万历中叶。福建和广东两处都传说，吕宋，交趾严禁番薯出口，传播者想尽了各种办法，才将薯种带回中土。道光六年修《电白县志》，更渲染出交趾关将自杀以成此义举的戏剧化故事。从民族学观点看，此种传说的可靠性是大成问题的，多半系出自传播者之欲自神其事。因为在文化比较低的民族中，人生的必需品——特别是食物——均认为系社会所公有，绝未有吝不与人者。像番薯这样易致而贱之物，反而禁种出口，尤属难于想像，有的记载说禁止薯种出口者为西班牙人，更与事实不符。西班牙人恰恰是将许多种农作物带到东方的传播者。新大陆发现以后，玉蜀黍和番薯在旧大陆传播的速度是如此之快，不到一世纪的时间，番薯就传遍了旧大陆的热带圈和亚热带地区，玉蜀黍则传遍了整个旧大陆；我们只需看看这一事实，也就会明瞭上述种种传说究竟有多少真实性了。

番薯在万历年间传入云南、福建、广东之后，在南方地区推广甚速，至明末已遍及东南沿海和西南的亚热带地区。但在此范围以外的黄河流域和其他地区，发展却要缓慢得多，徐光启等人虽创为"甘薯十三胜"之说，到乾隆年间以前，仍然很难看到在这些地方种植番薯的记载。以后北方普遍发生饥馑，部分比较关心民瘼的官吏企图推广种植番薯以救荒，如陈榕门、毕秋帆之于河南，李谓、陆燿之于山东，都曾作过不少工作，陆氏还撰著《甘薯录》宣传番薯的种植方法，逐渐有一部分地区开始种植，但仍不普遍。到乾隆晚年直接由清政府下令推广，将《甘薯录》印发各州县，这种状况才渐渐有所改变。《清实录》卷一二六八载：

乾隆五十一年（公元1786年）丙午十一月……谕军机大臣等：据张若淳①奏请申令……于江、浙地方学种甘薯，以济民食等语。……至于甘薯一项，广为栽种以济民食。上年已令豫省栽种，颇著成效，此一备荒之一法。著传谕各该督抚，将张若淳所奏二亭，酌量办理。

道光二十六年（1846年）修的《（四川）忠州直隶州志》卷四载：

红薯种出交广，近处处有之，皮紫肌白，生熟皆可食。按乾隆五十一年冬，高宗纯皇帝特允侍郎张若淳之请，敕下直省广劝栽甘薯，以为救荒之备。一时山东巡抚陆所著《甘薯录》颁行州县，自是种植日繁，大济民食。

光绪六年（1880年）修的《江西通志》卷四九载：

甘薯即山药，乾隆五十一年敕下直省广劝栽培，以为救荒之备，巡抚何裕城重刊巡抚陆燿《甘薯录》，通颁各属。

方志所记，当系以本地所藏档案材料为据而非出自《实录》，但内容则完全一致，可互为印证。从这几条记载可以说明，番薯在北方的全

---

① 清赵学敏《本草纲目拾遗》卷八曾记载"阁学侍郎张若渟"事，"渟"字实为"淳"字之误。近来引者多沿赵氏之失作"张若渟"，应予订正。

面推广，当在乾隆以后的嘉、道之际。

番薯在长江中、上游地区推广的情形，也和北方大体一致。我们可以四川为例说明。

四川最早种植的番薯，是在乾隆三十年（1765年）①由江津县知县曾受一直接从广东引进来的。光绪末年所修的《江津县乡土志》卷四载：

> 薯，俗名番苕，有红、白二种，江津向无此产，乾隆三十年县令曾受一始由广东携来，教民种植。

又民国十年续修的《江津县志》卷四中著录的《江敬修曾公祠序》碑文载；

> （曾受一）乾隆三十年来篆吾津……是时番域之若，川中无种，遣人市诸番舶，导民种法，由津延及外县，利赖至今……

---

① 整理者按：1964年中华书局出版万国鼎《五谷史话》29页，所列乾隆以前方志中各省最早记载种植番薯的年代，四川仅次于台湾而在雍正十一年（1733）。《中国社会科学》1980年3期刊载陈树平《玉米和蕃薯在中国传播情况研究》其说亦同，并注明材料出自雍正十一年《四川通志》卷三八。我查过四川大学图书馆藏该书本卷，没有找到任何关于甘薯的记载，不知是由于版本的不同还是别的原因。从以下正文中所引两《江津县志》的记载看，即使在雍正年间四川已有种植番薯之事，为数也应极少，对后来没有发生什么影响。否则，后来四川的种植番薯，也就用不着在过四十年之后再直接从广东引进薯种了。

《乡土志》卷一"政绩录"和《县志》卷六"官师"都说曾受一系"广东东安举人"。正因为他是我国番薯最早引种地之一的广东籍人，所以对番薯的种植很熟悉。曾氏在江津做官四年，有"惠政"，引种番薯为其中的一项内容，津人曾为之修建生祠。曾氏生祠，实与广东电白县霞洞乡林怀兰之"番薯林公庙"，福建长乐县陈振龙之"先薯祠"情况颇相类，亦可称之曰"番薯曾公祠"。

番薯在乾隆三十年经曾受一引入江津之后的五十多年，在全川范围内还不是很普遍。嘉庆九年（1804年）修《江津县志》卷六，《食货志·土产门》就说：

> 红薯传自番地，又名番薯，其养人几与稻同功，凡近河边沙地及土带沙者最宜。其种法，春间将薯种秧，夏、秋间取薯种秧苗埋沙土中，至冬结实满地，以犁翻出，使人随后检之。闽、广之人，有一家收数百石者，虽遇饥岁，恃此无恐。津民近有种者，特未广耳。

江津为蜀中引种番薯最早的地区，至此种植犹称"未广"，其他地区的情形也就可想而知了。番薯在四川的普遍大量种植，当在嘉庆后半叶至道光初，和全国范围内大部分地区的情况大体是一致的。

玉蜀黍和番薯在明代传入我国以后，二者推广的速度，在多数地区内，番薯比玉蜀黍要缓慢得多。其所以如此，我认为主要有这样三个方面的原因：

一、以植物生殖的适应能力而论，玉蜀黍远比番薯为强。从气候条件讲，番薯最宜于热带及亚热带地区，温带中比较温暖的地区亦能种植，不过在夏季过短的地区则不相宜。《农政全书·树艺·蔬部》载：

> 今北方种薯，未若闽、广者，徒以三冬冰冻，留种为难耳。

番薯之所以在五岭以北地区迟迟不能推广，一主要是由于藏种过冬的困难。王象晋、徐光启等人虽曾提出过若干办法，仍终未获得解决。从土壤条件讲，番薯最宜于沙土，他种土质则不甚相宜，种之产量不高，味道亦劣。玉蜀黍则不然，自热带圈之北纬58度至南纬40度，自海平线以下的苏联里海平原至海拔12000英尺以上的南美秘鲁高原，均可种植，耐旱涝，且不择土壤，无论在北美西部半沙漠地区如村落（Pueblo）印第安人中，以及赤道湿热的河谷地带，都能生长良好。就全世界而言，全年内的每一个月都有玉蜀黍成熟。

二、以产量而论，玉蜀黍实际上也比番薯为高。就一般数字看，番薯的大面积产量，每亩平均可达一千五百斤左右，高者尚可稍多，少者不下五六百斤；玉蜀黍的大面积产量每亩平均四五百斤，高者六百斤以上，少者不过一二百斤，玉蜀黍的产量还不如番薯。但如果在计算时考虑到作为一种粮食所含的水份，情况则恰恰相反。番薯的水份超过玉蜀黍若干倍，每人每日非食近十市斤之数不能饱，而玉蜀黍则一二市斤以供一人一日之食即绰有余裕。所以，玉蜀黍的产量实际上比番薯要高。据统计，我国番薯总产量仅次于玉蜀黍而居第四位，大概也是仅就其一般"斤数"而言。

三、以贮藏保存和食用的方便而论，玉蜀黍亦非番薯所能比。番薯的最大缺点就是难于保存，虽可将其切粉晒干，但做起来颇不容易，以致往往霉烂变质；磨碎成粉，也很困难。而玉蜀黍则可与米、麦同样处理，既便于储藏食用，亦便于运输。

以上所述三项玉蜀黍的优点，不过是略举其要。它除了作为一种粮食作物之外，其他部分亦无一不可加以利用而具有经济价值，如茎、叶、壳可作牲畜之饲料，可以造纸、作燃料，其根、蕊尚可入药，等等。所以诚如道光二十一年所修《遵义府志》卷一七所说：

> 岁视此（玉蜀黍）为丰歉，稻不大熟亦无损，价视米贱而耐食，食又省便，富人所唾弃，农家之性命也。

民国年间所修《巴县志》卷一九也说：

> 山民半倚包谷为活，穷年恒岁不视稻粱，其功实居稻麦之半。边陬荒徼，民命所系也。

近三百年来，玉蜀黍在我国许多地方都是劳动人民最主要的粮食品种，特别是在南方和西南山岳地带尤其如此，其重要性远胜于番薯。直到现在，其总产量仍居番薯之上，这绝不是偶然的事。当然，这仅是与番薯两相对比而言。番薯本身也有许多优点，特别是在"备荒"方面，多非他种粮食作物所能及，对于它的作用，我们也不能低估。

夏鼐同志在《略谈番薯和薯蓣》一文中指出：我国人口，明末为六千多万（清初战乱时有所减少），乾隆初年增至一亿四千三百多万，乾隆末年增至三亿多，到道光十五年增至四亿。在一百年时间内（1740-1840年），急剧增加三亿以上。除了其他方面的原因，与明朝晚年输入原产于美洲的番薯和玉蜀黍，恐关系更大。总的说来，这一论断是很有见地的。但根据前面的论述，我认为这两种传入的粮食作物所起的作用主要是玉蜀黍，番薯是次要的。因为番薯在全国范围内的普遍推广，与上述人口增加最速的时间不合。乾隆末年人口已由原来不足一亿之数增至三亿多，而其时番薯的种植尚主要在闽、粤、滇、桂等亚热带地区，五岭以北虽亦间有种者，为数也不多，在黄河流域和长江中、上游广大地区普遍栽种，那是在嘉、道之际的事。由此可见，番薯的传入和种植，和这段时间内我国人口的急剧增加关系不是很大。

（此文系张勋燎根据冯汉骥先生遗稿整理而成，原载《冯汉骥考古学论文集》，文物出版社，1985年，第203—209页）

《藏书绝句》的著者

  民国十六年冬，余阅《中华图书馆协会会报》第三卷第二期，见其"新书介绍"栏内有《藏书绝句》一卷一册，杨守敬著，上海中国书店排印本。因亟购而读之，读既竟，深怪其不类杨氏生平之所作之文字，而后序默庵识语亦有："《藏书绝句》一卷，乃同里赵森甫世丈自杨惺吾先生手稿迻录者。光绪季年，赵丈在鄂任编译馆事，与先生朝夕见，一日，先生示以此稿，因录附本还之，置箧中有年。及先生遗书多刊行，而此稿独否，意谓失之。顷偶于丈之案上见及，询其端委，因付剞氏，以公诸世。案先生自定年谱，谓平日不工诗，今观此稿，笔致朴茂，信乎为学者之诗，而非诗人之诗也。"等语。不意默庵亦疑杨氏平日不工诗而有此也。然予初不敢疑此非惺吾先生之著作，因私意非先生不能为此诗也，然恍惚之间，曾于何处见之，但一时亦不能忆及。及民国十七年秋，余返鄂，长湖北省立图书馆，

（该馆为张文襄督鄂时所创办，当时有"天下奇书，为文襄所收尽"之语。但民国以来，迭经兵燹，多所失散，然收集余烬，亦尚有十余万本。）因检查旧籍，见有《文史杂志》，因翻而阅之。见其第二期内亦有《藏书绝句》三十二首，署为王葆心。因急读之，而与中国书店出版之《藏书绝句》一字不异，至是心始怳然。

　　案《文史杂志》为民国二年时文史社所编辑，而该社则为前武昌存古学堂学生张仲炘等所创办。是时适值姚彦长氏为湖北教育司，姚氏曾任存古学堂教习，故该杂志之略例内有："本杂志经发起人筹足三年资本，并由教育司拨款补助，经费充足，不募外捐。"云云。但姚氏于是年冬去职，而文史社亦因而停顿。故《文史杂志》亦只出至第八期而停版。当《文史杂志》出版之初，该社曾向王葆心先生征稿，先生即以所著之《历朝经学变迁史》、《藏书绝句》、天完徐氏《国史》、《近世事笺》等稿以应之。而《藏书绝句》即登载于该杂志之第二、第三、第五等期。第一期只登其叙文，及诗四首，署曰晦堂。晦堂为先生之别号，其所著书称曰《晦堂丛书》。第三期诗八首，第五期诗七首，后因该杂志停版，故未登完。

　　王葆心先生，字季香，湖北之罗田人。于学无所不窥，平生著作等身，而尤以《古文辞通义》一书为海内所推崇，林琴南称为"百年来无此作"，王葵园谓为"今日确不可少之书"。是书为先生教授各学校时所编之讲义，初未有印本，前清宣统二年时，上海商务印书馆曾欲以是书，及先生所著之《历朝经学变迁史》寿诸梨枣，而以版权未谐而罢。后是书乃排印于湖南官书报局。

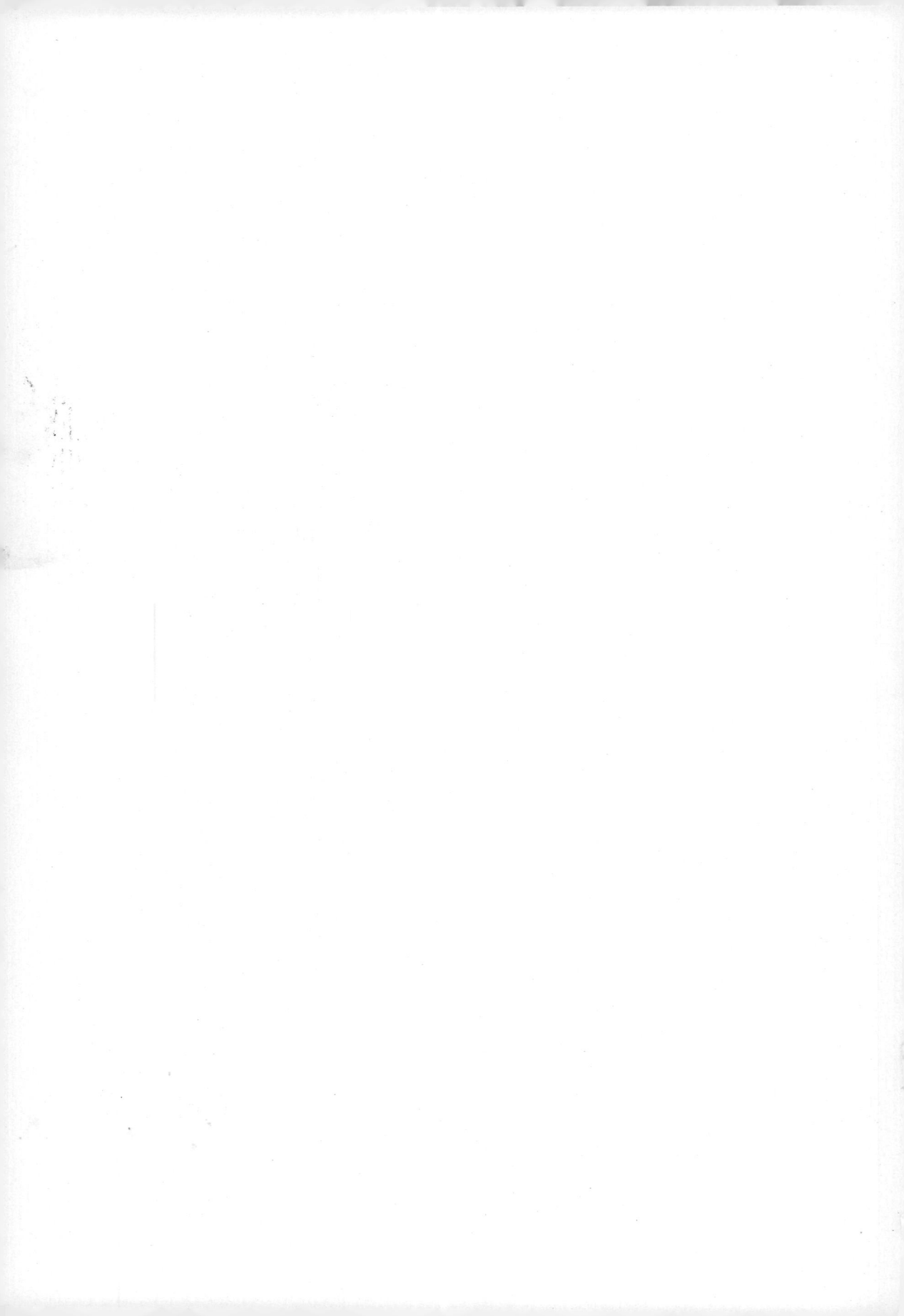